COMMENT DEVIENT-ON HOMO OU HÉTÉRO ?

DU MÊME AUTEUR

Ne sois pas triste mon enfant, Robert Laffont, 1999.
Adolescents, la crise nécessaire, Fayard, 2000.
Nos enfants aussi ont un sexe, Robert Laffont, 2001.
Ils n'ont d'yeux que pour elle : Les jeunes et la télé, Fayard, 2002.
Séparons-nous… mais protégeons nos enfants, Albin Michel, 2004.
Comment survivre quand les parents se séparent, avec B. Costa Prades, Albin Michel Jeunesse, 2004.
Élever un garçon aujourd'hui : En faire un homme pas un macho, avec Pascale Leroy, Albin Michel, 2005.
Quand les pipis font de la résistance, avec Carine Mayo, Albin Michel, 2006.
La deuxième chance en amour, avec Sylvie Angel, Odile Jacob, 2006.

www.editions-jclattes.fr

Stéphane Clerget

COMMENT DEVIENT-ON HOMO OU HÉTÉRO ?

JC Lattès
17, rue Jacob 75006 Paris

Première édition octobre 2006.

À Greta Garbo

Introduction

Vous êtes hétérosexuel(le). Ou homosexuel(le). Peut-être bisexuel(le). Mais, depuis combien de temps ? Et comment l'êtes-vous devenu(e) ? « Ah, parce qu'on le devient ! » m'ont répondu, étonnés, la majorité des témoins que j'ai sollicités pour ce livre. J'ai pris alors conscience de la force et de l'imprégnation de cette idée reçue selon laquelle on naît homo ou hétéro.

C'est essentiellement au sujet de l'homosexualité que s'énonce la théorie de son origine génétique, ou du moins la croyance qu'elle serait prédéterminée biologiquement. La presse, ces quinze dernières années, s'en est fait largement l'écho. Présentant même cela comme un fait scientifique nouveau, une découverte. Or déjà, à la fin du XIXe siècle, cette « idée » avait cours [1]. Cette conception d'une homosexualité de naissance implique en creux que l'hétérosexualité et les différentes préférences sexuelles sont également innées. Il faut s'attendre à voir bientôt à la une de tous les journaux la découverte du gène de l'hétérosexualité !

Cette idée, qui n'est donc pas nouvelle, est encore moins prouvée. Nos préférences sexuelles, et leurs combinaisons dans une orientation hétéro ou homosexuelle, sont le fruit d'une évolution personnelle progressive. Elles s'acquièrent. Bien sûr la part de l'inné existe. Car en amont

1. En 1899, le scientifique allemand Magnus Hirschfeld présentait l'homosexualité comme congénitale.

de notre histoire individuelle, nous avons une préhistoire, représentée par notre capital physique et génétique. Mais nos préférences sexuelles, notre identité sexuelle s'affirment, pour l'essentiel, au fil de notre développement. On ne naît pas homo ou hétéro, on le devient.

On pourrait s'étonner que la question des origines de l'orientation sexuelle se pose surtout à propos de l'homosexualité. Mais, c'est souvent à partir du minoritaire que l'on parvient à définir le majoritaire. Comprendre la façon dont on devient homosexuel permet d'éclairer la façon dont on devient hétérosexuel ou bisexuel. J'utiliserai ce procédé pour ce livre. Je vous montrerai en premier lieu les différents chemins qui mènent à des préférences homosexuelles quand ils se distinguent de ceux menant à des préférences hétérosexuelles. Ou bisexuelles.

L'importance des débats actuels sur les questions homosexuelles justifie également ce mode d'approche. Il y aurait 7 % d'homosexuels masculins déclarés et 3 % de femmes. Pourquoi tant de controverses pour si peu de personnes me direz-vous. Mais de qui parlent ces chiffres ? La réalité de l'homosexualité est tout autre. Les désirs homosexuels nous concernent tous. Rares sont ceux qui n'ont pas été surpris par un désir de ce type au cours de leur existence. Comme il est aussi vrai que bien des homosexuels ont eux aussi, ne serait-ce que partiellement, des désirs hétérosexuels.

On ne peut pas affirmer qu'un désir est une identité. Pourquoi être homosexuel ou hétérosexuel en serait une ? Quoi qu'il en soit, c'est devenu un signe identitaire. L'homosexualité est partie prenante de la sexualité humaine, décrite depuis qu'il est question d'amour et de sexe dans les traces écrites laissées par les hommes.

Dans les théories essentialistes, c'est-à-dire celles qui imaginent une origine innée à l'homosexualité, différentes hypothèses sont avancées : une origine génétique, une origine neurologique ou une origine endrocrinienne, c'est-à-dire hormonale. Les personnes homosexuelles se différencieraient des autres personnes de leur sexe en certains points de leur constitution. Différences que certains pourraient considérer comme des anomalies. Mais la part acquise est bien plus importante qu'on ne le pense aujourd'hui. La sexualité humaine est sous l'influence de multiples facteurs que nous allons étudier. Et l'homosexualité, comme l'hétérosexualité, est le produit d'un enchevêtrement complexe dont on n'apercevait jusqu'à présent que quelques liens.

À travers l'histoire, la religion, la biologie, la génétique, la psychologie, l'ethnologie, l'anthropologie, la sociologie, et les neurosciences, on peut glaner les différents éléments de réponse à l'un des plus grands des mystères humains. Celui de son désir.

I

FAUSSES CERTITUDES ET VRAIES CROYANCES DU TEMPS JADIS

1.

De l'homo sapiens aux amours platoniques

Que pensaient les hommes préhistoriques des relations homosexuelles ? Nous l'ignorons, mais elles ne leur étaient sans doute pas étrangères. Des peintures rupestres le laissent penser, et l'étude des peuplades traditionnelles, au mode de vie inchangé, le laisse croire car on y décrit des homosexualités ritualisées.

Les humains s'aiment depuis plus d'un million d'années, mais l'écriture n'existe que depuis 5500 ans. C'est en Mésopotamie, au cœur de ce qui deviendra le Moyen-Orient, que les Sumériens l'inventent et nous livrent les premiers témoignages sur la façon dont ils pensent l'amour. Il n'existe aucune réglementation écrite des relations entre personnes de même sexe dans les civilisations antérieures à 500 ans avant J.-C. La sexualité entre hommes consentants y semble libre. Le passage du matriarcat au patriarcat va restreindre la liberté sexuelle des femmes mariées. Pour certains chercheurs, c'est la découverte du rôle fécondateur du sperme qui décide les hommes à prendre le contrôle de la sexualité de leur femme. Dans les tribus devenues sédentaires, les hommes prennent à leur charge la défense du foyer et confient aux femmes le « ministère de l'Intérieur ». Les textes mésopotamiens (2400 à 1700 avant J.-C.) codifient leurs rôles et leurs comportements. Sans influence sur la descendance, les relations saphiques ne sont pas prohibées.

Les différentes cités-États ont chacune un roi, également chef religieux, et un dieu propre. La volonté divine est à l'origine de chaque élément de l'univers : du moindre grain de sable jusqu'à l'homme. Chaque chose a une raison d'être et un rôle précis. Le non-respect de ces fonctions menace l'équilibre de l'ensemble. Le berger doit se comporter en berger, et la femme en femme. Ishtar est la déesse de la sexualité et de la guerre. Énergies sexuelle et guerrière sont étroitement liées. Sa planète est Vénus. Quand elle prend forme humaine, c'est une femme libre ou un guerrier barbu. Ishtar commande la sexualité comme plaisir. Tandis que c'est la déesse-mère qui se charge de la procréation et des naissances. Les deux fonctions de la sexualité sont donc possiblement distinctes. Ishtar, entourée d'amants et d'amantes, est honorée dans ses temples par des prostitués travestis des deux sexes. Ils ont une fonction religieuse. Le genre indéterminé de ces prostitués sacrés en font les intermédiaires désignés entre les hommes et les dieux. Les hommes viennent dans le cadre de ce culte prendre plaisir avec eux. En dehors de ce « commerce sacré », les relations homosexuelles restent socialement approuvées. Un des fleurons de la littérature est alors l'épopée du guerrier Gilgamesh et de son amoureux Enkiku. Les rapports homosexuels se distinguent en rôles actifs et passifs, dominants, dominés conformément aux liens entre guerre et sexualité. « Posséder » un partenaire de même statut social ou d'un statut supérieur est une façon de prendre l'ascendant sur lui. Cela se pratique aussi sur les ennemis. À l'inverse, se faire prendre par un esclave est de mauvais augure. En revanche, la tyrannie sexuelle est immorale : pénétrer quelqu'un de rang inférieur, tel un esclave, attire le mauvais sort. L'astrologie guide la destinée amoureuse de chacun. Si un homme sollicite l'amour d'un homme, c'est au signe du scorpion qu'il doit diriger ses prières. Les tabous sexuels existent : l'inceste (père/fille mais aussi père/fils) comme le viol entre hommes sont condamnés. Les hommes doivent se marier pour avoir une descendance, à moins de rallier la caste des prostitués sacrés. Il n'y a pas de conceptions spécifiques de l'homosexualité, ni de concept désignant l'orientation sexuelle dans ces cultures.

De l'antique civilisation égyptienne, il ne nous est parvenu pratiquement aucun texte législatif relatif à l'homosexualité. Dans *Le Livre des morts*[1] qui donne les commandements à une vie de bien, le vol, l'adultère, le meurtre, le mensonge, l'envie sont condamnés, mais l'homosexualité n'est pas citée. La sexualité semble libre, si elle est librement consentie. Il n'y a pas de déesse du plaisir sexuel. Très présente dans la vie, mais sans caractère sacré, la sexualité est à l'image de Bes : dieu très populaire et pourtant mineur dans le panthéon officiel. Protecteur de l'intimité des femmes, il est représenté comme un énorme phallus. La sexualité est une affaire privée. C'est un plaisir reconnu, mais dont il ne faut pas abuser, comme du reste. Les dessins laissés par les travailleurs sur les pyramides révèlent que leurs fantasmes étaient les mêmes que les nôtres. Deux dieux majeurs, Minh[2] et Osiris, régentent toutes les fertilités. La masturbation, pratiquée par Minh, n'est pas réprouvée. Sexualité et procréation sont donc, là aussi, disjointes. Cependant, la sexualité n'est ici ni vénérable, ni liturgique. L'homosexualité masculine semble être une forme de sexualité parmi d'autres. On considère juste comme vertueux un homme qui n'a pas de relation sexuelle avec un homme dépendant de lui (jeune homme ou esclave). Il existait des prostitués des deux sexes.

Le viol cependant est répréhensible, comme le viol du

1. *Le Livre des morts* est un recueil de prières déposé dans les tombes à partir du XVIIe siècle avant J.-C. et qui s'inspire des textes des sarcophages inscrits dans les grandes cuves où reposaient les momies, entre 2300 et 1700 avant J.-C.

2. Représenté, le phallus en érection, portant des salades dont on considérait la sève laiteuse comme aphrodisiaque.

dieu Horus par le dieu Seth qui donne certes à ce dernier la suprématie sur le premier mais qui est condamné par les autres dieux [1]. Le viol se pratique probablement sur les guerriers vaincus par les soldats.

Les relations entre femmes ne sont guère citées, si ce n'est dans un traité d'interprétation des rêves où elles sont simplement jugées de « mauvais augure ». En fait aucune législation ne les réprouve. Si la pratique sexuelle entre hommes est reconnue, elle ne désigne pas une identité comme de nos jours en Occident. Être homosexuel ne veut rien dire. Il n'est pas non plus décrit de communauté homosexuelle. Ce n'est pas un statut social, et ce mot n'existe pas en hiéroglyphe. La question de son origine ne se pose donc pas. Elle est sans doute, comme toute sexualité, sous l'égide des dieux concernés.

1. Ce mythe de Seth et d'Horus, qui fait intervenir d'autres dieux, laisse place à de nombreuses interprétations et n'est pas totalement décodé.

2.

Dans la Grèce antique

Le discours sur l'homosexualité, et plus largement sur l'identité masculine et féminine, devient plus étayé. Un troisième sexe est reconnu. Celui d'Hermaphrodite.

Hermaphrodite[1] est un jeune berger, fils de la déesse de la beauté. Alors qu'il se baigne dans un lac, une naïade parvient à l'enlacer et obtient de ses dieux protecteurs que « jamais rien ne puisse le séparer » d'elle. Son vœu est exaucé de telle sorte que « les deux corps réunis n'en fassent plus qu'un. Ni homme ni femme, ils semblent n'avoir aucun sexe et les avoir tous les deux ». Depuis, tout homme se baignant dans ce lac « quand il en sortira » n'aura « que la moitié de son sexe » car les eaux vont « aussitôt l'amollir[2] ». La vigueur est masculine quand la mollesse est féminine. Jusqu'au Moyen Âge (voire jusqu'à nos jours), on considère que la fréquentation des femmes tend à amollir, à féminiser les hommes. Mais les hermaphrodites sont aussi doublement puissants. L'un d'eux[3], né d'une éjaculation nocturne de Zeus qui ensemença la terre, fut émasculé par les autres dieux effrayés de sa puissance.

---

1. Tel que nous le raconte Ovide dans ses *Métamorphoses*.

2. *« Quisquis in hos fontes vir venerit, exeat inde semivir ; et tactis subito mollescat in undis. »*

3. Agdistis.

La frontière des sexes n'est pas imperméable : Tirésias, devin de Thèbes, est alternativement homme et femme. Caénée [1], jeune vierge violée par le dieu Poséidon, obtient de lui en dédommagement d'être transformée en homme pour ne plus souffrir telle avanie.

Le désir homosexuel est très présent chez les dieux, qui conjuguent amants et maîtresses. La statue d'Éros, protecteur notamment des amours entre hommes, trône dans les gymnases. Les amazones sont les ancêtres des lesbiennes. Artémis [2] est leur déesse. Callisto [3] est la nymphe préférée de celle-ci. Zeus la désire et pour l'approcher prend l'apparence d'Artémis. Elle se laisse aller à de tendres échanges quand Zeus se trahit « non sans crime [4] » « par son étreinte ». À l'idéal d'amour et de tendresse, la « phyllia » grecque de l'affection entre femmes, s'oppose l'idéal guerrier masculin s'exprimant sexuellement par l'enlèvement et le viol. C'est donc représentée métaphoriquement par un dieu masculin qu'Artémis peut consommer son désir lesbien.

Inscrite dans l'ordre divin des choses, l'homosexualité fait aussi partie des mœurs. La poètesse Sapho écrit des poèmes lyriques qui chantent l'amour entre femmes. Il existe des conventions érotiques d'enlèvement ritualisé du jeune amant par son ravisseur d'un rang respectable pour la famille de l'amant. De l'amant, on n'attend pas toujours la beauté mais plus sûrement l'intelligence et le courage. Après trois mois de « partage » dans la nature, le jeune « ravi », devenu homme, rejoint sa famille, doté, par son galant aîné, d'un bœuf et d'une panoplie de guerrier. Les relations ne se limitent pas aux corps, mais se nourrissent de désirs, de sentiments et de la transmission de savoirs. Un homme doit fonder une famille vers vingt-cinq ans. Mais il

1. Toujours dans *Les Métamorphoses* d'Ovide.

2. Diane pour les Romains.

3. Nous raconte Ovide au Iᵉʳ siècle de notre ère en nommant les dieux selon leurs noms romains.

4. Ovide, *Les Métamorphoses*.

est courant qu'il cultive des liaisons avec des hommes avant le mariage, et avec des femmes ou de jeunes hommes, après. Le jeune homme est un objet de désir aussi normal que la femme. La bisexualité appartient alors à la norme sociale. Cependant, si le désir est libre, le comportement sexuel n'est pas sans réglementation. Il est mal vu qu'un homme soit « passif » sexuellement s'il est adulte, bien que cela soit possible [1]. Les femmes se marient plus jeunes, mais vivent surtout entre elles. L'amour entre femmes existe, même s'il intéresse peu les auteurs athéniens. Plutarque évoque les « plus valeureuses » des femmes qui aiment des jeunes femmes qu'elles aident à s'épanouir. Lucien de Samosate [2] cite l'amour entre deux femmes de haut rang, dont l'une a le crâne rasé, et le plaisir sexuel qu'elles prennent ensemble.

Dans *Le Banquet* de Platon (416 avant J.-C.), Socrate et ses amis théorisent sur les différentes façons d'aimer. Ce texte est fondamental pour expliquer l'origine des orientations sexuelles jusqu'au XIXe siècle.

L'antique nature humaine se répartit en trois genres : mâle, femelle, et androgyne. La forme des humains est alors un tout circulaire avec quatre bras et jambes, une seule tête avec deux visages semblables en position opposée, et deux sexes. Ils sont donc tous dédoublés avec des appariements masculin-masculin, féminin-féminin ou masculin-féminin. Les humains ont alors la forme et la complétude des astres. D'ailleurs, les mâles (M-M) ont été engendrés par le soleil. Les femelles (F-F) par la terre. Et les androgynes (M-F) par la lune. Alors qu'ils se révoltent contre les dieux, dans un désir de toute-puissance [3], Zeus, pour les réduire sans les anéantir (il faut bien que les honneurs et les offrandes se poursuivent…), décide de les couper en deux. Depuis chaque moitié cherche son autre moitié, pour s'unir

1. De claires allusions y sont faites dans les comédies d'Aristophane.
2. *Dialogue des courtisanes*.
3. Cela évoque la toute-puissance infantile des premières années de vie.

à elle. S'il s'agit d'un homme avec une femme, il y a procréation. Les humains gagnent aussi en autonomie puisqu'ils ne sont plus engendrés par les astres. Le désir d'un retour à l'ancienne nature humaine que satisfont partiellement des unions charnelles ponctuelles est à l'origine des liens homo ou hétérosexuels régis par Éros. Cette moitié perdue est nommée symbolon. Des Androgynes (M-F) sont issus les hétérosexuels. Et pour les plus excessifs d'entre eux « la plupart des époux(se) adultères ». Des Femmes/Femmes viennent les femmes qui affectivement « sont plutôt tournées vers des femmes », mais aussi « les tribades [1] ». Des Mâles/Mâles sont issus les hommes qui « s'intéressent aux mâles ». « Ce sont les meilleurs des adolescents puisque par nature ils sont les plus hommes [2]. » L'homosexualité masculine dans l'Antiquité gréco-romaine va de pair avec la virilité. Ces jeunes, « devenus hommes, ne tournent pas naturellement leur pensée vers le mariage et la procréation, mais ils y sont forcés par la loi ». Ce qui ne les empêche pas « de passer leur vie ensemble » avec leur symbolon masculin « sans être marié ».

Les préférences sexuelles, l'homosexualité comme l'hétérosexualité, seraient donc constitutionnelles, innées. À la différence des considérations égyptiennes et mésopotamiennes, l'orientation sexuelle d'un individu participe ici à la définition de son identité. Mais, à l'inverse de nos conceptions, l'attirance des hommes pour les hommes va de pair avec la virilité. Enfin l'identité sexuelle de chaque individu serait inscrite dès sa naissance dans sa nature propre.

1. Ainsi nommait-on les lesbiennes exclusives, du grec « se frotter ».
2. Aristophane.

3.

Dans l'Empire romain

Rome est créée par Rémus et Romulus, deux jumeaux fils du dieu de la guerre. Ils sont allaités par une louve. Certains voient derrière cette image l'écho des traditions de la société paléolithique : quand les chamans, vêtus de peaux de bête, transmettent rituellement leur sperme aux jeunes de la tribu pour en faire des hommes. Nés de Mars, les Romains sont faits pour être guerriers et dominer le monde. Les statues romaines sont habillées contrairement aux grecques afin de ne pas paraître sous un angle vulnérable. C'est aussi dans le champ sexuel, par le viol des vaincus par les vainqueurs, que s'exprime leur volonté de domination. Ils pensent, en imposant leurs lois, apporter le bien à autrui. Le jeune Romain peut se marier dès quatorze ans. Les relations entre hommes sont acceptées socialement. Les empereurs, de César à Hadrien, donnent l'exemple. Mais, on ne décrit pas de transmission pédagogique. Contrairement aux Mésopotamiens, les Romains peuvent forniquer avec les esclaves ou les affranchis. Cependant il est honteux pour un adulte libre de se faire prendre. Ce n'est pas l'orientation sexuelle en soi, ni le sexe du partenaire qui posent problème. C'est une différenciation hiérarchique qui est établie entre ceux qui prennent du plaisir virilement, et ceux qui en donnent servilement. À Rome, l'esclave qui sert de mignon remplace l'éphèbe de naissance libre, objet de l'amour grec.

L'important est de respecter les femmes mariées, les vierges et les adolescents de naissance libre[1]. Ce sont certaines pratiques qui sont décriées. Différents noms nomment ces pratiquants[2]. Se faire sodomiser ou pratiquer une fellation est honteux pour un homme car c'est un acte de soumission, mais autant que de faire un cunnilingus à une femme. Les hommes prostitués sont reconnus et fêtés le 25 avril, et leurs collègues féminines le lendemain.

Certains auteurs se montrent sarcastiques et très politiquement incorrects. Juvénal[3] décrit une Rome de luxure où les femmes cocufient ou empoisonnent leurs maris, aux moralisateurs qui cachent mal leur désir passif pour les hommes sous leurs mâles paroles, aux riches dépravés mais avares avec leurs gitons et aux efféminés qui se parent comme les femmes et se marient entre eux. Les Romaines, plus émancipées que les Grecques, restent sans pouvoir politique. L'adultère est gravement puni pour elles. Le lesbianisme, bien que légal, est parfois critiqué par les hommes pour des raisons de pouvoir auprès des femmes. Martial[4], ami de débauche de Juvénal, est l'auteur d'épigrammes qui relatent avec ironie la vie romaine. Il dépeint

---

1. « Personne ne t'interdit d'aller voir les femmes vénales et d'acheter ce qui se vend publiquement. L'important, c'est de ne pas pénétrer dans le camp fermé d'un autre ; aime qui tu veux, à partir du moment où tu ne touches pas à la femme mariée, à celle qui l'a été, à la vierge, à l'adolescent et à l'enfant libre. » Plaute, *Le Charançon*.

2. Les *impudicus* ou les *diatithemenos*, les *pathici* (homosexuels passifs), les *catimiti* (faux ingénu), les *fellatores* (pratiques bucco-génitales), les *spadones* (les impuissants), les *amasii* (gigolos).

3. « M'ayant surpris, femme, dans un garçon, tu me grondes d'une grosse voix et tu me dis que toi aussi tu as un derrière. » *Satires*, Juvénal, trad. de P. de Labriolle et F. Villeneuve, Les Belles Lettres, 1996.

4. « La tribade Philaenis sodomise de jeunes garçons et, plus furieuse qu'un mâle en ses emportements, elle épuise de ses caresses onze jeunes filles en un seul jour [...] elle fait tourner, d'un bras aisé, des haltères trop lourds pour des mignons [...]. Elle ne se met à table qu'après avoir vomi sept setiers de vin pur, et [...] absorbé seize pains de régime pour athlètes. Mise en rut par tout cela, elle ne s'adresse pas à l'homme (cela lui paraît peu viril) mais ses lèvres s'attachent avec frénésie au ventre des jeunes filles. » Extrait traduit par H.J. Izaac, Les Belles Lettres, 1934.

avec cynisme les lesbiennes pratiquant toutes sortes de sports (dont l'harpastum, ancêtre du football), buvant à l'excès, se goinfrant et dévorant l'intimité des filles ou sodomisant les jeunes hommes.

Au IIe siècle avant J.-C., l'austérité et l'esprit guerrier des Romains disparaissent au profit d'un certain embourgeoisement. Le sybaritisme est à l'honneur et la lecture grecque des amours au masculin est réactualisée. Mais la christianisation de l'Empire va changer le discours des élites sur le sujet, sinon la façon de vivre des Romains.

4.

Ancien Testament et nouveaux discours

L'apparition de la religion juive annonce le début d'un retournement des conceptions sur l'homosexualité. À contre-courant de la mentalité des Grecs qui occupent Israël trois siècles avant J.-C., et de celles des Mésopotamiens ou des Égyptiens présents pendant trois mille ans, apparaît pour la première fois une réglementation de la sexualité entre adultes consentants sans liens familiaux et de même condition sociale, et notamment une condamnation des relations entre hommes. Ces relations persistent mais vont être associées au péché. Elles sont condamnées à deux reprises dans l'Ancien Testament. La masturbation l'est également [1]. La perte de la semence peut être l'argument principal, face à la nécessité sociale, pour ces tribus peu peuplées d'Israël, de croître pour survivre. D'où l'absence de condamnation des relations entre femmes. La sexualité ne doit pas être détournée de la vocation procréa-

1. Notons que le même rapprochement est fait au XIXe siècle, mais par les médecins cette fois, qui voient dans ces deux pratiques les mêmes causes et les mêmes conséquences pathologiques. La condamnation médicale prend alors le relais de la condamnation religieuse. D'ailleurs, le mot « onanisme » tire son origine du nom d'un personnage de la Genèse, Onan. Fils de Juda, Onan doit « susciter une postérité à son frère » nommé Er, que l'Éternel fit mourir à cause de son inconduite. Onan, sachant que cette postérité ne serait pas à lui, « se souillait à terre » pour ne pas donner d'enfant à l'épouse de son frère. Ce qui déplut à Yahvé qui décida de le faire mourir (Genèse : 38 – 8-9-10).

trice au sein du mariage. Sinon elle est impure. Au point de justifier partiellement l'inceste dans l'histoire de Loth. Veuf, sans fils, il couche avec ses propres filles, qui l'enivrent à dessein, afin de lui donner une descendance mâle. Les tribus des Hébreux semblent vouloir se différencier des autres cultures environnantes. « Ne faites pas ce qui se fait au pays d'Égypte, où vous avez habité ; ne faites pas ce qui se fait au pays de Canaan, où je vous fais entrer ; ne suivez pas leurs lois [1]. » L'importance de se marier pour avoir une descendance, commune aux autres cultures, devient ici un devoir religieux. Est proscrite toute prostitution – présente ailleurs dans d'autres cultures : hittite, babylonienne, assyrienne… – et notamment la prostitution sacrée au sein des temples. Deux versets du code deutéronomique condamnent ces pratiques sexuelles de culte. « Il n'y aura pas de courtisanes sacrées parmi les filles d'Israël, il n'y aura pas de sodomie parmi les fils d'Israël » (32,18) et « Il démolit les maisons des sodomites qui étaient dans la Maison du Seigneur et où les femmes tissaient des robes pour Ashéra » (23,7).

Au rejet de la sexualité dite sacrée, s'ajoute dans un passage du Lévitique (18,22) la condamnation sans appel de l'homosexualité profane : « Tu ne coucheras pas avec un homme comme on couche avec une autre femme, ce serait rituellement impur. » Sont associés à cet interdit : l'inceste, l'adultère, la zoophilie et le fait de coucher avec une femme quand elle a ses règles. « Quand un homme couche avec un autre homme, comme on couche avec une femme, ce qu'ils ont fait tous deux est une abomination ; ils seront tués, leur sang retombera sur eux. »

Dans ce texte, ce n'est pas seulement le partenaire actif qui est coupable mais les deux. Et quel que soit leur statut social. Y est condamnée pour la première fois une relation librement consentie, et non un viol comme dans les autres civilisations.

---

1. Lévitique, 18, 3.

Le Lévitique est rédigé sous sa forme actuelle après le Ve siècle lors d'une période d'occupation étrangère. Le temple a été détruit et il y a eu déportation en terre babylonienne. Il importe pour ce peuple de redéfinir, quitte à les durcir, ses propres codes par rapport aux codes environnants. C'est aussi peut-être le fait d'une influence de la religion zoroastrienne des Perses condamnant les « hommes qui couchent avec des hommes comme avec une femme ».

L'histoire de la destruction de Sodome est la principale référence pour condamner l'homosexualité en Occident. Pourtant, l'association Sodome et homosexualité met plusieurs siècles à s'installer. Dieu veut détruire cette ville où règne la prostitution. Deux anges à l'apparence humaine se présentent à Sodome. Loth les héberge. Des hommes de Sodome font le siège de la maison de Loth et exigent qu'il leur livre les deux étrangers afin de les connaître [1], et refusent les deux filles que Loth, voulant respecter les lois de l'hospitalité, leur offre en échange. En représailles, les anges rendent les hommes aveugles et prononcent la destruction de la ville. Les hommes de Sodome se sont rendus coupables de menace de viol collectif, du manquement au devoir d'hospitalité et aussi de péchés mutiples associant orgueil, idolâtrie, cupidité et luxure. Rien dans la Bible ne dit que ce peuple pratique plus l'homosexualité que d'autres. Ce sont des apocryphes juifs du IIe siècle, les testaments des douze patriarches, comme le testament de Nephtali ou le livre des secrets d'Enoch, qui pour la première fois établissent un lien entre ce récit et l'homosexualité, en condamnant le « péché de Sodome » sans préciser s'il s'agit du viol ou de l'acte de sodomie entre hommes consentants. C'est d'ailleurs l'ensemble des habitants de Sodome, y

1. Il s'agit du mot « yada » signifiant la connaissance mais qui est aussi interprété sur un plan sexuel. On pourrait aussi le traduire par « pénétré » comme on est pénétré par un homme ou par le savoir. Ainsi il est aussi question d'Abraham qui est pénétré par le Seigneur pour faire la justice et le jugement (Gn 18,18) et des hommes de Sodome qui veulent pénétrer les étrangers sans le saint jugement de ce qui est bien pour autrui.

compris les femmes, qui sont accusés de divers crimes sexuels.

Dans la Misha, puis dans le Talmud, les hommes ayant des relations sexuelles entre eux sont condamnables à mort. Dans ce système très codifié de la justice hébraïque, il est noté également dans le Deutéronome (22,5) qu'« une femme ne portera pas les vêtements d'hommes ; un homme ne s'habillera pas avec un manteau de femme ».

Il y a dans l'union homosexuelle une union qui prétend à l'unicité divine. Seul Dieu serait un et unique. Le reste est construit sur l'union de contraire ou de complémentarité, féminin et masculin, corps et esprit, être et chose. Il y a donc dans cette prétention une abomination vis-à-vis de Dieu. Pourtant, aux côtés de ces interdits, d'autres auteurs célèbrent, par exemple dans Le Cantique des Cantiques, une certaine forme de plaisir sexuel. On trouve également l'histoire de David et Jonathan dans l'Ancien Testament qui décrit une amitié puissante, interprétée aussi comme une histoire d'amour.

David et Jonathan sont deux guerriers qui se rencontrent à la suite d'une bataille. La beauté de David est louée. « Dès que David eut fini de parler à Saül, Jonathan s'attacha à David et l'aima comme lui-même. » Jonathan est fils de Saül, premier roi d'Israël, et pourtant il « se dépouilla de son manteau qu'il portait et le donna à David ainsi que ses habits, et jusqu'à son épée, son arc et sa ceinture ». Ils vécurent ensemble dans la maison de Saül et, quand Jonathan mourut sur le champ de bataille, l'affliction de David n'a d'équivalent que celle d'Achille au décès de son amant Patrocle. « Jonathan, ta mort me navre, j'ai le cœur serré pour toi, mon frère Jonathan. Tu m'étais magnifiquement cher, ton amour m'était plus cher que l'amour des femmes » (Samuel, II, 1, 26).

5.

L'amour chrétien

La religion chrétienne reprend bien sûr l'histoire de Sodome et les deux deutéronomes du Lévitique[1]. Mais la parole du Christ ne récuse, ni n'aborde l'homosexualité.

Il existera aussi plus tard une lecture homosexuelle des thèmes chrétiens avec saint Sébastien, ou Ruth par exemple, une jeune veuve qui s'attache à sa belle-mère, au point de renoncer à son peuple, son pays et Dieu pour « coller » à elle. Ou encore des « couples » supposés de saints de même sexe[2]. Mais l'hostilité des premiers auteurs chrétiens romains à toutes les relations sexuelles hors mariage est incontestable.

Pour saint Paul dans l'épître aux Romains, Dieu a laissé les mécréants à « de viles affections » : « leurs femmes ont changé l'usage naturel en usage contre nature, et de même les hommes changeant l'usage naturel des femmes, brûlent de désir l'un envers l'autre, homme et homme se livrant à ce qui est inconvenant ». Barnabé, dans son épître qui date du Ier siècle, lie les interdits alimentaires

1. Les lois et les coutumes que Dieu envoie à son peuple et où sont notamment citées les impuretés empêchant l'homme d'entrer en contact avec Dieu.

2. Citons Félicité et Perpétue (l'une esclave et l'autre aristocrate à Carthage au IIIe siècle), Serge et Bacchus (soldats romains convertis), Polyeucte et Néarque qui, avant d'être tués pour leur religion, furent promenés dans la rue en habits de femme.

et les péchés. Il déconseille ainsi la consommation du lièvre car elle pousse à importuner les jeunes hommes.

Jean Chrysostome (347-407) condamne toutes les passions, dont le goût effréné des mâles. Les meurtriers ne font que séparer l'âme du corps, tandis que les violeurs détruisent l'âme à l'intérieur du corps. La sodomie entre hommes est aussi une « folie », qui dénature l'identité puisqu'elle « transforme en femme » et fait « cesser d'être un homme ». La violence de ses diatribes contre les sodomites n'a d'égal que son rejet du judaïsme. Il craint l'inutilité des femmes si les jeunes hommes les remplacent. Il invite à couper les cheveux des garçons pour qu'ils aient l'air moins féminins et soient moins attirants. Il s'insurge contre l'éducation homosexuelle des garçons qui se faisait dès l'âge de 10 ans (ils étaient adultes à 14 ans). On voit que la condamnation de l'homosexualité inclut aussi la protection des enfants contre la pédophilie. Mais, pour éviter cette éducation pédérastique, il recommande de confier les enfants à des moines qui les éduqueraient jusqu'à 20 ans…

Saint Augustin (354-430), dans ses *Confessions*, classe la sodomie entre hommes parmi diverses « débauches contre nature » qui méritent un châtiment. Cependant, à propos de son histoire avec un garçon qui mourut quand sa relation avec lui évoluait vers un état « plus suave que toutes les suavités de la vie », il reconnaît qu'adolescent, on peut confondre l'amitié avec les « troubles vapeurs de la passion ».

Pour être viril un homme doit contenir ses pulsions. Moins l'homme perd sa semence, plus il préserve sa force, sa détermination, et une voix mâle. Tempérance et maîtrise de soi sont l'idéologie des débuts du christianisme. Elles trouvent un écho dans la pensée du stoïcisme impériale – la forme la plus morale du stoïcisme au Ier siècle de notre ère –, dont l'idéal est la mort des désirs et des passions considérés comme des maladies pour la conservation de soi. C'est donc comme sexualité non procréative que l'homosexualité est réprouvée.

Concernant la femme, Jérôme (340-420), un docteur de l'Église, considère que si elle sert le Christ plus que le monde, elle peut être reconnue comme homme. Un comportement de sainte élève vers l'image christique et la perfection virile. Ainsi l'Église accepte les légendes des saintes travesties en hommes. Les groupes d'ascèses accueillent ces femmes qui, dans la gloire de Dieu, revendiquent une forme de parité. Certains de ces groupes, comme ceux d'Eusthate, évêque de Sebaste, prônent la fin du mariage et de la distinction vestimentaire entre hommes et femmes, comme entre religieux et non-religieux. C'est aussi pour limiter ces revendications que le travestissement est réprouvé [1].

La fornication [2], union charnelle hors mariage, désigne en fait tous les péchés liés à la sexualité. Pour Paul, le fornicateur pèche contre son corps confié par Dieu. Pour Cassien (365 ?-435 ?), élève de Jean Chrysostome, ce vice est charnel comme la gourmandise, naissant uniquement de la stimulation de la chair sans participation de l'âme. Pour le pape Grégoire le Grand (331 ?-395 ?), passionné de médecine, la luxure vient d'une excitation des organes génitaux provoquée par une pression du ventre gonflé par un excès de nourriture. Les besoins sexuels étant considérés comme propres aux hommes, ce sont eux qui sont luxurieux et non les femmes. Il écrit dans ses *Morales sur Job* : « Ce sont les vices de la chair et non pas la chair elle-même qu'il faut détruire. En effet si la chair est parfois séductrice, elle peut également constituer une aide pour le Bien. » Pour Cassien [3], l'homme sans être un ange doit savoir refuser le

1. Comme l'édicte le concile de Gangres au IVe siècle.

2. Le mot vient de *fornix*, édifice en forme d'arc auprès duquel se tiennent les prostitués.

3. Dans un traité en douze livres, *De Institutis coenobiorum et de octo principalium vitiorum remediis* qui concerne l'institution monastique. C'est un exposé de préceptes pour les moines. Il aborde les obstacles principaux pour la perfection, rencontrés par les moines : gloutonnerie, impureté, avidité, colère, abattement, ennui (*accidia*), vanité et fierté.

plaisir, garder ses sens et surveiller ses membres. Le moine doit jeûner, limiter son confort, éviter les femmes et la familiarité avec ses frères. Derrière un regard lascif, il y a un cœur qui ne résiste pas au mal. Comme remède, il conseille de contrôler ses pensées en remplaçant le désir par des souvenirs de femmes pieuses, comme sa propre mère. La luxure en rêves est aussi coupable.

D'autres courants religieux monothéistes ont des positions différentes. Les gnostiques rejettent la morale sexuelle. L'accomplissement sexuel mène vers la connaissance de soi et donc de Dieu placé en nous. La liberté sexuelle est de mise. D'ailleurs, pour certains d'entre eux, Adam aussi s'est laissé séduire par le serpent.

La religion chrétienne, comme l'a fait la religion juive, impose une réglementation stricte de la sexualité. Dans les faits, c'est entre 40 et 430 (mort de saint Augustin) que le renoncement définitif à l'activité sexuelle s'est imposé comme un idéal religieux. C'est au cours de cette période que commence à se former la morale sexuelle occidentale telle que l'ont codifiée les Pères de l'Église et les premiers conciles. Dans ce cadre, les pratiques homosexuelles, comme les autres activités sexuelles, sont des péchés de luxure. Mais il n'est alors pas question d'identité sexuelle, d'homosexualité ou d'hétérosexualité, mais de comportements sexuels acceptables ou condamnables. Tout individu est un pécheur potentiel mais tout individu peut aussi, par la volonté, ne pas commettre de péchés. L'origine des relations homosexuelles comme de tout autre comportement sexuel réprouvé (masturbation, relation hétérosexuelle hors mariage, en période de règles, adultère...) est à rechercher de façon plus globale dans l'origine des péchés. On ne naît pas homo ou hétéro, on ne devient pas homo ou hétéro, on fait bien ou mal selon que l'on cède ou non à la tentation. Enfin, on a vu aussi que pointent discrètement des « explications » médicales (physiques et mentales) ou environnementales (alimentation), au péché de luxure.

6.

L'Empire contre-attaque

Au grand dam de ces auteurs chrétiens, les mœurs ne se modifient guère dans l'Empire romain devenu chrétien. Le mariage chrétien d'aujourd'hui est loin d'être la norme. Polygamie, concubinage, divorce sont répandus. Le couple homosexuel reste un type d'union parmi d'autres. Les mariages homosexuels, avec ou sans cérémonie chrétienne, persistent [1] quand le second empereur chrétien Constant Ier (337-350) les interdit en 342. C'est la montée du christianisme alliée à la montée du stoïcisme face à la perte de puissance de l'empire, qui déclenchent une législation réprimant l'homosexualité. L'ascèse et la chasteté gagnent en audience, sinon en pratique, sur les autres théories issues de multiples courants de pensées philosophiques et mystiques de l'époque. De nombreuses lois furent créées afin de lutter contre les relations extra-maritales. En 329, des lois punissent l'adultère d'une femme avec son esclave, et en 331 le droit au divorce est restreint. En 390, sous Théodose, les travestis prostitués sont condamnés au bûcher car l'homme ne doit pas avoir « la passivité de l'autre sexe ». Un siècle plus tard, la loi s'étend aux

---

1. Ce n'est qu'au Xe siècle que l'Église a les moyens de mettre en place un véritable contrôle des unions par le mariage. Il ne sera un sacrement qu'en 1215. Voir le livre de John Boswell *Unions du même sexe : De l'Europe antique au Moyen Âge*, trad. Odile Demange, Fayard, 1996.

prostitués « actifs ». L'empereur Justinien [1] (482-565) s'applique à une grande réforme juridique, le code Justinien (534). Cette œuvre législative a une importance fondamentale en Occident car c'est sous cette forme que l'Occident médiéval, à partir du XIIe siècle, adopte le droit romain, ancêtre de notre droit. Ce corpus renforce le droit des gens et notamment des plus faibles (esclaves). Au nom de Dieu, il renforce aussi l'application des lois sur les mœurs. L'homosexualité masculine est condamnée à mort, comme le sont les hommes pratiquant l'adultère. Elles s'inscrivent dans un ensemble de lois condamnant le blasphème, les jeux, la fréquentation des théâtres... et sont encore renforcées après des épidémies de peste. L'homosexualité devient une cause de catastrophe naturelle. Justinien, loin d'être un saint en privé [2], est le premier à vraiment la réprimer et en profite pour se débarrasser ainsi de ses ennemis. Il fera école dans l'utilisation politique de l'homosexualité, de Philippe le Bel à Staline. Cette répression qui dure deux siècles est impopulaire, et rend les relations homosexuelles clandestines. Les premiers empereurs chrétiens se veulent plus chrétiens que le Christ et appliquent, avec le zèle des néophytes, les interdits religieux sur la sexualité. Mais ces châtiments s'opposent à des millénaires d'acceptation et peinent à se voir appliqués. Des accusés y échappent grâce au soutien des populations. Les hérétiques et les juifs seront les autres victimes de cet intégrisme.

Puis peu à peu les condamnations se raréfient. Les mariages homosexuels reprennent, parfois à l'église, sous le patronage de couples de saints et se perpétueront ; on en décrit encore des cas jusqu'au XIXe siècle en Europe de l'Est [3].

---

1. Voir le livre de G. Tate, *Justinien*, Fayard.

2. Selon l'historien Procope de Césarée (500 ?-560) qui écrit l'histoire du règne de Justinien et sa vie privée dans un volume intitulé *Histoire secrète*, trad. P. Maraval, Les Belles Lettres, Paris, 1989.

3. John Boswell, *op. cit.*

7.

Les noces barbares

Dans l'Europe non christianisée aucune législation ne condamne l'homosexualité. Il existe une homosexualité initiatique. Les jeunes hommes sont soumis à leurs aînés. Ces derniers leur transmettent leurs savoirs de chasseurs et de guerriers, les prennent en charge, les protègent, en échange de leurs services et de leur obéissance. Les femmes sont soumises aux hommes. Vierges jusqu'au mariage, elles ont obligation de fidélité.

Chez les Celtes, le « rôle passif » de l'homme ne remet pas en question sa virilité. Ce qui étonne les commentateurs romains chez d'aussi remarquables guerriers. En revanche, dans les tribus germaniques comme par exemple les Francs, les Wisigoths, les Vandales, les Saxons ou les Angles, le rôle sexuel dominant va de pair avec la virilité. Le viol des prisonniers de guerre s'inscrit dans cette logique guerrière de la sexualité où les futures épouses sont enlevées à leur famille. Seul le fils aîné hérite des terres. Les autres attendent d'hériter de lui pour se marier, sinon ils restent célibataires. L'adultère étant un crime, les hommes ne peuvent découvrir qu'entre eux la sexualité, si ce n'est avec les crimes de guerre. Dès lors les plus tendres soulagent les plus rudes.

En Scandinavie, l'homosexualité a un caractère mystique[1]. Le sperme est vénéré car il donne force et puissance. C'est en l'avalant que les dieux nordiques ont acquis leurs connaissances. Les hommes mûrs forment ainsi les plus jeunes.

La christianisation de certains de ces peuples va modifier la donne. En Espagne, les rois wisigoths nouvellement convertis font preuve d'intégrisme dont sont victimes les homosexuels, condamnés à la castration à partir de 650, et les juifs. La colonisation arabe en 711 stoppe ces persécutions. Dans l'Espagne musulmane, les relations homos ou hétéros sont également considérées. La littérature amoureuse est dédiée aux femmes ou aux hommes de toutes religions, blancs ou noirs, libres ou esclaves.

La christianisation des îles Britanniques est à l'origine d'une loi contre la sodomie à l'application incertaine. Elle est déclarée « subvertir l'ordre naturel ». Une fois « goûtée, on ne pourrait s'en passer » et elle serait « contagieuse comme une maladie[2] ».

Plus tardive en Scandinavie, la christianisation met un terme à l'homosexualité initiatique.

1. Sergent Bernard, *L'homosexualité initiatique dans l'Europe ancienne*, Payot, 1986.

2. Loi d'Alfred le Grand *in* H. Montgomery Hyde, *the other love*, Londres, Heineman, 1970.

8.

Les chansons de gestes tendres

Dans la France mérovingienne, les pouvoirs politiques et religieux n'ont pas fusionné. L'image bonhomme de ces rois fainéants est à l'instar de la liberté de mœurs. L'homosexualité est un péché bien moins grave que les relations sexuelles avec les femmes hors du mariage[1].

Avec Charlemagne, le roi devient sacré et la religion une affaire d'État. La stabilité politique permet un renouveau intellectuel. C'est la renaissance carolingienne. Des récits d'amours au masculin inspirés des écrits antiques fleurissent. Si depuis le VIe siècle la morale chrétienne prend peu à peu force de loi, la tolérance dans ce domaine reste de mise. La sodomie, réprouvée, désigne alors toute sexualité non reproductrice. Mais dans les faits, les relations homosexuelles n'apparaissent pas comme un grand péché, et ne sont pas condamnées pénalement. Seul le partenaire passif peut être raillé. Hincmar (806-882), archevêque de Reims et théologien, classe la sodomie parmi d'autres péchés comme la paresse ou la gourmandise. Il ne s'agit pas de péché mortel mais de péché de jeunesse, de péché véniel[2], au pire

1. J.P. Poly, *Le Chemin des amours barbares*, Perrin, 2003.

2. Péché léger commis sans une volonté de faire le mal. Il ne fait pas perdre au pécheur la grâce divine.

de péché réservé[1]. L'homosexualité se répand avec la renaissance des villes. Un grand nombre d'écrits de clercs font allusion à des sentiments amoureux de ce type. Des mariages entre hommes seraient encore célébrés chrétiennement[2].

Dans les pays arabes, où l'islam est la loi, le nombre important de mots pour évoquer l'homosexualité témoigne de la reconnaissance de son existence. L'homosexualité masculine a cours. Selon des codes de comportements[3], l'homosexualité est prohibée comme toute sexualité hors mariage. Cependant des poèmes arabes honorent des histoires d'amour entre hommes[4]. Le lesbianisme est moins évoqué même si des scènes saphiques au sein de harems sont retrouvées dans la littérature arabe. Selon les périodes et les pays, l'homosexualité en terres musulmanes est jugée positivement comme en Espagne, tolérée ou condamnée ailleurs comme péché.

Au Moyen Âge, la proximité gouverne les relations entre hommes. On mange dans le même plat, on dort nus dans le même lit au sein des communautés : soldats, compagnons, apprentis... Le couple guerrier de David et Jonathan est populaire. Abélard leur consacre un poème. Il sert de modèle au couple de chevaliers. *La Chanson de Roland*, un des premiers grands textes de la littérature française, est le récit d'un couple inséparable. Roland et Olivier, unis dans la vie comme dans la mort, illustrent l'amour viril

1. Péché qui, pour être absous, nécessite l'intervention de l'évêque ou du pape.

2. John Boswell, *op. cit.*

3. Haït.

4. Citons ces vers d'Ibn Suhayd (XIe siècle) qui conte une aventure au masculin. « Lorsqu'il fut tout à fait ivre, il s'endormit et les yeux des gardiens se fermèrent également/Je m'approchai de lui, qui était éloigné comme un compagnon qui sait ce qu'il touchera/Je rampai vers lui comme le sommeil qui l'avait envahi, je me hissai vers lui doucement, comme un souffle/Je passai la nuit à jouir de lui jusqu'à ce que sourie la bouche de l'obscurité/ » – extrait de *La Poésie galante andalouse au XIe siècle* : typologie et traduction Mohammed Abu-Rub, Paris, 1990.

dans cette société masculine et guerrière. L'expression émotionnelle des guerriers, leurs larmes abondantes, la tendre affection dont ils témoignent l'un à l'autre, flattant leur beauté mutuelle et se couvrant de baisers, contrastent à nos yeux avec la violence de leurs esprits combattants. Ami et Amile [1], Lancelot et Galehot, Tristan et Kaherlin sont les héros des chansons de geste. Ces poèmes épiques, où les femmes sont peu présentes, racontent les exploits guerriers et la relation passionnée de ces couples d'amis qui ne se séparent jamais sans larmes, qui s'embrassent à s'en étouffer quand ils se retrouvent, qui sacrifient l'un pour l'autre leurs ambitions [2] et parfois leur vie. Hommes et femmes vivent en des univers clivés. Le mot amour est indifféremment utilisé entre homme et femme, ou entre deux hommes [3]. La beauté des corps masculins est à l'honneur. Le baiser sur la bouche est plus courant entre hommes, qu'entre hommes et femmes [4]. La féodalité repose également sur tout un système d'engagement d'homme à homme avec, comme liens, l'amour dévoué du vassal au suzerain et son engagement. Le rite de vassalité implique d'ailleurs un baiser sur la bouche. Les codes sociaux de l'amitié font que deux amis peuvent s'embrasser sur la bouche, se tenir par la main et dormir dans le même lit. Attention, cela ne signifie certainement pas que la communion des corps complète celle des cœurs ! Mais si le désir est là, la réalisation en est aisée. Ces amours chevaleresques

---

1. Quand ces deux héros se rencontrent pour la première fois, « ils se jettent dans les bras l'un de l'autre, se baisent avec une telle fougue, se serrent avec une telle tendresse qu'ils sont bien près de s'étouffer l'un l'autre ». Plus tard « ils se jettent à nouveau dans les bras l'un de l'autre pour se baiser et se réjouir mutuellement ».Traduit par Yannick Le Carré.

2. Comme Galehot, pour Lancelot.

3. Georges Duby, dans *Guillaume le Maréchal* à propos d'un texte daté de 1230 narrant l'histoire d'un valeureux chevalier : « Ainsi, tout dans cette affaire tourne autour de l'amour, mais ne nous méprenons pas : autour de l'amour d'hommes entre eux. »

4. Yannick Le Carré, *Le Baiser sur la bouche au Moyen Âge, rites, symboles, mentalités XIe-XVe siècle*, Léopard d'or, 1992.

vont perdurer jusqu'au XIIe siècle. Elles sont les héritières de l'homosexualité guerrière des peuples germains, exaltée ou sublimée par les valeurs christiques du commandement de l'amour, favorisée par le clivage des relations entre hommes et femmes, la supériorité désignée des hommes sur les femmes, et la diabolisation de la femme présentée volontiers comme une tentatrice.

À la fin du premier millénaire existe une poésie homosexuelle qui perdure jusqu'au XIIIe siècle[1]. Des textes reprennent le thème antique de la comparaison des amours hétérosexuelles et homosexuelles. Le débat entre Ganymède et Hélène est un grand succès littéraire en Europe. Si le gaspillage de semences constitue un argument qui permet à Hélène de l'emporter, dans ce débat, l'homosexualité a le soutien de la grammaire, puisqu'on associe l'accouplement des personnes à l'accouplement des mots de même genre qu'impose la concordance grammaticale. La prostitution homosexuelle existe dans les villes. Hildebert de Lavardin, archevêque de Tours de 1125 à 1133, écrit que nulle condition n'est exempte de ce vice. Bernard de Morlaix signale que les homosexuels sont aussi nombreux que les grains de sable sur le rivage[2].

Les discours religieux autour de l'an mille n'ont pas la rigueur sur la question de ceux des premiers auteurs chrétiens[3]. Gautier de Châtillon s'interrogeant sur l'aspect moral de ce comportement montre Dieu simplement « riant des clercs » sodomites. Les pénitentiels[4] se montrent moins sévères avec l'homosexualité masculine qu'avec d'autres pratiques telles que la chasse ou le commerce de biens reli-

---

1. Ses auteurs sont souvent des ecclésiastiques de haut rang, tels Baudri, archevêque de Dol-de-Bretagne, ou Marbode, évêque de Rennes.

2. Jean Verdon, *Le Plaisir au Moyen Âge*, Perrin, 1996.

3. Quand, en Angleterre, le concile de Londres en 1102 réclame que la « sodomie » soit considérée comme un péché à confesser, l'archevêque de Canterbury, saint Anselme, s'y oppose arguant que ce péché concerne trop de monde et que les gens n'y voient pas à mal.

4. Guides indiquant les pénitences en fonction des péchés.

gieux [1]. La pénitence pour pénétration anale est la même, avec un homme ou une épouse. Elle est plus sévère pour une relation sexuelle avec une femme hors mariage qu'avec un homme. Apparaissent des pénitences pour des relations entre femmes. L'homosexualité, pour les lois ecclésiastiques, n'est plus une abomination. C'est une fornication parmi d'autres. Celle des jeunes gens mérite indulgence car elle est naturelle et spontanée.

L'affrèrement est une coutume au Moyen Âge [2] qui permet de constituer une union légale, et de partager un patrimoine. Deux frères peuvent partager par exemple les biens paternels. Mais deux amis qui désirent avoir une communauté de vie peuvent aussi en bénéficier. Le contrat précise les modalités particulières. Un homme peut hériter des biens de son compagnon. Il a donc existé pendant plusieurs siècles un ancêtre du PACS [3] !

Le Moyen Âge en Europe offre un cadre social, juridique et philosophique où les amours homosexuelles peuvent se vivre sereinement. La notion d'engagement est fondamentale en ces temps chevaleresques. Que ce soit entre personnes de même sexe ou de sexes différents. Les

---

1. Boswell, *Christianisme, tolérance sociale et homosexualité*, Gallimard.

2. Les coutumes du littoral atlantique et des régions du Midi révèlent la pratique fréquente de contrats d'affrèrement établis entre frères et sœurs mais aussi entre étrangers (concubins, homosexuels). Établis devant notaires, c'est entre étrangers qu'ils seront principalement conclus. Il est recherché une stricte égalité entre les partenaires, bien que des clauses puissent prévoir le contraire. L'aspect communautaire se retrouve dans la jouissance des biens ainsi réunis du vivant des partenaires. La différence avec l'esprit de notre PACS est que ces contrats d'affrèrement reposent sur la volonté de la continuation davantage que sur la transmission. La communauté se perpétue, par subrogation des personnes qui y naissent. La part de l'associé décédé va accroître celle du survivant. C'est ainsi que jouait l'accroissement sous l'ancien droit. À partir du XVIIe siècle c'est l'appellation « clause de tontine » qui prendra le relais, inventé par Lorenzo Tonti, qui connut un immense succès. *In* Alain Degage *Le contrat d'affrairamentum*, DES Histoire du Droit, Montpellier, 1971, 86 p.

3. Ou plutôt du CUS, projet de loi « brouillon » du PACS, qui étendait également aux membres d'une même famille la possibilité de se lier, abandonné pour le PACS qui ne le permet pas aux membres d'une famille.

comportements érotiques homo ou hétérosexuels qui ne sont pas strictement procréatifs sont blâmés comme péchés de chair mais ne donnent pas aux contrevenants une identité particulière.

9.

Le sodomite et la sorcière

À partir du XIIIe siècle, les structures sociales se modifient : un étatisme grandissant, une Église plus puissante, et le début d'une économie de marché à l'origine de nouvelles formes d'exclusion sociale. On assiste à la montée d'une contestation religieuse et politique importante : cathares, albigeois, manichéens, bogomiles, gnostiques [1]... Une reprise en main est opérée dans les pays catholiques centralisés. On reprend le code Justinien. L'Inquisition est créée. Hérétiques ou sodomites sont condamnés à mort. Les sodomites désignent tous les actes contre-nature y compris la sodomie entre hommes et femmes [2]. La sexualité devient un argument de répression. Tous les dissidents religieux sont accusés de luxure. Y compris les membres des sectes les plus ascétiques. Cette répression permet à l'Église d'affermir son autorité sur les mentalités. Philippe le Bel utilise l'accusation de sodomie parmi d'autres contre les templiers dont il dissout l'ordre et confisque les biens.

1. Le gnosticisme enseigne que l'on peut rencontrer Dieu dans les plaisirs de la vie et les délices de la chair, et ne considère pas l'acte sexuel comme un péché.

2. Pour l'Inquisition, les faits de sodomie ne peuvent être condamnés que s'il y a eu pénétration avec émission de sperme. Qu'il s'agisse d'un détournement de mineur ne change rien à l'affaire. D'ailleurs la protection des enfants contre les atteintes sexuelles n'est guère d'actualité.

Après lui, la royauté utilisera les accusations de sodomie ou de sorcellerie dans sa politique d'intégration des provinces nouvellement acquises. En Angleterre, ce n'est qu'en 1533 qu'Henry VIII condamne les sodomites à la pendaison, avec aussi des arrière-pensées politiques. En effet, en accusant les moines, il en profite pour confisquer les biens du clergé. L'homosexualité devient un signifiant politique. L'Église veut réglementer la sexualité et le mariage devient sacré en 1215. La chasteté s'impose aux clercs. Au sein même du mariage, toute autre pratique que celle du missionnaire est coupable. Cependant, la prostitution féminine ou masculine continue d'exister, mais plus discrètement qu'auparavant. Et si la condamnation morale se durcit, dans les faits, il s'agit surtout d'amende, éventuellement de fouet ou d'exil pour les sodomites. En France, pendant plusieurs siècles, quelques centaines ont été brûlées comme sodomites, essentiellement pour des viols, chiffre bien faible en comparaison avec le nombre de condamnations. On est indulgent avec les jeunes, et plus sévère avec le partenaire actif (contrairement aux temps anciens) car on suspecte un viol. Mais l'amitié passionnée, fidèle, dévouée, et tendre entre hommes reste largement valorisée. Différents conciles et des recueils de justice laïques condamnent la sodomie, mais très exceptionnellement l'homosexualité féminine [1]. Le lesbianisme, considéré comme de la masturbation, n'est pas sévèrement puni. C'est pour avoir pris la place d'un homme en montant sur une femme qu'on fouettera une lesbienne. Mais le tabou des relations homosexuelles naît peu à peu. On continue la pratique mais sans en faire état. La littérature homoérotique disparaît peu à peu. La sorcière est la représentante de la luxure féminine : le lesbianisme n'est qu'une partie de ses diverses pratiques. Ouvrages de démonologie ou bulles papales évoquent la capacité des démons de prendre forme humaine à partir de la semence perdue, pour commettre diverses turpitudes et notamment des rela-

1. Recueil *Jostice et plets* dit ancienne coutume d'Orléans en 1260.

tions sexuelles « contre nature ». Les bûchers ne s'éteignent qu'au XVIIIe siècle. À partir de 1250, l'homosexualité, comme l'hérésie, devient une dissidence face à la loi chrétienne. Le discours des théologiens ou moralistes sur le sujet se durcit, et leurs arguments empruntent à la Bible et à la nature. Dans *Le livre de Gomorrhe* (1050)[1], ce n'est plus simplement le coït anal qui est coupable, mais bien le fait que deux personnes de même sexe aient une relation ensemble, que ce soit par sodomie, masturbation ou frottement entre les cuisses. L'argumentaire utilisé est que cela n'existerait pas chez les animaux. Est abordée aussi une notion qui fait penser à celle du narcissisme que développera plus tard la psychanalyse : « Si le contact du corps masculin te réjouit, porte ta main sur toi-même. Ce que tu ne trouves pas en toi-même, tu le chercheras en vain chez un autre. » L'origine est une impulsion diabolique. Des conseils de prévention sont donnés aux moines tentés par toutes les formes de péchés de chair : « occuper ses pensées par des images de pourriture de cadavres purifiés et grouillant de vers », car « il n'y a pas de place pour la convoitise dans un esprit où rôde la pensée du sépulcre ». Cette position minoritaire en son temps va gagner en crédit.

Thomas de Chobham[2], dans son manuel de confesseur, oppose le coït licite, fait de rapports charnels destinés à la procréation au coït illicite : trop fréquent, trop lascif entre un homme et son épouse, tout coït contre nature consommé dans ou avec des parties du corps non destiné à la procréation, et enfin le coït hors calendrier, c'est-à-dire pendant les menstruations, le carême, dimanche et jours de fête.

---

1. *Le Livre de Gomorrhe*, écrit par saint Pierre Damien, détaille les différentes variétés de rapports homosexuels. L'auteur accusera certains prêtres d'être homosexuels et demandera au pape qu'ils soient exclus de l'Église, ce que Léon IX refusera.

2. Thomas de Chobham, *Summa confessorum*, *in* Jean-Louis Flandrin, *Un temps pour embrasser. Aux origines de la morale sexuelle occidentale (VIe-XIe siècle)*, Paris, Seuil, 1983.

Godard cite aussi Albert (1193-1280), un théologien alors réputé, qui condamne dans sa *Somme théologique* la sodomie, maladie contagieuse qui s'oppose à la raison, à la nature et à la grâce. Il propose un traitement : l'application sur l'anus d'un certain onguent.

L'influent saint Thomas d'Aquin (1226-1274) reprend l'argument de nature, car l'ordre naturel est aussi ordre divin. Il sépare les péchés sexuels « naturels », potentiellement procréatifs, des actes contre nature, non procréatifs, dont la masturbation et la sodomie, aussi graves l'une que l'autre. Mais les baisers, les caresses non sexuelles et les échanges de tendresse entre personnes de même sexe ne sont pas des péchés mortels.

Chaque fois, ce sont les actes qui sont condamnés, et non pas des catégories d'individus. Il n'y a pas de liens entre le caractère efféminé et les relations homosexuelles. On ne parle pas d'orientation sexuelle. Les actes ne confèrent pas une identité particulière. L'être homosexuel tel que présenté à partir du XIXe siècle n'existe pas.

Dante (1265-1321) dans sa *Divine Comédie* place les sodomites non pas parmi les luxurieux, mais au sein des « violents contre Dieu », avec les blasphémateurs et les usuriers, coupables de vouloir profiter du temps qui n'appartient qu'à Dieu. C'est donc bien une dissidence.

La répression des sodomites est celle des élites religieuses et politiques, et non une répression populaire. En effet ces condamnations des élites ne concernent qu'un cercle fermé et ne touchent pas l'opinion publique pour laquelle c'est toute forme de sexualité qui est réprouvée. Les jeux et l'usure, autant condamnés par l'Église, restent largement pratiqués. La sodomie est luxure, et peut concerner tout un chacun[1].

1. Une histoire en vogue au Moyen Âge raconte que le diable cherche un mari pour ses filles, chacune symbolisant un péché. Il confie l'hypocrisie au moine, l'usure au riche et la vaine gloire aux femmes, mais à tous il confie la luxure comme prostitué. Voir le livre de Didier Godart déjà cité.

Le lien entre sexualité libre et catastrophe naturelle est repris lors de la terrible peste noire au XIVe siècle.

La fin du Moyen Âge annonce l'ère de nouveaux tabous. La proximité des corps se délite. La nudité se charge de honte. Les relations deviennent plus distanciées. Les moralistes au XVe siècle s'attaquent aux bains publics ou à la mode des hommes qui remplace la longue robe par des braies moulantes ou des tuniques courtes montrant les formes.

Mais cela n'empêche pas chacun de prendre plaisir, plus discrètement sans doute, tel François Villon, qui écrit, entre 1456 et 1461, ses ballades « homosexuelles » où respire la jouissance ludique, mais en usant du jargon des prostitués [1], méconnu du grand public.

1. F. Villon, *Ballades en argot homosexuel*, Mille et Une Nuits éditions, 2001.

10.

Renaissance de l'homosexualité

Au XVIe siècle, avec la Renaissance, le progrès de l'hygiène et le recul des grandes épidémies, la vie est plus douce. L'Antiquité et ses modèles d'amours masculins comme Cupidon, Apollon, Ganymède ou Bacchus, reviennent. On reparle d'amour viril, de « beau vice ». Des mariages entre hommes sont à nouveau célébrés à l'église en Italie comme le relate Montaigne. Les liens établis entre la sodomie et le satanisme font rire les lettrés. En Italie les prostituées s'habillent volontiers en hommes. Le nombre des procès en sorcelerie et de sodomites décline fortement. Une période de créativité homosexuelle sans précédent depuis l'Antiquité reprend.

C'est aussi le début de la découverte de nouveaux mondes et de leurs mœurs tels que l'homosexualité et le travestisme chez les Aztèques, l'homosexualité courante des samouraïs, la prostitution masculine en Chine. Plus tard, en Amérique du Nord, sont décrits ces garçons indiens se sentant filles, qui peuvent s'habiller, pratiquer les activités, adopter le comportement sexuel des femmes et inversement. Pour les indécis, des activités mixtes sont possibles à condition de porter le vêtement adéquat à l'activité féminine ou masculine. Des unions maritales sont réalisables. Une femme devenue homme socialement peut épouser une autre femme. La différenciation sexuelle est clairement définie mais l'identité est réversible. Les Berdaches, comme les appellent les Européens, ont volontiers des fonctions de shaman, étant à l'intersection des mondes. Chez les Indiens Hijra, le changement des hommes en femmes est possible, mais passe par la réalité de la castration. Chez les Inuits, un enfant peut être désigné, si son allure le signale, comme porteur d'une âme d'un ancêtre de sexe différent de son sexe biologique, et rejoindra le groupe de l'autre sexe. Chez les Kamtchadals, tribus de Sibérie, les femmes ayant plus de pouvoir que les hommes et notamment la propriété des terres, les hommes ont volontiers tendance à prendre l'aspect du sexe dominant.

En Europe, l'amazone est à la mode. Elle allie l'esprit guerrier et la vaillance masculine ainsi que la retenue féminine par sa virginité. Après la Renaissance, les frondeuses puis les précieuses s'identifieront à ces amazones exprimant le féminisme du XVIIe siècle. Le personnage d'Orlando est une représentation de ces femmes guerrières. S'ensuivront les chouannes et les révolutionnaires.

11.

La réforme morale

Certains s'alarment de la féminisation des nobles qui ne guerroient plus. Des pamphlets se moquent de ces femmes qui partent à la guerre et des hommes « efféminés et sots ». Avec la montée du protestantisme et la Contre-Réforme, on assiste au retour progressif d'un nouvel ordre moral. Le thème de Sodome est repris. Surtout dans l'Angleterre puritaniste du XVIIe siècle, où les condamnations pour sodomie deviennent plus sévères. Le sodomite est présenté peu à peu comme un jeune homme de bonne famille, extravagant, paresseux, orgueilleux, méprisant et passant ses soirées au théâtre. Les hommes efféminés, autrefois ardents amoureux des femmes, deviennent synonymes de sodomites. Apparaissent les premières théories sur l'origine de cet état qui serait lié à une nature humaine profondément indisciplinée et encline à la corruption et à la perversité. Dans la seconde moitié du XVIIe débute le « grand renfermement » [1] où l'on commence à interner les « aliénés » que rejoindront des sodomites. C'est l'amorce de la « psychiatrisation » de l'homosexualité qui sera effective au XIXe siècle. Dans les pays protestants, la morale sexuelle se rigidifie. Un siècle auparavant, les réformateurs

1. Ainsi nommé par Michel Foucault dans *Histoire de la folie à l'âge classique*, Gallimard, 1961.

Calvin, Luther et Zwingli ont attaqué le catholicisme sur ce terrain notamment. Pour eux, la sexualité maritale n'a pas pour seul but la procréation et exprime aussi l'affection conjugale. Mais la sexualité hors mariage, la masturbation et l'homosexualité sont considérées comme malignes pour le corps, l'âme, la famille. Le lesbianisme et le travestisme sont des péchés graves. C'est en Amérique que ce puritanisme est appliqué le plus sévèrement [1]. Le lesbianisme y apparaît pour la première fois dans un texte de loi. Dans ces colonies déculturées, la bible est interprétée au pied de la lettre et l'on craint réellement la destruction de Sodome. La sodomie devient le propre d'une catégorie de personnes condamnées à la prison ou au bûcher. Ils deviennent aussi l'objet de la vindicte populaire car exprimer sa colère contre les pécheurs est une voie du salut. Les autres pays protestants suivent. La reine Christine de Suède [2], connue pour ses amours saphiques, fuit le fanatisme luthérien et abdique pour vivre en France.

Aux XVIe et XVIIIe siècles, le thème du travestissement et de l'ambiguïté amoureuse est récurrent en littérature. Des fêtes de village juqu'à la cour, il est très prisé. Les femmes s'habillent en hommes à la Sainte-Agathe et les hommes, lors de charivaris ou carnavals, caricaturent les femmes. Cela symbolise le passage dans le monde clivé des adultes, la connaissance de l'autre sexe, et soulage de la rigueur des repères sociétaux en mettant le « monde à l'envers ». Hors du divertissement, le travestissement permanent est officiellement un crime à partir du XIVe siècle. Pour l'Église, il risque de faire oublier à la femme sa nature, sa modestie et son rang. Mais on comprend qu'elle veuille s'élever dans la hiérarchie, elle est donc moins sévèrement punie. L'homme travesti fait honte à la perfection de son identité, à l'image

1. Si le mot « fagot » en anglais qui signifie petit-bois d'allumage se met à désigner l'homosexuel, c'est que le bûcher lui était destiné.

2. Françoise Kermina, *La Reine Christine de Suède*, Perrin, 1995. Voir aussi le film *La Reine Christine*, de Robert Mamoulian avec Greta Garbo qui date de 1933.

de dieu. La différence des sexes est partie prenante de l'ordre divin. Y contrevenir impliquerait d'autres transgressions comme franchir la frontière des classes sociales, voire des vivants et de morts. Beaucoup de cas de travestissements chez des femmes sont décrits au XVIIIe siècle. Il s'agissait souvent du seul moyen alors d'avoir un travail bien rémunéré ou dans certaines situations (femmes sans foyer fixe) de se protéger des hommes. Dans ces situations de détresse, ces femmes ne sont pas condamnées. Cela permet aussi pour d'autres de vivre une identité masculine ou d'épouser d'autres femmes. Celles découvertes comme soldats ou marins sont amendées car le fait qu'une femme veuille être vaillante comme un homme était apprécié. Mais les prostituées, pour qui c'est le seul moyen d'aller dans les lieux réservés aux hommes et d'approcher ainsi leurs clients, elles, sont condamnées.

Les cas d'hommes travestis sont bien plus rares. Sans doute parce que la condition des femmes était alors moins appréciable qu'aujourd'hui. Parmi les sodomites arrêtés au XVIIIe siècle, certains se travestissent occasionnellement. Sylvie Steinberg[1] rapporte le cas d'un transsexuel, le sieur Dumoret[2] et d'autres cas plus célèbres tels l'abbé de Choisy et le chevalier d'Éon, espion pour le roi de France. On envisage alors l'influence de l'éducation dans le domaine de l'identité sexuée. Monsieur, frère de Louis XIV, aurait été élevé en fille sur ordre du cardinal, afin qu'il ne fasse pas d'ombre à son frère.

1. *La Confusion des sexes*, Fayard.

2. Il se faisait appeler Rosette. Habillé en fille par sa mère, il est chassé, jeune homme, par son père car il affirme être une fille et refuse les emplois auprès des avocats que sa formation en droit lui permet. Il veut travailler à tisser ou à coudre, des métiers de femme. Il ne s'habille qu'en femme, s'épile le visage, porte un corset, se fabrique des faux seins, et fait disparaître ses parties génitales sous un savant tissage de peaux. Il est jugé fou.

12.

Une question de tempérament

Jusqu'au XVIIIe siècle, le féminin et le masculin peuvent coexister en chacun[1]. Le sexe ne définit pas le genre. Les théories « scientifiques » de la différence des sexes reprennent la conception aristotélicienne. C'est la température et l'humidité de l'organisme, c'est-à-dire le tempérament qui différencient les hommes des femmes, et non les caractères sexuels.

Le Napolitain Portat publie ces critères de différenciation en 1586. Il définit ainsi les hommes efféminés. Ceux-ci ont notamment un corps mal proportionné, une petite bouche riante, des épaules peu mobiles, un abdomen maigre, des côtes peu marquées, des jambes molles, un dos peu large, des fesses grasses, une voix aiguë, le teint blanc et une démarche en dedans… Sa description est peu ou prou celle de la femme. L'homme est grand, le visage large, les sourcils courbés au-dessus de grands yeux, et le menton carré. Ses épaules, côtes, et omoplates sont marquées. Son dos est large, ses cuisses nerveuses, ses hanches osseuses, ses mains épaisses, sa chair dure et sèche, sa voix forte, sa respiration dense et sa démarche tardive. Ce qui est féminin

1. Comme le pensera à nouveau Freud, mais bien sûr avec un substratum différent. Il n'est pas question pour lui d'humeur ou de tempérament mais de bisexualité psychique.

est mou et petit. Ce qui est masculin est dur et grand. La présence de « mamelles » n'est pas un signe distinctif ! Elles sont gorgées de sang chez l'homme et de lait chez la femme. Le froid des femmes empêche les poils de pousser, resserre les pores (ce qui rend la peau douce) et empêche l'élimination des humeurs qui produisent du gras et rendent la voix claire.

Un siècle plus tard, Curreau de la Chambre, médecin et membre de l'Académie des sciences, reprend dans son livre *Le Système de l'âme* à peu près les mêmes critères. La description est plus tendre pour les femmes dont les éléments anatomiques sont qualifiés de déliés ou polis. Le maintien est noble chez l'homme, retenu et pudique chez la femme. La beauté féminine est ici reconnue, mais est source de tous les vices. Les tempéraments diffèrent aussi en fonction de :

– l'âge (les jeunes hommes paraissent efféminés),
– du rang social,
– du climat (donc de la nation),
– du caractère de chacun : colérique (chaud et sec), flegmatique (froid et humide), mélancolique (froid et sec), sanguin (chaud et humide).

Ces différences occasionnent des différences d'aspect : les colériques sont très masculins. Les flegmatiques rejoignent les hommes efféminés décrits par Porta : mous, faibles, menteurs, lâches, cruels, et débauchés.

Mais l'homme efféminé n'est pas l'équivalent de l'homosexuel ! Au contraire, il s'adonne aux femmes qui lui ressemblent. L'orientation sexuelle n'est pas liée à l'identité. On explique les hommes travestis [1] (comme les berdaches) par des problèmes de gestation. Un embryon fille aura des organes génitaux mâles à cause d'une chaleur excessive chez sa mère. À sa naissance, elle sera déclarée homme à cause de ces organes apparents. Mais elle restera

1. Selon Jean Huarte (XVIe siècle).

femme dans ses allures, sa voix, ses activités, jusqu'au « péché exécrable » c'est-à-dire jusque dans ses relations sexuelles avec des hommes. Les hommes travestis sont donc médicalement considérés comme des femmes avec accidentellement un corps d'homme. Notons que de nos jours les transsexuels revendiquent d'être reconnus de la même façon, femme dans un corps d'homme.

Il y a donc différentes façons d'être homme ou femme : une femme avec assez de chaleur peut apprendre aussi bien qu'un homme. Une femme noble est supérieure à un homme roturier car les nobles sont humides et les roturiers secs. L'inégalité de rang social domine celle entre homme et femme. La femme idéale ne doit plus être trop féminine. Ni l'homme idéal trop viril. Il doit se situer entre le trop viril et l'efféminé. L'homme trop « chaud » sera téméraire, sévère, vaniteux, au lieu d'être courageux, juste, avec une bonne estime de soi. Les femmes laides sont jugées masculines.

Le tribadisme[1], bien que peu cité dans les textes législatifs, est passible de peine de mort. Mais, en fait, il est très rarement condamné fautes de preuves. Qu'une femme se faisant passer pour un homme en épouse une autre n'est pas une preuve de tribadisme. Car on invoque l'hermaphrodisme, non condamnable. Des expertises médicales lors d'un jugement recherchent un allongement du clitoris ou une production de nymphe comme marqueur masculin, que cet allongement soit naturel, maladif ou provoqué par une attitude lascive, notamment une masturbation excessive. Après le jugement, un sexe est désigné et la personne doit se comporter conformément à ce sexe sans pour autant avoir le droit de se marier.

Pour conclure, la science à l'époque ne considérait pas comme pathologiques les différentes préférences sexuelles

1. Désignant alors l'homosexualité féminine, nommée aussi « péché muet », « luxure abominable », « sodomie ».

contrairement à ce qu'il en sera au XIXe siècle. Les orientations sexuelles étaient congénitales et directement dépendantes des tempéraments de chacun, c'est-à-dire de sa constitution physiologique. À ce titre elles étaient innées.

13.

Révolution ?

Au XVIIIe siècle, la théorie des tempéraments est remise en question. C'est la société qui crée les différences. L'oisiveté, le confort, les occupations frivoles sont à l'origine de la faiblesse des sangs bleus dont on raille les manières et la peau rasée. Le travail rend sain. Sus à l'amollissement, à la féminisation de la population. L'exercice physique et les bains froids régénèrent. Ce sont l'anatomie et la physiologie qui expliquent la différence des sexes. La matrice fait la femme. Mais ces différences anatomiques viennent à leur tour justifier les différences de conditions. Le naturalisme des lumières réfute les inégalités sociales, mais maintient celles entre les sexes. Si les femmes sont moins intelligentes, c'est en partie parce qu'elles sont moins instruites. Et l'éducation corrigera cela comme le fera la civilsation chez les autres « races ». Mais c'est surtout du fait de leur faiblesse physiologique. La République les juge inaptes aux droits politiques « car les mœurs et la nature les ont dirigées vers d'autres fonctions relatives à l'éducation » et qu'elles « sont peu capables de conceptions hautes et de méditations sérieuses ». Elles n'auront pas le droit d'occuper des postes politiques car elles ne peuvent pas « prendre une part active à des discussions dont la chaleur est incompatible avec la douceur et la modération qui font le charme de leur sexe[1] ». Enfin la Révolution autorise chacun à s'habiller librement quel que soit son rang, mais à condition d'être ajusté à son sexe.

La philosophie des Lumières a un regard nouveau sur la sexualité. L'attraction érotique devient le princeps originel de l'humanité sans pour autant mettre toutes les sexualités adultes sur le même plan. Les pratiques homosexuelles sont pour Montesquieu des péchés philosophiques, qui n'offensent pas Dieu mais l'État, l'ordre, la nature. Pour Rousseau elles attestent d'un « goût dépravé qui outrage la nature[2] ». Mais selon Voltaire, la confusion est possible entre un jeune homme et une femme. Pour les religieux éclairés, la cause en est une méconnaissance de la loi divine. Mais Diderot revendique le droit à la masturbation et considère dans son *Encyclopédie*, à l'article « Efféminé », que les interdits sexuels imposés par l'Église sont arbitraires et notre vision de l'identité aussi : « Nous sommes choqués quand on voit des aspects (ton, démarche, mouvements) d'un sexe chez un autre uniquement car on y est attachés par expérience. »

1. Discours du député Amar du 30 octobre 1793, Le texte est cité dans le livre de Paule-Marie Duhet, *Les Femmes et la Révolution, 1789-1794*, Julliard, 1971, p. 153-157.

2. Dans *La Nouvelle Héloïse* et *Les Confessions*.

14.

Du péché à la maladie

Le XIXe siècle sonne la fin des bûchers pour les sodomites mais le début des persécutions des homosexuels. En Angleterre, sodomites et saphistes deviennent des genres. S'embrasser entre hommes pour se saluer devient un comportement efféminé. Aux États-Unis, en 1776, la sodomie (homo ou hétérosexuelle) n'est plus passible de peine de mort mais de castration [1]. Les relations saphiques sont peu condamnées surtout pour les « fricarelles », les femmes passives. L'homosexualité passe du péché à la maladie. La masturbation devient un thème à la mode dans l'Europe protestante. Différents ouvrages médicaux à succès vont l'accuser de mener à la sodomie et de causer débilité physique ou mentale, folie, et suicide. On recommande des vêtements empêchant l'accès aux parties génitales, et pour les impétrants la cautérisation du clitoris et la castration. Elle est « contagieuse » et s'apprend par d'autres. Le lien est vite établi avec l'homosexualité. Pour Beard, neurologue (1884), les masturbateurs se désintéressent de l'autre sexe. La création et la médicalisation de l'homosexualité comme entité nosologique remontent au milieu du XIXe siècle, quand la médecine et la psychiatrie tendent à remplacer la religion et la législation dans la défi-

1. Comme la polygamie, la zoophilie et le viol.

nition sociale de la normalité. En France, le code civil dépénalise les relations sexuelles entre adultes consentants. Elles restent légales au Japon et en Chine. En Angleterre, ce n'est qu'en 1861 que la pendaison est remplacée par la prison. C'est alors le seul pays d'Europe condamnant une masturbation mutuelle ; tandis que croît l'idéologie de l'amitié passionnelle entre jeunes gens dans les nombreux internats. Au procès d'Oscar Wilde, on explique sa sexualité comme la conséquence de sa maladie intellectuelle et d'un environnement de lumière artificielle chargée d'encens ! De péché potentiel chez tous, l'homosexualité devient un péché propre à certains, une rébellion sociale, ainsi qu'une inadaptation médicale et psychologique.

Ce passage du péché à la maladie, contemporain de la révolution industrielle, est le témoin du pouvoir grandissant des médecins. Le mot homosexuel est d'ailleurs inventé par un médecin hongrois en 1848 [1]. Benkert oppose le « désir normal » au « désir homosexuel » qui, « donné par la nature », « soumet à un asservissement sexuel » et « crée une franche horreur du sexe opposé ». C'est une maladie congénitale pour le médecin français Villermé en 1824. À contre-courant, l'Allemand Karl Heinrich Ulrichs (1825-1895) pense que le désir homosexuel est inné, et donc naturel. Selon lui, les embryons se divisent en trois catégories : mâle, femelle et *urning* [2]. Ces derniers ont le corps de l'un ou l'autre, mais avec un instinct sexuel contraire à ce corps. Il s'inspire de découvertes récentes qui montrent que les embryons ont la potentialité de devenir mâle ou femelle. Pour le Dr Quackenbos (1899), c'est une « passion » comme la masturbation, la nymphomanie ou l'exibitionnisme qu'il propose de traiter par l'hypnose. Le livre *Psychopathia Sexualis* de Kraff-Ebing (1886) fait alors référence, et diagnostique toute sexualité non procréatrice comme perverse.

---

1. Dr Benkert devenu Dr Kertbeny.
2. Terme désignant les homosexuels en rapport avec uranus.

Les différences biologiques justifient l'inégalité des sexes pour la majorité des médecins. La femme homosexuelle est définie, non par son désir, mais par sa nature masculine. À des lésions héréditaires du système nerveux central s'ajoutent des malformations qui la rendent moins femme. On dépeint systématiquement une femme masculine, brutale, débauchée, grossière abusant d'une femme féminine et soumise.

L'homosexualité est une manifestation de dégénérescence (un mot très en vogue). Le travestisme en est la conséquence logique. C'est une « maladie » héréditaire (bien que peu procréative...) justifiant pour des médecins la castration préventive. Des homosexuels le furent volontairement. Pour Ebing, on trouve chez les ascendants : névroses, psychoses ou dégénérescence. « L'ensemble perversion-hérédité-dégénérescence a constitué le noyau solide des nouvelles technologies du sexe [...]. La psychiatrie, mais la jurisprudence, la médecine légale, les instances du contrôle social, la surveillance des enfants dangereux ou en danger ont fonctionné longtemps à la dégénérescence », comme l'indique Michel Foucault dans son livre *La Volonté de savoir*.

Péché et délit, maladie congénitale, héréditaire ou consécutive à un environnement favorisant la dégénérescence, l'homosexualité est tantôt acquise, tantôt innée. Quoi qu'elle soit, elle acquiert une définition et s'installe dorénavant dans le champ de l'anormalité.

C'est la médicalisation de l'homosexualité qui va donner naissance à la notion d'identité homosexuelle. Cette catégorisation médicale de l'homosexualité promeut un début d'organisation sociale des personnes concernées. Fin XIXe, dans les milieux intellectuels, les amitiés passionnelles entre femmes sont en vogue. On parle de « mariage à la bostonienne » pour ces couples de femmes.

15.

XXe siècle : de l'extermination à l'acceptation

Au XXe siècle, l'homosexualité devient une maladie sociale[1]. Aux États-Unis, on s'alarme des bals en Louisiane où des nègres travestis dansent avec des blancs, et des relations sexuelles entre jeunes filles blanches et noires dans des maisons de correction. En Allemagne, les relations sexuelles entre hommes de classes différentes sont perçues comme un signe de dégénérescence morale et sociale. L'homosexualité est une transgression car elle fait fi des barrières sociales et ethniques. Féminisme, lesbianisme et homosexualité masculine sont des menaces pour la natalité à l'heure de la montée des nationalismes, mais surtout pour l'ordre établi. L'homme homosexuel est un être efféminé, soumis et passif. Ceux qui ne le sont pas, c'est qu'ils ont un cerveau de femme dans un corps d'homme.

La découverte de la psychanalyse par Freud ouvre des horizons nouveaux. Il découvre l'existence d'une sexualité infantile, et éclaire, de façon révolutionnaire, la construction de l'identité sexuée et de l'orientation sexuelle avec notamment la découverte du complexe d'Œdipe. Freud récuse l'idée que la masturbation provoque des désordres mentaux et le concept de « dégénérescence mentale » à

1. Elle le restera longtemps puisqu'en 1969, elle est déclarée en France fléau social aux côtés de l'alcoolisme.

propos de l'homosexualité. Elle n'est pas une maladie et n'a pas en tant que telle à être soignée. C'est une composante propre à chacun, à des degrés divers et sous des modalités expressives variables. Il l'écrit dès 1905, mais il la considère alors comme une orientation « perverse » : « Les homosexuels ne doivent pas êtres traités comme des malades, car une orientation perverse est loin d'être une maladie. »

Pourtant, dès 1914, un autre regard est porté sur l'homosexualité. Sándor Ferenczi, dans son article sur « La nosologie de l'homosexualité masculine », fait le constat suivant : « Il est en effet étonnant de voir à quel point se perdent chez les hommes d'aujourd'hui le don et la capacité de tendresse et d'amabilité réciproque. À leur place règnent ouvertement entre hommes la rudesse, l'opposition et la rivalité [...]. Une partie de l'homoérotisme reste librement flottante et réclame satisfaction, mais comme cela est impossible dans les relations régies par notre civilisation, cette quantité de libido doit subir un déplacement, se déplacer sur les relations affectives avec l'autre sexe. » La position de Freud évolue elle aussi avec ses recherches : « L'homosexualité », écrit-il en 1935, n'est certainement pas un avantage, mais ne peut en aucun cas être classé dans les maladies ; nous pensons qu'elle est une variante du développement sexuel. Il s'indigne qu'elle soit un délit. Après sa mort, les psychanalystes ne le suivent pas toujours, la considérant tantôt comme une immaturité, une perversion, un état névrotique, un trouble identitaire, un trouble de la personnalité, une psychose.

Pourtant la psychanalyse reste un formidable mode de compréhension de nos préférences sexuelles. Je consacre plus loin toute une partie de ce livre aux différentes possibilités de structuration des désirs homosexuels ou hétérosexuels à partir de ce modèle explicatif. C'est en prenant appui sur les développements modernes de la psychanalyse et sur ma pratique d'analyste d'enfants que je les formule.

La diversité des modalités que je présenterai illustre la complexité de la sphère affective et sexuelle de l'être humain qui n'a rien à gagner à être pathologisé à tout crin.

En dehors du mouvement psychanalytique, d'autres théories sont avancées. Magnus Hirschfeld (1868-1935) consacre sa vie à l'étude de l'homosexualité, recueillant dix mille témoignages. À contre-courant, il la considère comme innée, due à des sécrétions hormonales différenciées.

Ces nouvelles conceptions, ignorées de la population pour qui c'est avant tout une transgression morale, n'empêchent pas les hommes et les femmes de s'initier discrètement sexuellement avec d'autres avant de se marier ou fortuitement après. D'autres se découvrent différents sans pour autant savoir se définir, rejetés socialement, vivant une sexualité coupable, parfois restant désespérément seuls. D'autres enfin vivaient en couple cohabitant officiellement comme deux copains, amies ou collègues.

Dans l'entre-deux-guerres, à Paris, Berlin, New York, la visibilité homosexuelle apparaît dans des bars ou des bals. Le mouvement féministe permet aux lesbiennes de trouver un terrain de rencontre. Mais la montée des nationalismes interrompt cette libération.

Le nazisme décide la déportation et l'assassinat des homosexuels dans les camps de la mort. L'Italie fasciste, les dictatures communistes feront de même avec le même argument de dégénérescence et de dissidence.

Au milieu du XXe siècle, l'homosexualité aux États-Unis est classée comme dégénérescence, perversion morale ou psychopathie sexuelle permanente, terme désignant à la fois le trouble psychiatrique et le caractère délictuel.

Les traitements proposés dans les pays anglo-saxons jusqu'au milieu du XXe siècle sont variés mais jamais tendres : épilepsie provoquée par des injections chimiques ou électrochocs, traitements hormonaux, sédatifs lors des périodes de désirs[1], castration (rares), lobotomies[2], « thérapies » d'aversion[3]. L'armée américaine cherche à dépister les homosexuels sur des critères vestimentaires, physiques, comportementaux jusqu'à, en cas de doute, mesurer la tonicité du sphincter anal ! Après 1940, les militaires ayant des relations homo ne sont plus emprisonnés mais renvoyés comme malades mentaux. Les psychiatres militaires les classifient en dizaines de sous-catégories[4]. Durant la guerre froide, les détecteurs de mensonge sont utilisés. Plus fidèles à la « cause homosexuelle » qu'à la « cause nationale » les homosexuels représentent une menace pour la sécurité. Dans les pays anglo-saxons, les homosexuels formeraient une sorte de secte dont on ne peut plus sortir une fois séduit. Pour d'autres médecins, ils sont avant tout des immatures méritant compassion.

Le rapport Kinsey publié en 1948 sur le comportement sexuel chez l'homme a un effet révolutionnaire. Un homme sur deux admet trouver un certain érotisme dans son propre sexe. Un homme sur trois a eu au moins une expérience homosexuelle après l'adolescence. Un sur huit une sexualité majoritairement homo pendant au moins trois ans. 20 % ont un désir permanent pour les deux sexes. 10 % reconnaissent une attirance exclusive pour les personnes de leur sexe et 4 % se définissent comme homosexuels. Enfin, l'homosexualité est présente dans toutes les catégories de la population. Il existe selon Kinsey un continuum entre les désirs hétérosexuels et homosexuels, chacun l'étant plus ou moins.

1. Car le désir homosexuel, pensait-on, suivait un cycle comme le cycle hormonal des femmes.

2. Ablation d'une partie du cerveau où se situerait l'origine du trouble. Les conséquences étant dramatiques : amnésie, déficit intellectuel, apathie, psychose, démence.

3. On montre des images homosexuelles à ces hommes tout en injectant des substances vomitives ou des chocs électriques. Puis on montre des images de femmes nues, et on leur injecte de la testostérone.

4. Coutumiers, maladifs, sodomites véritables, pervers moraux, pervers établis, avoués, équilibrés, masculins…

Cependant, l'homosexualité reste un délit dans beaucoup de pays occidentaux jusqu'au dernier quart du XXe siècle [1]. Elle reste aujourd'hui un délit, voire punissable de la mort dans certains pays [2], notamment soumis à des dictatures religieuses. Ce n'est que dans les années 1980 qu'elle est dépénalisée en Occident [3] et n'est plus considérée par l'OMS (Organisation mondiale de la santé) comme une maladie. La question de son origine reste posée, mais elle peut désormais l'être avec sérénité.

1. 2 500 poursuites en Angleterre en 1955 dont plus de 1 000 incarcérations. L'homosexualité est désignée comme fléau social en France en 1960.

2. Iran, Arabie Saoudite, Afghanistan, Mauritanie, Soudan, Nigeria, Yémen, Pakistan, Émirats Arabes Unis.

3. En France, sa pratique apparaît contrevenante dans le code civil sous le régime usurpatoire de Vichy et y restera jusqu'en 1981.

16.

Aujourd'hui

L'histoire fait l'homme bien plus que l'homme ne fait l'histoire. Nos conceptions occidentales actuelles sur l'amour et la sexualité ne sont pas innées. Elles s'enracinent dans l'histoire des idées et des croyances qui se complètent ou s'opposent depuis des siècles. L'histoire humaine est par essence l'histoire des idées [1].

La question des origines de nos préférences sexuelles, et en particulier de l'homosexualité ou de l'hétérosexualité, a des réponses aux sources diverses.

Nos fondements antiques et « barbares » font de la sexualité, comme du reste de la nature humaine, un domaine soumis aux divinités responsables. L'influence de l'éducation et de l'environnement paraît mineure face au poids de la destinée de l'homme définie à sa naissance, et parfois avant. L'homme devient ce qu'il se devait être, et sa sexualité suit ce chemin. Qu'elles s'intègrent à une identité comme chez les Grecs ou non chez les autres peuples, les préférences sexuelles sont à ce titre préprogrammées.

Nos racines judéo-chrétiennes donnent à la sexualité humaine une réglementation valorisant l'abstinence. C'est la visée procréative qui justifie la sexualité. Un tout autre usage est considéré comme un péché. C'est autant l'homo-

---

1. Herbert George Wells, *The Outline of History*.

sexualité que l'hétérosexualité non procréative qui sont visées. Le péché originel contracté par le genre humain en la personne d'Adam fait que tout être humain est coupable à la naissance. On pourrait traduire cela par une potentialité innée chez tous au péché de chair et à la luxure, sans qu'il soit question d'identité sexuelle. Cependant, chez les chrétiens, le péché originel est effacé par le baptême. L'homme a donc ensuite la liberté de céder ou non à la tentation en commettant un péché actuel [1]. Cette liberté humaine est sous la dépendance de la volonté ainsi que d'influences diverses de l'environnement. Aussi, la dimension acquise joue un rôle majeur dans la réalisation de comportements sexuels, qu'ils soient homos ou hétéros.

Les conceptions scientifiques du XVIe au XVIIIe siècle reprenant la théorie antique des tempéraments ne donnent pas l'origine des désirs sexuels. Mais elles considèrent que l'identité sexuelle, le fait d'être masculin ou féminin, le fait de se conduire comme un homme ou une femme y compris dans la pratique sexuelle, est congénitale, donc innée sans entrer dans le domaine de la pathologie.

L'ère moderne à partir du XIXe siècle, avec la Révolution industrielle et l'influence grandissante de la science, a jeté un regard nouveau sur l'homme et sa sexualité. Celle-ci entre dans le champ du médical, du normal et de l'anormal. L'homosexualité est devenue une maladie, comme d'autres comportements sexuels [2]. Ses origines sont recherchées. Congénitale, héréditaire, consécutive à un environnement ou à une éducation, dégénérescence ou perversion, l'homosexualité est tantôt acquise, tantôt innée, mais elle est toujours considérée comme pathologique. À l'inverse, l'hétérosexualité, à la condition qu'elle se limite à certains

1. Péché commis par le pécheur lui-même, par distinction du péché originel.

2. Masturbation, fétichisme, exhibitionnisme, sadisme, partenaires multiples…

comportements [1], fait office de sexualité normale dont la question de l'origine ne se pose pas.

Si tout récemment, l'homosexualité quitte peu à peu le champ du pathologique et du délictuel, il reste que les préférences sexuelles d'un individu depuis le XIXe siècle continuent de lui conférer une identité. On devient donc aussi homosexuel(le) ou hétérosexuel(le) de par le regard social porté sur nous.

1. Car elle peut être qualifiée de névrotique, de perverse, d'immature, d'excessive.

Homosexualité : Une création sociale

La représentation sociale actuelle du personnage de l'homosexuel est née il y a deux siècles. Des relations homosexuelles ont toujours eu cours. De tout temps, des personnes ont eu une orientation exclusivement homosexuelle. Mais ce n'est qu'à partir du XIXe siècle que l'homosexuel acquiert une véritable identité sociale. Michel Foucault écrit dans *La Volonté de savoir* : « Dans la liste des péchés graves, séparés seulement par leur importance, figuraient le stupre (relations hors mariage), l'adultère, le rapt, l'inceste spirituel ou charnel, mais aussi la sodomie, ou la caresse réciproque. » L'homosexualité pouvait être condamnée tout comme l'infidélité. C'était un « illégalisme d'ensemble » touchant la sexualité qui prévalait dans la juridiction civile ou religieuse. On est passé d'un comportement sexuel à une identité. Et d'une identité à la notion floue de communauté homosexuelle. Mais la représentation n'est pas le réel. Une représentation sociale de l'hétérosexuel aurait-elle un sens ?

C'est dans les années 1970 qu'une école de pensée menée entre autres par Mary McIntosh[1], Kenneth Plummer[2], et Michel Foucault[3] par un abord historique,

1. McIntosh, M., The Homosexual role, in *Social Problems*, vol. 16, p. 182-192, 1968.

2. Plummer, K., *Sexual Stigma*, Routledge & Kegan Paul, London, 1975.

3. Et d'autres plus récemment tels que Michel Dorais, Mike Brake, Jeffrey Weeks.

sociologique et philosophique, a montré que l'identité homosexuelle est le résultat d'un étiquetage social. La question de l'origine d'un comportement est devenue la question de l'origine d'une identité. Les conséquences en furent la singularisation et la stigmatisation d'un groupe humain. Le discours social, alimenté du discours médical, a conçu de nouvelles catégories humaines à partir de catégories sexuelles à des fins de régulation sociale. Mieux nommer a permis alors de mieux normer ; dans la mesure où la réalité reconnue est structurée par le discours. La prescription d'une sexualité admise et d'une autre déviante a rendu possible la mise en place de mécanismes de contrôle social.

Le normal est difficile à cerner. Il est plus facile de le désigner en creux à partir de ce qu'il n'est pas. En déterminant ce qui est déviant et pathologique, on révèle la normalité. Le normal devient ce qui n'est ni déviant, ni pathologique. La mise en place d'une frontière permet un contrôle social aisé. Elle délimite le champ du normal du champ de la déviance. La moindre pénétration dans le champ de la déviance institue le risque d'appartenir à l'identité marginale cernée par ce champ. Cette mise en exergue d'un espace de déviance garantit à ceux qui restent en dehors le statut rassurant de la normalité, de la salubrité et de la bonne intégration sociale. Désignant l'homosexualité comme déviante, le corps social a ainsi « normalisé » l'hétérosexualité. La sexualité est une jungle pour le psychisme de l'homme moderne. Un univers qu'il ne maitrise pas. Un espace dans lequel il est autre, et qui pour cela l'effraie. La relation hétérosexuelle est ainsi soulagée par la « normalisation » sociale d'une partie des culpabilités, angoisses ou hontes qui accompagnent volontiers la sexualité de l'homme moderne. L'homosexualité est devenue le lieu de projection de la part sombre de la sexualité. Sa part maudite. Son bouc émissaire.

D'adjectif, « homosexuel » a évolué en nom commun. De pulsion parmi d'autres, le désir homosexuel s'est mué en une identité. Alors que l'on considérait le sodomite comme un relaps, on a dès la fin du XIXe siècle commencé à définir les homosexuels comme s'il s'agissait d'une « espèce » selon les termes de Michel Foucault. Ce siècle est d'ailleurs celui des classifications dans tous les domaines des sciences. L'homosexuel acquiert dès lors une enfance et une histoire particulières, des ascendants propres, un tempérament, une conduite, un environnement particuliers mais aussi une allure, une morphologie, une anatomie et une physiologie caractéristiques. Toujours selon Michel Foucault dans *La Volonté de savoir* : « Rien de ce qu'il est au total n'échappe à sa sexualité. » Elle alimente toutes ses conduites et ses pensées, elle marque son aspect et sa façon d'être, tel un principe toujours actif et cauteleux, elle est « un secret qui se trahit toujours ».

De nos jours, cet étiquetage social reste très fort. Les médias se font l'écho de cette « communauté gay » qui aurait son allure, sa façon de pensée, sa culture, son mode de vie, son style vestimentaire, son type de consommation, son pouvoir, sa maladie, son vote, ses quartiers... La « libération gay » a cherché à donner une image positive de minorité en lieu et place de marginalité. Mais cette vision communautaire ne va pas dans le sens de ce mouvement contre l'étiquetage social qui refuse la définition identitaire à partir d'une conduite ou d'un penchant, et qui prône le concept d'une homosexualité comme composante potentielle de chacun des membres de la collectivité. Derrière la question : « Comment devient-on homosexuel ? », beaucoup ont en tête, non pas seulement l'origine d'un comportement sexuel mais celle d'une identité sociale tout entière. L'étiquetage d'individus selon leur conduite a un caractère arbitraire répondant à des intérêts déterminés.

Selon cette approche sociologique, l'origine et la définition de l'homosexualité sont donc les fruits d'une construction sociale, médicale, historique et culturelle. Pour ces « constructivistes » c'est donc le corps social qui « fabriquerait » des homosexuels et des hétérosexuels.

Cette identité sexuelle est la conséquence d'un processus interactif d'étiquetage social et d'auto-identification.

Si l'on fait le choix de faire abstraction de cette construction, c'est donc plus globalement à la source même de la sexualité humaine que l'on ira explorer pour comprendre l'origine des comportements homosexuels. Mais pour bien savoir de quoi l'on va parler, voici quelques définitions.

L'identité sexuelle, c'est la reconnaissance par l'individu et les autres de son appartenance au sexe masculin ou féminin.

L'orientation sexuelle, c'est l'attirance érotique éprouvée envers des personnes de l'un ou l'autre sexe.

Les préférences sexuelles, elles, définissent et détaillent cette orientation à partir de sélections de pratiques et de partenaires sur des qualités physiques, psychologiques, ou relationnelles.

Le rôle socio-sexuel ou le genre sont issus des prescriptions et des stéréotypes socio-culturels relatifs à ce qui serait du masculin et du féminin.

II

AU BON PLAISIR DU GÈNE

À mille lieues en apparence des conceptions sociologiques « constructivistes », l'hypothèse d'une origine génétique de l'homosexualité, et par extension des préférences sexuelles en général, a le vent en poupe. Loin d'être innovante, elle s'inscrit dans le cadre ancien des théories essentialistes qui donnent à l'homosexualité une origine innée. On est passé de la pré-destination de l'individu confronté à son destin à la pré-disposition génétique. Il y a la recherche d'une vérité génétique qui signerait une identité sexuelle, comme elle peut signer la couleur des yeux.

La recherche d'une origine génétique de l'homosexualité engage des sommes importantes aux États-Unis. Dans la mesure où l'homosexualité y est considérée par beaucoup comme une maladie, un péché voire un crime, les associations homosexuelles espèrent avec une telle découverte obtenir la preuve que l'orientation sexuelle n'est pas contre-nature. L'homosexualité d'un individu serait inscrite dès le moment de sa conception dans ses chromosomes. Plus globalement, l'orientation sexuelle serait innée. La revendication des droits des personnes homosexuelles pourrait ainsi rejoindre la voie dorénavant protégée aux États-Unis, des différentes minorités ethniques. Certaines compagnies d'assurance à la recherche d'un marqueur d'une population à risques pour le sida seraient aussi intéressées par une telle découverte. De même, certains futurs géniteurs seraient ravis de pouvoir sélectionner leur progéniture sur des critères hétérocentrés. Enfin, elle réjouirait ceux qui véhiculent l'idée homophobe d'une homosexualité comme dégénérescence et qui stigmatiseraient alors l'homosexualité comme une tare génétique. À l'inverse, les groupes religieux qui voient dans l'homosexualité le résultat d'un environnement malsain, quand ce n'est pas celui du Malin, rejettent ces conclusions qui empêcheraient toute « rééducation » des homosexuels, en attendant les thérapies géniques…

1.

Les jumeaux homosexuels

L'hypothèse génétique n'est pas nouvelle. Kallman[1] proposa dans les années 1950 une origine génétique à l'homosexualité à partir d'études comparatives sur des jumeaux.

Ces quinze dernières années, la théorie génétique a fleuri de plus belle. Si de nombreuses études, menées ces dernières années sur ce sujet, se sont révélées négatives, d'autres ont montré que les homosexuels masculins avaient plus de chance que la moyenne des individus d'avoir un frère homosexuel. De même, mais à un degré moindre, les lesbiennes auraient plus de chance d'avoir une sœur homosexuelle. Mais on n'a pas trouvé de corrélation entre fratries qui associent homosexuels masculins et lesbiennes. Pourtant, cela n'affirme pas une origine génétique, puisque le milieu[2] peut aussi être impliqué dans les facteurs d'origine. Des études sur des jumeaux ont aussi été menées. Mais pour limiter l'influence de l'éducation familiale, on s'est intéressé aux jumeaux qui ont été élevés dans des familles différentes comme cela a pu se voir dans des situa-

1. Kallman, F. J., « Comparative twin study on the genetic aspects of male homosexuality », in *Journal of Nervous and Mental Disease*, n° 115, 1952, p. 283-298.

2. Milieu à prendre au sens large, la famille, l'éducation, l'environnement social (y compris l'alimentation et le climat).

tions d'adoption. Une étude en 1991 [1] a porté sur une cinquantaine de paires de vrais jumeaux masculins [2], comparées à un nombre équivalent de faux jumeaux masculins [3]. Les auteurs de cette étude relèvent que :

– Si un homme est homosexuel et qu'il ait un vrai jumeau, il existe une chance sur deux pour que ce jumeau soit homosexuel.

– S'il a un faux jumeau, la chance d'avoir un frère homo n'est plus que de 22 %.

– Si ce même homme a un frère adoptif (mêmes parents mais aucun gène commun) la chance n'est alors que de 10,5 %.

– Les autres frères biologiques en étaient à 9,2 % (donc étonnamment un peu moins que les frères adoptés !).

Ces résultats semblent être en faveur d'une participation génétique. Mais beaucoup d'éléments vont à l'encontre de cette conclusion.

– Les hommes dans leur étude n'ont pas été sélectionnés totalement par hasard mais à travers des annonces publiées dans des journaux et des magazines pour les personnes gays.

– Le nombre de cas étudiés est faible du fait des restrictions (jumeaux séparés et homosexuels).

– Selon les commentaires du généticien Dean Hammer, « des études de jumeaux, nous savons déjà que la moitié ou plus de la variabilité dans l'orientation sexuelle n'est pas héritée [4] ». En effet tous les résultats étaient différents de ce dont on s'attendrait à trouver si l'homosexualité était directement génétique. Au contraire, ils montrent

---

1. J.M. Bailey, R. Pillard, « A genetic study of male sexual orientation », in *Archives of general psychiatry*, 48, 1089-1097.

2. Jumeaux dits monozygotes, c'est-à-dire nés d'un œuf commun qui s'est clivé en deux. Ils ont les mêmes gènes.

3. Jumeaux dits hétérozygotes, nés de deux œufs différents en même temps. Ils n'ont pas les mêmes gènes, mais certains en commun comme n'importe quel frère ou sœur.

4. « New Evidence of a Gay gene », by Anastasia Toufexis, *Time*, 1995, vol. 46, p. 95.

l'énorme influence des facteurs non génétiques. Puisque les jumeaux identiques partagent en général 100 % de leurs gènes, si l'un est homosexuel, l'autre frère devrait aussi être homosexuel, 100 % du temps. Or cette étude a prouvé que seulement 52 % des jumeaux identiques étaient tous les deux homosexuels. De plus, bien qu'ils n'aient aucune liaison génétique, les frères adoptifs avaient plus de chance d'être tous les deux homosexuels que les frères biologiques, qui partagent la moitié de leurs gènes ! Cela « suggère qu'il n'y ait aucun élément génétique, mais plutôt un élément environnemental partagé dans les familles [1] ». Et la sexualité mise à part, qu'en est-il des autres différences et ressemblances entre ces jumeaux ? En fait rien ne prouve que les différences (non sexuelles) entre les jumeaux soient uniquement causées par les environnements, ni que les similitudes (l'homosexualité) soient uniquement attribuables aux gènes qu'ils partagent [2].

Et en ce qui concerne les jumelles lesbiennes, des études analogues ne mettent en évidence aucune concordance particulière. Une chose est sûre : l'orientation sexuelle ne peut pas être héritée directement comme pourrait l'être la couleur des yeux.

1. *Science*, vol. 262, déc. 1993.
2. J. Horgan, « Eugenics Revisited », *Scientific American*, 1993.

2.

Le gène gay

En 1993, le journal de recherche *Science* publie une étude, par le chercheur généticien américain Dean Hamer du réputé National Cancer Institute à Washington, qui prouverait l'existence d'un lien entre l'homosexualité masculine et le chromosome X. Les résultats de cette étude ont fait le tour du monde et des unes de journaux annonçant la découverte du « gène gay »[1].

Dean Hamer a étudié 40 paires de frères homosexuels non jumeaux. Il a rapporté que 33 d'entre eux avaient en commun un ensemble de marqueurs génétiques. Il a en effet trouvé des chromosomes X qui avaient une spécificité commune dans une région du bras long du chromosome X nommée Xq28. Il a découvert sur 33 des 40 paires de frères homosexuels, 5 marqueurs[2] en commun dans cette région peu connue du chromosome X. Je rappelle que le chromosome X est un matériel génétique hérité de leur mère. Les mères possèdent deux chromosomes X, donc deux régions Xq28, mais n'en transmettent qu'une copie à leurs fils.

1. Couverture du *Times* du 26.07.1993 : « Né gay : la science trouve un lien génétique ».

2. Les marqueurs sont comme des bornes définies pour se repérer dans l'interminable fil d'ADN. Ce sont donc de petits morceaux d'ADN qui correspondent à des points précis du chromosome.

Deux fils ont une chance sur deux de recevoir de leur mère la même copie Xq28. Mais en étudiant le chromosome X de ces 40 paires de frères homosexuels, Hamer a découvert que 33 d'entre eux, au lieu des 20 attendus, partageaient la même région Xq28. Les marqueurs sur ces chromosomes étant tellement variables, que lorsqu'on trouve le même groupe de marqueurs chez un lot d'individus, on peut conclure qu'ils ont un gène commun dans cette région sans savoir précisément où ce gène se trouve. Il existerait donc à l'extrémité du chromosome X un gène qui serait « lié » à l'homosexualité. Il y aurait donc corrélation. Mais on ne peut pas pour autant parler de cause !

Hamer n'a hélas pas vérifié si les frères hétérosexuels des hommes homosexuels détenaient également un marqueur génétique similaire. Ainsi, il n'existe pas de groupe de contrôle dans cette étude.

La conclusion d'Hamer est que ces 33 paires de frères auraient en commun une orientation homosexuelle et aucun autre point commun. Cela constituerait une preuve de l'origine génétique de l'homosexualité. On admet difficilement l'idée que ces 33 paires de frères puissent n'avoir absolument rien d'autre en commun que leur homosexualité ! De plus, « lié » ne signifie pas, « causé par ». Il n'est pas impossible que des qualités chez un individu favorisent l'installation, sous l'influence de différents facteurs (dont par exemple l'environnement), d'une orientation sexuelle particulière. Et que ces qualités, qui seraient donc statistiquement liées à l'orientation sexuelle en question, soient héritables. De la même façon, si on étudiait le caractère héréditaire de la compétence au basket on trouverait sans doute un lien avec ce qui détermine génétiquement l'adresse et la taille. Mais cela ne signifie pas pour autant que la compétence au basket, ni l'orientation sexuelle en tant que telle, soient héritables. D'autant que plusieurs découvertes de gènes associés à des traits de la personnalité ont été réfutées. Il est important de noter qu'une corrélation ne signifie pas une causalité. C'est vrai en génétique, c'est vrai dans les autres sciences. Le fait par exemple que l'on retrouve certains éléments présents dans l'histoire familiale de personnes homosexuelles, par exemple un père moins présent comme il est souvent cité par des psychologues n'implique pas que ces facteurs soient une cause de leur orientation sexuelle. Elle peut même parfois en être la conséquence, comme dans notre exemple, avec un père qui ne se reconnaîtrait pas dans son enfant futur homo et s'en éloignerait.

Dean Hamer, dans sa conclusion, reconnaît d'ailleurs que son étude ne montre pas que, seul, un gène détermine l'orientation sexuelle, mais que plusieurs facteurs comme l'éducation et l'environnement peuvent jouer un rôle. Prudent, il déclare que la génétique ne jouerait « un certain rôle » que chez une minorité des hommes gays, soit de 5 à 30 %[1]. En fait la corrélation reste très hypothétique. Elle n'établit pas une relation de cause à effet entre matériel génétique et homosexualité.

George Rice, chercheur canadien[2], doute de l'existence d'un gène « gay ». Il juge peu probable que l'orientation homosexuelle mâle relève d'un simple trait mendélien[3]. Car de fortes pressions sélectives s'exerceraient contre un tel gène. Il montre deux ans plus tard, en 1995, que les homosexuels n'ont pas plus de parents homosexuels (oncles, cousins...) du côté maternel, brisant ainsi l'assertion de Dean Hamer sur laquelle celui-ci a fondé tout son travail de liaison génétique.

Dean Hamer réagit alors en annonçant qu'il a reproduit ses propres résultats auprès de 33 nouvelles paires de frères homosexuels.

En 1999, George Rice refait l'étude de Hamer, mais avec 104 frères gays en la contrôlant avec un groupe d'indi-

1. *The Science of Desire*, par Dean Hamer et Peter Copeland, New York, Simon et Schuster, 1994, p. 145-146.

2. De l'université de l'Ontario de l'Ouest (London).

3. En référence à Mendel, à l'origine des découvertes génétiques.

vidus hétérosexuels. Les analyses d'ADN faites à l'aveugle[1] n'ont pas relevé plus de marqueurs en commun chez les frères homosexuels que ne le laisserait prévoir le hasard. Le gène de Hamer n'a, à ce jour, plus donné signe de vie.

1. Le chercheur ignorant l'origine de l'échantillon.

3.

L'homosexualité, une nécessité sociale ?

Pour s'occuper des enfants des autres ou de leurs parents

D'autres généticiens considèrent que l'homosexualité, comme tout ce qui définit l'être humain, est génétique, mais que la diversité génétique est vitale pour l'espèce. À l'aube des années 1980, Wilson[1] prétend que les homosexuels expriment un gène récessif. Sa théorie n'est pas purement génétique. Elle mêle génétisme et sociologie. Il parle d'ailleurs de sociobiologie pour la définir. Pour les sociobiologistes, l'homosexualité est génétique, mais ses déterminants génétiques, loin d'être une tare, auraient une fonction salutaire pour l'espèce humaine. La sociobiologie est née des recherches les plus récentes en éthologie[2], en écologie et en biologie génétique. Elle se donne pour but de découvrir les causes et les conséquences de la vie sociale. Selon Wilson, les êtres vivants sont en lutte permanente pour tenter d'améliorer leur situation.

Le moteur du comportement social serait la conserva-

---

1. E.O. Wilson est un entomologiste et un biologiste américain, fondateur de la sociobiologie. Il a introduit le terme de biodiversité dans la littérature scientifique. Il est l'auteur notamment de *L'Humaine Nature*, Stock, Paris, 1979 (prix Pulitzer).

2. Science du comportement animal.

tion génétique de l'espèce. Cela pousserait les individus à se combattre socialement pour assurer leur domination. Car la domination sociale, corrélée à l'agressivité, engendre la réussite reproductive. L'organisme vivant n'existe pas pour lui-même, mais pour permettre la reproduction de ses gènes, la transmission de son génotype, son patrimoine génétique, dans les meilleures conditions possibles, quantitatives et qualitatives.

Considérant que la nature humaine est programmée génétiquement pour se reproduire selon la théorie de l'évolution héritée de Darwin, il cherche un sens à l'homosexualité présentée communément comme un refus de la procréation. Pour Wilson, un individu stérile a un rôle positif puisqu'il assure le succès de son patrimoine génétique en favorisant la reproduction des individus fertiles de sa parenté. Cette *kin selection*, théorie de la parentèle, est le fondement de la notion d'altruisme en sociobiologie. De même si l'inceste est évité, c'est pour garantir la qualité du patrimoine génétique de l'espèce.

Il existerait, selon lui, un gène dominant qui conduirait au désir de procréation, et un gène récessif qui pousserait à une attitude complémentaire, non de reproducteurs, mais de personnes qui auraient une fonction sociale de s'occuper des autres, et plus particulièrement des enfants des autres. Sa théorie « sociobiologique » fournirait ainsi une raison d'être, sociologique, à l'homosexualité qui serait inscrite dans les gènes. Il défend ainsi l'idée que l'homosexualité, bien que non reproductrice, est nécessaire à l'espèce puisque qu'elle donne à ses membres une fonction sociale auprès des enfants d'autrui. Selon le sociobiologiste français Pierre Jaisson[1] : « les aptitudes comportementales des animaux et de l'homme sont permises par leurs potentialités génétiques » et se développent « sous l'influence du vécu de l'individu ». Les différences sexuelles existent, mais ces différences ne sont pas des iné-

1. *La Fourmi et le sociobiologiste*, Odile Jacob, Paris, 1993.

galités, « elles participent à la richesse globale de l'espèce ». Quoi que l'on pense de sa théorie génétique, il est certain que la fonction sociale des personnes homosexuelles mériterait un livre à part entière. L'orientation homosexuelle dans les sociétés où elle est reconnue donnerait une identité sociale aux personnes concernées. Chaque société a « ses » homosexuels, et chaque société leur conférerait un rôle spécifique. Cette nécessité sociale induit-elle la « fabrication » d'homosexuels ? Wilson le pense.

Cependant, que cette hypothèse soit avérée ou non, cela peut exister en dehors de toute considération génétique. La pression sociale suffit à diriger les comportements de ses membres. Elle est bien capable d'orienter le sexe des enfants comme le montre la pyramide des âges ! On voit, en effet, qu'après chaque grande guerre qui a vu la population masculine décroître, le nombre de naissances d'enfants mâles croît par rapport à celui de filles pendant quelques années comme pour compenser ces pertes.

Mais à l'inverse, on pourrait aussi penser qu'il n'y a aucune nécessité sociale à avoir des membres homosexuels, mais que la société face au particularisme de certains de ses membres, a répondu socialement en leur conférant des fonctions spécifiques. Ainsi, dans la seconde moitié du XXe siècle en Occident, des métiers sont considérés comme propres aux homosexuels masculins comme ceux de la mode, de la décoration, des antiquités, de la coiffure. Ce qui n'était pas le cas jadis. Il est vrai que la réalité sociologique a presque toujours conféré une place aux « entre deux ». Les sociétés clivées sur le plan des fonctions sociales dévolues aux hommes et aux femmes ont dû intégrer le fait que certains de leurs membres ne se reconnaissaient pas dans ce clivage. Des femmes se sentent plus à l'aise dans les fonctions dévolues aux hommes, et des hommes ne peuvent se réaliser socialement que dans la fonction de l'autre sexe. Elles ont dû les intégrer ou bien à l'inverse induire leur existence comme un liant indispensable, un pont entre ces deux mondes clivés. Bien que possiblement homosexuelles, ces personnes « lunaires », entre la terre et le soleil[1], socialement mi-homme mi-femme, ne résument pas loin s'en faut la réalité des homosexualités. D'abord parce le désir homosexuel n'est pas incompatible avec le désir hétérosexuel. Ils coexistent en effet bien souvent, et cette coexistence s'exprime dans les sociétés qui la tolèrent comme on l'a vu dans la partie historique de cet ouvrage. Ensuite, parce que le désir homosexuel n'est pas incompatible avec le désir de procréation comme le montrent à ciel ouvert les débats sur l'homoparentalité. Enfin, si l'on ne considère que les personnes homosexuelles exclusives, elles peuvent être de toutes conditions et de toutes inscriptions sociales. Et aucune étude n'a montré qu'elles occupaient des métiers plus altruistes que les hétérosexuels.

Avoir des enfants homos rendrait plus fertile

Plus récemment encore d'autres liens ont été faits à propos de l'homosexualité et de la génétique dans une visée sociobiologique.

Le psychologue Andrea Camperio-Ciani, professeur à l'université de Padoue[2], croit que l'homosexualité masculine et la fertilité des mères seraient liées à des gènes communs.

En 2004, il a comparé la fertilité des mères et des tantes de 98 hommes homos et de 100 hétérosexuels. Les mères et tantes (surtout maternelles) des hommes homos avaient eu plus d'enfants que celles des hétéros. L'échantillon avec leur famille représentant 5 000 personnes.

Plus précisément, les tantes des homosexuels ont en

1. Selon les mythes du bassin méditerranéen.

2. Camperio-Ciani A., Corna F., Capiluppi C., *Evidence for maternally inherited factors favouring male homosexuality and promoting female fecundity*, Proc. R. Soc. Lond. B (2004), n° 271, 2217-2221.

moyenne 30 % plus d'enfants : 2 contre 1,5 pour les tantes des hétérosexuels de l'étude.

Les mères des homosexuels ont 2,7 enfants, contre 2,3 pour celles des hétérosexuels. Soit une augmentation de 20 % du nombre d'enfants.

Ces résultats sont la preuve, selon lui, qu'un même profil génétique rendrait les hommes homosexuels et les femmes plus fertiles.

Il imagine qu'il s'agit de gènes situés sur le chromosome X en évoquant l'étude de Dean Hamer citée plus haut.

M. Camperio-Ciani croit que son étude réconcilie la génétique de l'homosexualité avec le darwinisme. Car l'homosexualité qui limiterait la procréation serait contraire à la théorie de l'évolution de l'espèce. « Il est tout de même mystérieux, écrit-il, que des gènes qui diminuent la fertilité réussissent à perdurer au fil des générations. » Il déclare modestement donner la première preuve d'un effet bénéfique, au niveau de la théorie de l'évolution, de l'homosexualité. Si l'homosexualité des hommes était liée à un gène de fertilité chez les femmes de la famille, cela expliquerait pourquoi les gènes de l'homosexualité ont pu se transmettre au fil des générations, malgré la faible fertilité des homosexuels.

Par ailleurs, le psychologue padovain aurait aussi trouvé que les homosexuels ont plus de grands frères que la moyenne. Il avance que chaque naissance d'un fils augmente chez une femme de 33 % la probabilité que son prochain fils sera homosexuel. Il fait alors l'hypothèse qu'avoir des garçons immuniserait les mères contre des antigènes du foetus mâle, ce qui altérerait la différenciation sexuelle chez les fœtus !

Si son étude était confirmée et validée scientifiquement avec davantage de cas et un véritable tirage au sort [1], les facteurs génétiques identifiés n'expliqueraient l'homo-

1. Quid de la bisexualité des hommes présentés comme hétérosexuels ou homosexuels ?

sexualité que dans 21 % des cas. L'impact maternel et l'accroissement de la fertilité expliqueraient 14 % des cas, et le nombre de grands frères, seulement 7 % des cas.

Mais surtout, on ne peut pas pour autant y voir une preuve de l'origine génétique des liens entre fertilité des mères et des tantes, nombre et homosexualité des garçons.

Concernant la théorie de Darwin, encore une fois les homosexuels ne sont pas stériles ! Il existe et il a toujours existé des homosexuels qui se marient, ont des enfants, et qui renoncent à vivre des amours au masculin ou qui les vivent à côté de leur union conjugale.

Quant à la notion « d'antigène de foetus mâles », rappelons que l'orientation sexuelle et l'identité sexuelle sont deux notions différentes. Le désir sexuel pour les hommes est présent chez des hommes très virils.

Enfin, s'il y a plus de chance d'avoir un garçon homosexuel dans une famille avec beaucoup de garçons, ce n'est pas obligatoirement lié à une causalité génétique :

D'abord on peut penser que les enfants homosexuels resteraient plus volontiers auprès de leurs parents, les aidant davantage matériellement et affectivement, ce qui autoriserait les parents à faire plus d'enfants. Mais, surtout, le fait d'avoir plusieurs garçons potentiellement hétéros laisse place au désir des parents (ou de la famille maternelle qui élève le plus l'enfant) d'avoir un enfant homo. À l'inverse, un enfant ayant le désir inconscient de devenir homo s'autorisera plus volontiers à exprimer, dans son comportement sexuel futur, son désir, s'il sait qu'il a déjà des grands frères qui fonderont une famille. Cela pourrait être aussi vrai pour des filles comme dans le cas suivant.

Ji-Won est une femme de 35 ans. « Je suis la dernière d'une famille de cinq filles. Elles sont toutes mariées avec des enfants. Moi je me suis toujours considérée comme celle qui avait le plus de chance. J'étais scolairement la plus brillante et j'ai d'ailleurs le métier le plus socialement valorisé. On m'a toujours trouvée belle. Je me suis sentie, à tort ou à raison, la préférée de mes parents, en tout cas celle qui leur donnait le plus de satisfaction. Je me dis que si je suis devenue homosexuelle, cela correspondait à un choix inconscient de renoncement à la maternité, comme si je voulais en laisser un peu à mes sœurs, ne pas leur voler la vedette sur tous les plans, leur laisser les hommes. Moi je me gardais les parents. D'ailleurs, maintenant qu'ils sont âgés et dépendants, c'est moi qui m'occupe d'eux. Mes parents sont un peu mes enfants. Cela s'est fait naturellement, comme si c'était ma fonction dans cette famille. Comme si c'était le sens de mon homosexualité prise dans le sens de l'absence de vie maritale et familiale. Comme si j'avais été programmée pour. »

4.

Les gènes s'adaptent

D'autres études se poursuivent. Et cette obsession à trouver des particularités génétiques finit par apparaître pour le moins inconvenante, avec parfois des relents eugénistes. On est en droit de se demander s'il n'y aurait pas des études génétiques plus utiles. Citons celles, récentes, où l'homosexualité masculine serait associée génétiquement au fait d'être gaucher[1] et, pour les lesbiennes, d'avoir l'annulaire de la main droite légèrement plus long que l'index, études qui ont été contredites par d'autres depuis.

Un mot cependant sur l'association homosexualité et gaucher, qui va nous faire quitter le champ de la génétique. Elle me fait penser à des cas d'enfants que j'ai suivis pour des problèmes de latéralisation, distinguant mal leur droite et leur gauche. En fait, derrière ces problèmes psychomoteurs se trouvaient des questionnements identitaires. Droite et gauche étaient associées métaphoriquement pour eux à la dualité masculin-féminin. Ces enfants se questionnaient sur la correspondance entre leur identité de garçon ou de fille et leurs désirs pas toujours conformes à ce qu'on attendait d'eux. Il a alors suffi de les éclairer sur la véritable différence entre fille et garçon (différence anatomique) et sur la

---

1. Étude canadienne indiquant qu'il y aurait 39 % de plus de gauchers chez les homos que chez les hétéros. *Psychol. Bull., juillet 2000, vol. 126, p. 575-592.*

liberté qui était la leur dans leur façon d'être fille ou garçon pour que leurs problèmes disparaissent.

Mais revenons à nos gènes…

Quand bien même les gènes joueraient un rôle dans nos préférences sexuelles, cela n'enfermerait pas l'expression de ces préférences dans une prédétermination figée, dans un diktat sans appel. En effet les gènes expriment différents potentiels que l'environnement va ou non permettre de s'exprimer.

Génétiquement, il y a peu de différence entre l'homme et le chimpanzé. Leur génome est le même à 99 %. Leurs différences s'expliquent donc non pas seulement par les gènes proprement dits [1], mais dans la différence d'expression de gènes communs.

Un même gène peut s'exprimer différemment. Ainsi que l'a montré une étude dirigée par le généticien Yoav Gilad, de l'université de Chicago (USA) [2], en s'appuyant sur la technique des puces à ADN. Dans le cadre de l'hypothèse d'une origine génétique de la sexualité humaine, ou simplement d'une participation génétique, c'est dans cette expressivité différente probablement que se trouverait la source de la variabilité des orientations sexuelles, différenciant l'homme des autres mammifères.

Même dans le cadre des théories génétiques, l'idée extrême du « tout-génétique », selon laquelle la totalité des caractères d'un organisme est totalement déterminée par ses gènes dès la naissance, a déjà été rejetée depuis longtemps. L'environnement agit aussi sur la façon dont les gènes s'expriment. On parle de facteurs épigénétiques.

Le point commun de ces facteurs épigénétiques est d'influencer le développement de l'organisme sans toucher au génome de l'individu [3]. Divers facteurs de l'environnement (température, humidité, pression atmosphérique, pré-

1. Qui codent en particulier pour un développement du cortex.
2. *Nature*, 9 mars 2006.
3. C'est-à-dire sans toucher à la séquence des nucléotides (les « lettres » A,

sence ou non de telle ou telle molécule...) peuvent réprimer ou provoquer l'expression d'un gène et changer le phénotype (l'apparence) de l'organisme concerné : ils sont nommés épigénétiques. Les mêmes gènes, placés dans des environnements différents, peuvent produire des morphologies différentes. Des études ont mis en évidence ces mécanismes chez l'humain. On a démontré récemment que les enfants dont le grand-père avait subi la famine avaient moins de chances de devenir diabétiques [1]. Il s'avère que la famine a déclenché chez les grands-parents des mécanismes épigénétiques, tels que la méthylation de l'ADN, qui devient active chez les petits-enfants. Le génome ne change pas, la modification est réversible [2], mais il y a bien eu une « évolution ».

En l'état actuel des recherches, on ne peut pas parler d'explication génétique à l'orientation sexuelle. Une telle découverte entrerait d'ailleurs en contradiction avec le fait que beaucoup d'individus changent d'orientation sexuelle au cours de leur existence, et que le désir hétérosexuel n'est pas antinomique avec le désir homosexuel. Citons le Pr Axel Kahn [3] : « S'il est raisonnable de dire que l'inactivation ou la surexpression d'un gène peut avoir un impact sur le comportement, il est idéologique de dire qu'on a trouvé un gène du comportement [...]. La notion même de gène de comportement n'est pas scientifique. »

C, T et G de l'ADN). Les bases A, C, G, T sont des molécules présentes dans l'acide désoxyribonucléique (ADN) et dont l'ordonnancement ou la séquence détermine le code génétique. Le génome humain renferme plus de 3 milliards de paires de base.

1. Atlan H., *La fin du tout-génétique. Vers de nouveaux paradigmes en biologie ?*, INRA éditions, 1999.

2. Les modifications qu'un individu impose à son corps du fait de ces facteurs épigénétiques ne sont pas toujours transmissibles. Ces fameux « caractères acquis », restent non héréditaires.

3. Généticien, directeur de recherche à l'INSERM au 12e congrès de la société européenne de psychiatrie de l'enfant et de l'adolescent, in *Le Quotidien du médecin*, le 8.10.2003.

Mais il n'est pas impossible que des facteurs favorisant telle ou telle orientation sexuelle[1] soient en partie codifiés génétiquement. L'orientation sexuelle n'est pas gravée dans le marbre des gènes. Elle se façonne sous l'influence de l'environnement. D'autant qu'il existe une interaction complexe entre l'environnement et la manière dont le génome va s'exprimer. Que ce soit en partie grâce, ou malgré nos gènes, que l'on devient homo ou hétérosexuel(le), on le doit surtout à la manière dont soi-même, ou l'environnement, va exploiter les compétences liées à nos gènes.

1. Nous verrons cela dans le chapitre consacré aux compétences propres de l'enfant, et aux regards différenciés que les parents vont en conséquence porter sur lui. Ainsi une fillette plus ou moins vigoureuse va être interprétée comme plus ou moins garçon manqué par les parents.

III

QUAND LA NEUROBIOLOGIE NOUS PARLE DE SEXE

Quels sont les fondements neurobiologiques de la sexualité ? Le système cérébral se met en place progressivement au cours du développement de l'enfant. Il est le centre, comme chez les autres mammifères, des désirs sexuels, notamment par son système limbique. Il intègre pour cela sa programmation génétique. Mais aussi des facteurs nés des interactions avec l'environnement familial et les modalités éducatives, le cadre social et ses normes, ainsi que les facteurs émotionnels nés de ces interactions. En plus de ces facteurs environnementaux, qui influencent le cerveau sur le plan cognitif et affectif, se pose la question des influences hormonales sur le cerveau des individus. Toutes ces données, qui régentent en particulier la sexualité humaine, s'inscrivent dans le domaine plus large de la neurobiologie. Cette vaste science va nous éclairer sur la mise en place de la sexualité humaine. Et nous allons voir que celle-ci n'est pas régie par un instinct. Et en quoi la mise en place des désirs sexuels des humains diffère de celle des autres espèces grâce en particulier au rôle joué par le cortex cérébral. Les découvertes les plus récentes mettent en lumière que le principal facteur qui initie les activités sexuelles est sans doute le plaisir somato-sensoriel. Et que la variabilité des préférences sexuelles s'inscrit dans le développement propre de l'espèce humaine. Ces découvertes valident l'importance du caractère acquis de notre sexualité.

1.

Le cerveau gay

En 1991, la presse se fit largement l'écho d'une étude du Dr Simon Levay[1] publiée dans la revue *Science*, qui conclut qu'un groupe de neurones situés dans l'hypothalamus[2], « de la taille d'un grain de sable », serait deux à trois fois plus important chez les homosexuels masculins. Il s'agit précisément du 3e noyau interstitiel de l'hypothalamus antérieur (INAH 3). Ce noyau serait plus gros chez les hommes homosexuels et les femmes hétérosexuelles que chez les hommes hétérosexuels.

Le Dr Levay et d'autres chercheurs pensent alors que ces différences sont dues à l'action des hormones sexuelles, comme le laisseraient penser des expériences conduites chez les rongeurs et les oiseaux. Ce scientifique s'appuie en effet dans ses hypothèses de travail sur les travaux de Geoffrey Raisman et son équipe de l'université d'Oxford, effectués dans les années 1960 sur ces animaux. Il s'agissait de rechercher, dans le cerveau, la cause du dimorphisme sexuel. Ces recherches ont montré que chez les animaux il y aurait une nuance de taille de l'organisation

---

1. De l'Institut Salk, San Diego. Levay Simon : « L'homosexualité a-t-elle une origine génétique ? », in *Science*, Édition française de *Scientific American*, juillet 1994, Mensuel n° 201.

2. Structure nerveuse située à la base du cerveau.

synaptique dans les zones de l'hypothalamus, en particulier dans un conglomérat de cellules dit du noyau de l'aire préoptique. Le volume du noyau de l'aire préoptique serait plus important chez les mâles que chez les femelles. À partir de là, on fait l'hypothèse qu'il y aurait des différences entre le cerveau des hommes et celui des femmes. Et comme on considère que les homosexuels masculins ont des cerveaux de femmes, on pense qu'il y aurait la même différence entre le cerveau des hétérosexuels et celui des homosexuels.

Simon Levay [1] décide alors d'examiner quelques cerveaux humains pour voir s'il existe une différence de taille de cette zone de l'aire préoptique médiane selon l'attirance sexuelle des individus.

À cette fin, il réalise la dissection de 41 cadavres et examine l'hypothalamus des cerveaux. Il compare le cerveau de 19 hommes homosexuels, de 16 hommes déclarés hétérosexuels et celui de 6 femmes déclarées hétérosexuelles. Les résultats mettent en évidence que ce noyau, l'INAH-3, est de la même taille chez la plupart des hommes homosexuels et les femmes hétérosexuelles, mais il est plus large chez les hommes hétérosexuels. Levay suggère que cela peut être une preuve possible d'une différence réelle au niveau de la structure du cerveau des hommes gays et pense avoir découvert ici le lieu du désir sexuel pour les hommes.

Mais l'étude est critiquée à plus d'un titre.

– En effet, la cause du décès n'était pas spécifiée pour un certain nombre d'entre eux.

– Six des seize hommes hétérosexuels et la plupart des hommes homosexuels ainsi que certaines femmes étaient morts du sida. Or on sait que cette maladie provoque des atteintes cérébrales. Par ailleurs le mode de vie de ces

---

1. Le Vay S., « A Difference in Hypothalamic Structure Between Heterosexual and Homosexual Men », *Science*, 1991. LeVay S., *The Sexual Brain*, The MIT Press, Cambridge, 1993, p. 121-122.

personnes (prises de substances, psychoses actives par exemple) n'a pas été prise en compte.

– Enfin quid de l'assurance de l'orientation sexuelle des personnes présentées comme hétérosexuelles [1] ? Quid des bisexuels ?

– C'est le volume du noyau INAH-3 qui est mesuré et non pas le nombre de neurones qu'il contient. Se contenter du volume reviendrait à mesurer l'intelligence de quelqu'un à la taille de son crâne.

– Les mesures établies entre les différents laboratoires des sous-catégories de ces noyaux ne donnent pas des résultats équivalents [2].

– On constate que la taille de l'INAH-3 de trois des hommes homosexuels les place dans la catégorie « hétérosexuelle », un d'entre eux ayant le deuxième plus grande INAH-3 !

Enfin, quand bien même un lien existerait entre la taille de l'INAH-3 et l'orientation sexuelle, qui de l'œuf ou la poule ? Les hommes sont-ils homosexuels parce que leur INAH-3 est plus petit, ou est-ce que leur INAH-3 est plus petit à cause de leurs actions homosexuelles, leurs activités spécifiques, leur mode de vie, leurs pensées, et-ou leurs émotions ?

Par la suite, le Dr Levay est revenu sur ses conclusions. Il précise alors qu'il est en fait question de résultats moyens. Que certains hommes homosexuels de son étude ont des « noyaux » INAH3 plus gros, et d'autres plus petits. Il ajoute qu'il est impossible de savoir si ces différences sont le résultat d'une évolution, d'un type de comportement, si ces différences sont la conséquence de conduites

1. Seuls deux d'entre eux avaient dénié des relations homosexuelles. Pour les autres, aucune histoire sexuelle n'était disponible.

2. Swaab et Fliers (1985) ont trouvé que l'INAH-1 était plus large chez les hommes que chez les femmes et Allen *et al.* (1989) a trouvé que l'INAH-2 était plus large parmi les hommes homos que chez certaines femmes tandis que Levay pour INHA 1 et 2 trouvait la même taille entre hommes et femmes (in Byne, 1994).

spécifiques de la vie adulte ou si elles existaient déjà à la naissance.

Autre étude

À la même période, une autre étude fait la une des journaux. C'est aussi une comparaison de cerveaux d'hommes hétérosexuels et homosexuels menée par les docteurs Laura Allen et Roger Gorski [1], de l'université de Californie à Los Angeles. Elles rapportent des différences anatomiques entre les deux.

Ces comparaisons de cerveaux ont passionné les médecins des XIXe et XXe siècles. Les différences de tailles sont alors l'argument pour affirmer les inégalités intellectuelles entre les hommes et les femmes comme entre les races. Jusqu'à ce qu'on réalise que la performance d'un cerveau n'est pas liée à son poids.

Dans le cadre de l'étude d'Allen et Gorski, la commissure antérieure du cerveau [2] serait d'un tiers supérieure chez les homosexuels que chez les hétérosexuels. Cette découverte est le résultat d'autopsies menées sur une trentaine d'hommes homosexuels, comparée à une population deux fois plus importante d'hommes et de femmes hétérosexuels. Cette commissure serait plus volumineuse de 18 % chez les homosexuels que chez les femmes hétérosexuelles, lesquelles ont déjà un avantage de 34 % par rapport aux hommes hétérosexuels. Là aussi, l'étude, pourtant très médiatisée, est très critiquée. Les personnes homosexuelles sont des victimes du sida, et les remarques posées plus haut sont reprises.

---

1. L. Allen & R. Gorski, « Sex difference of the bed nucleus of the stria terminalis of the human brain », *Journal of Comparative Neurology*, n° 302, 1990, p. 697-706.

2. Structure cérébrale servant de jonction entre les deux hémisphères cérébraux.

Transsexualité

La transsexualité est un autre sujet. Mais l'étude suivante présente un intérêt dans son lien avec les précédentes. Dick Swaab, neurobiologiste [1], rapporte qu'une région de l'hypothalamus, l'aire préoptique, contient un noyau (SDN) dont les cellules sont deux fois plus nombreuses chez l'homme que chez la femme. En explorant le SDN de transsexuels il n'a constaté aucune différence avec les hommes hétérosexuels. Mais le noyau suprachiasmatique (SCN) s'est révélé deux fois plus gros. Ce noyau est associé au comportement sexuel dans de nombreuses espèces animales. Le transsexualisme des hommes pourrait résulter d'une non différenciation de cette portion de l'hypothalamus appelée BSTc [2], éventuellement pendant la gestation [3], c'est-à-dire quand ils n'étaient que des fœtus.

Son étude a porté sur 42 sujets. Le nombre de neurones de cette région chez les transsexuels masculins est égal à celui des femmes. Cette région est deux fois moins grosse que chez les hommes non transsexuels. Tandis que chez les transsexuelles femmes (femmes devenues hommes) il serait égal à celui de ces hommes non transsexuels. L'auteur considère que les traitements hormonaux reçus par ces transsexuels ne sembleraient pas être à l'origine de cette différence. À voir… En tout cas cette différence n'apparaît qu'au-delà de 25 ans. Avant cet âge, aucune différence n'est repérable. Pourtant, les transsexuels

---

1. Institut de la recherche sur le cerveau, Amsterdam. Swaab (Dick F.) et Hofman (Michel A.), « Sexual differentiation of the human hypothalamus in relation to gender and sexual orientation », *Trends in Neurosciences*, n° 18, p. 264-270.

2. Le lit de la strie terminale (*In the central part of the bed nucleus of the stria terminalis : BSTC*).

3. Frank P. M. Kruijver, Jiang-Ning Zhou, Chris W. Pool, Michel A. Hofman, Louis J. G. Gooren and Dick F. Swaab, *Male-to-Female Transsexuals Have Female Neuron Numbers in a Limbic Nucleus, The Journal of Clinical Endocrinology and Metabolism*, vol. 85, n° 5, p. 2034-2041, 2000.

exprimeent leur identité contrariée bien avant cet âge ! On peut donc en conclure que cette modification, si elle est avérée par d'autres études, est le résultat d'un mode de vie, et non à l'origine d'un mode de vie.

Le pouvoir du désir sur notre cerveau

Quand bien même on découvrirait un jour de véritables différences neurologiques entre homos et hétéros, il faut savoir que l'activité mentale, et donc les désirs qui l'induisent, peuvent changer la structure du cerveau. Un étude portant sur les cerveaux des chauffeurs de taxi londoniens menée par Eleanor Maguire et ses collègues du Université Collège de Londres nous le montre. Ces chauffeurs de taxi ont deux années d'entraînement intensif, durant lesquelles ils doivent mémoriser des milliers de trajets à travers la ville. Maguire a découvert que l'hippocampe de ces chauffeurs de taxi est plus gros que ceux d'un groupe contrôle, et que cette augmentation est corrélée avec le nombre d'années passées au volant.

De même, quand des aveugles commencent à lire le braille, la partie du cerveau qui contrôle le doigt qui lit grossit avec le temps.

Ce n'est donc pas la structure du cerveau qui induit le désir, mais le désir ou l'activité mentale en lien avec ce désir qui induit la modification de la structure cérébrale.

L'identité sexuelle s'affirmerait donc bien avant la différence cérébrale. Et en plus (ou à la place) des facteurs génétiques, il y a une multitude de facteurs environnementaux, des facteurs épigénétiques, qui peuvent avoir une profonde influence sur la différenciation sexuelle du cerveau.

2.

L'homosexuel(le) aussi descend du singe

Alors qu'à partir du XIXe siècle la médecine s'est penchée avec opiniâtreté sur l'origine de l'homosexualité, il était moins question des origines de l'hétérosexualité. Car celle-ci se reposait sur le mythe d'une sexualité qui serait « naturelle ». C'est naturel qu'une femme désire avoir des relations sexuelles avec un homme et « vice » versa. Encore de nos jours, dans le discours public, le « c'est naturel » ou « c'est pas naturel » clot toute réflexion sur le sujet.

Eh bien partons de la nature pour montrer les fondements neurobiologique de nos préférences sexuelles et que la nature humaine a besoin d'un apprentissage pour se reproduire.

Les comportements reproducteurs des animaux, de la mouche jusqu'au chimpanzé, ont servi de modèle pour comprendre la dynamique des comportements sexuels humains. Pour qu'une activité sexuelle puisse s'opérer entre deux partenaires, il faut, obligatoirement, que des signaux soient échangés entre eux. Des signaux sont envoyés par un organisme A. Ils vont entrer en interaction avec des récepteurs chez un organisme B. L'information recueillie par les récepteurs de B passe alors par un centre de traitement de l'information. C'est-à-dire son centre nerveux ou son cerveau. Enfin, la réponse de l'organisme B met en jeu des effecteurs. Ces effecteurs lui permettent à son tour d'émettre des signaux sexuels ou d'adopter un comportement sexuel.

Chez l'humain, un signal peut être un sourire. Le récepteur, les yeux qui le voient. Le centre de traitement de l'information : les différents centres de son cerveau. Et l'effecteur : un sourire en retour.

Signaux, récepteurs, centres de traitement de l'information et effecteurs forment le quadruplet de la dynamique comportementale sexuelle en neurobiologie.

Plus l'animal est évolué, plus ces différents éléments sont nombreux et complexes. En conséquence, le comportement sexuel peut être simple et stéréotypé comme chez les insectes, ou variable et complexe comme chez les primates.

Chez les organismes peu évolués, la reproduction est sous la dépendance d'un système nerveux sommaire.

Chez les mammifères, la physiologie de la reproduction est liée au comportement coïtal. Elle est contrôlée par le système endocrinien [1] et les centres nerveux de la moelle et du mésencéphale [2].

Chez les primates, mammifères évolués, s'ajoute un comportement dit érotique commandé par le système limbique du cerveau.

Chez l'humain s'ajoutent au comportement érotique du système limbique des représentations conceptuelles acquises de la sexualité. Par exemple nos fantasmes, notre morale sexuelle. Il s'agit de processus cognitifs [3] et affectifs. Elles sont sous le contrôle du cortex cérébral. Ces représentations sont soumises à l'influence culturelle. Elles modulent le développement du comportement érotique.

Des comportements dits homosexuels s'observent chez différents mammifères supérieurs (lions, chiens) ou

---

1. Système hormonal.
2. Partie médiane du cerveau qui apparaît dès la première division de l'encéphale primitif.
3. Représentations intellectuelles.

inférieurs (hamsters, rats). Il s'agit en fait de simples inversions de rôles mâles ou femelles. On parle de comportements coïtaux et non de comportements érotiques.

En revanche, chez de nombreux primates évolués, les comportements sexuels sont socialisés. Au contraire des autres mammifères, les pratiques sont variables : exhibitions sexuelles, baisers avec la langue, fellations, masturbations individuelles et mutuelles, coïts ventraux ou dorsaux, utilisations d'objets. Ce n'est pas incompatible avec la reproduction puisque le coït vaginal est aussi pratiqué. On observe des relations homosexuelles et bisexuelles. Les relations bisexuelles sont d'ailleurs la règle chez des primates évolués tels que les singes Bonobos. Divers biologistes, dont Joan Roughgarden[1], ont montré que la sexualité chez les mammifères évolués n'a pas pour seul but la reproduction. Elle permet aussi aux animaux de calmer leurs tensions et notamment de mieux se répartir la nourriture. Elle joue ainsi un rôle social fondamental.

Il existe donc chez les primates évolués, et chez l'humain en particulier, un comportement érotique qui s'ajoute au comportement reproducteur.

L'être humain se distingue des autres organismes terrestres par une dynamique comportementale sexuelle particulièrement complexe. Elle nous différencie des animaux autant, si ce n'est plus, que la parole. Et cela en raison de l'importance de notre néocortex qui œuvre pour un ensemble complexe de signaux et d'effecteurs. Mais surtout d'un traitement de l'information hautement évolué et complexe. Ce qui distingue l'homme des primates évolués, et *a fortiori* des autres mammifères, c'est l'importance de la dimension culturelle qui associe notamment la sexualité à diverses croyances sociales et qui réglemente les pratiques. C'est aussi la dimension individuelle subjective de la sexualité humaine, riche de constructions imaginaires, qui

1. Joan Roughgarden, « Evolution's Rainbow : Diversity, Gender, And Sexuality », in *Nature and people*, University of California Press, 2004.

s'inscrit dans cette dimension culturelle spécifique de la sexualité humaine. Toutes ces données expliquent en particulier la pansexualité potentielle et la mise en place de préférences sexuelles.

3.

Le chant du rossignol

Les signaux émis peuvent être physiques. Le plus souvent, c'est un contact mécanique de proximité (frottement). Ou ce sont des actions mécaniques à distance comme des signes visuels (parade amoureuse) ou vocaux (chant du rossignol). Ils peuvent être chimiques et volatils comme une phéromone, qui est une substance émise dans le milieu extérieur, perceptible par l'odorat, et qui va attirer un animal de sexe opposé.

Chez nous humains, les signaux que nous envoyons pour montrer à un individu, homme ou femme, qu'il nous intéresse, sont particulièrement nombreux, complexes et peuvent varier d'une personne à l'autre. Ils varient aussi selon les cultures, voire d'un milieu social à l'autre. Chez l'humain, il existe aussi mille et un signaux qui n'ont pas vocation de séduction, mais qui vont être perçus individuellement par quelqu'un comme un signal, déclenchant chez lui le désir amoureux et /ou sexuel. La liste est longue puisqu'il peut s'agir de chaque élément participant à définir une personne. Nous sommes ainsi faits que l'on peut être séduit par une voix, un regard, une odeur, une démarche, une profession, une manie qui sont pour nous, individuellement, un point d'éveil (parmi d'autres) de notre désir sexuel. Ces signaux peuvent être communs ou différer selon le sexe de l'individu. Ainsi la gravité de la voix, qui peut être intense et plaire chez une femme, est chez l'homme en rapport avec le taux d'hormones mâles (testostérone) circulant. Il y a des signaux que nous contrôlons volontairement : certaines attitudes, des gestes (une main dans les cheveux), des mimiques (un sourire, un regard, des battements de cils, un mouvement de lèvre) et surtout des paroles. À ces signaux corporels, s'ajoutent tous les accessoires érotisants possibles qu'une culture propose : maquillage, vêtements, bijoux, parfums, piercings, tatouages... Mais aussi biens matériels : belles voitures, argent, titres, conduites (invitations)... Et d'autres que l'on maîtrise moins tels que : le timbre de la voix, le langage du corps (ouverture de la pupille, moiteur, stature, comportement), odeur corporelle, les noms et prénoms ; mais aussi la rougeur, les gaffes, les lapsus. Les informations abstraites sont secondairement interprétées comme des informations sexuelles par des associations mentales nécessitant une élaboration cognitive.

Il importe de noter que les signaux humains sont communs aux hétérosexuels et aux homosexuels.

Si la plupart des codes sont communs aux hommes et aux femmes, il y a aussi des codes spécifiquement masculins et féminins. Ces codes, là aussi, varient d'une culture à une autre. Citons Marivaux[1] qui, au XVIIIe siècle, évoque la séduction féminine opérant par « ce je ne sais quoi d'étourdi et de vif dans son geste, du nonchalant, du tendre, du mignard dans ses attitudes, des yeux fripons, une tête légère, le menton porté aux vent et un certain ton, un certain langage relevé de saillie folle ». Rien n'empêche un homme d'utiliser des signaux culturels féminins pour séduire sa belle. On sait que des femmes se laissent volontiers séduire par des hommes dits « féminins », et qui savent utiliser les armes des « tentatrices ». Rien n'empêche un homme homosexuel d'emprunter ces mêmes codes féminins pour séduire un autre homme. Ou une

1. Marivaux, Théâtre complet, 2 tomes, Paris, Magnard, 1963.

femme empruntant des codes masculins pour séduire sa dulcinée.

Même si des règles sociales dictent l'expression des émotions selon le sexe, et notamment la manière dont certaines émotions doivent être, et ne pas être, exprimées par un homme ou une femme [1] pour être jugées crédibles. Et il est plus classiquement décrit dans la littérature ou le cinéma un positionnement actif de conquérant chez l'homme et des attitudes attractives chez la femme qui ne sont passives qu'en apparence. Cela resterait une vérité en Occident pour ce qui est du rapport à la sexualité chez les hétérosexuels. En effet, des études ont été menées sur des campus américain [2]. Elles utilisaient des cobayes jeunes hommes ou jeunes femmes qui proposaient à des étudiants de sexes opposé de monter illico dans une chambre pour avoir des relations sexuelles. Les résultats obtenus ont été de 0 % de réponses favorables chez les femmes et 75 % chez les hommes. Ces positionnements s'acquièrent. Ils se transmettent par les modèles que l'entourage propose ou que la culture diffuse.

On observe cependant de nos jours en Occident, et ailleurs, des modifications de tendance qui montrent que ces positionnements ne sont pas intrinsèquement masculins pour le conquérant et féminins pour l'attraction. Dorénavant, les jeunes hommes savent se faire désirer par des jeunes filles qui osent se montrer conquérantes. C'était déjà le cas dans d'autres cultures. En Occident, la parité modifiant ces clivages, les signaux de séduction homosexuelle évoluent également. Les personnes homosexuelles, hommes ou femmes, quand elles jouent consciemment ou non de leurs charmes empruntent chez l'un ou l'autre sexe, à partir de leurs modèles familiaux, sociaux ou idéaux.

---

1. Waddil P., Arlredge R., Mc Bride S., « Context specific Schemata affect judgements of witness credibility », *Psychonomic Society* 2005, nº 10, p. 104.

2. Cité par Lucy Vincent, *Petits arrangements avec l'amour*, Odile Jacob, 2005.

Elles vont choisir les attitudes séductrices qui correspondent le plus à l'image qu'elles ont d'elles et qui leur semblent les plus adaptées à ce qu'elles croient que l'autre espère.

Laure, 28 ans : « Quand une femme m'attire, je n'y vais pas par quatre chemins, je vais le lui dire en la regardant droit dans les yeux. On m'a souvent dit que ce qui plaît en moi, en dehors de mes mains, c'est que je savais ce que je voulais. »

Anne, 44 ans : « La première fois que j'ai désiré une fille ce n'est qu'à 19 ans. C'était ma professeure d'espagnol. Je la trouvais bien sexy. J'ai encore en tête la silhouette de son buste et ses seins. »

« Quand je sors avec l'envie de plaire, nous confie Thierry, 50 ans, il faut que je sois impeccable. Ma chemise repassée, les ongles nets, ma couleur nickel, et ma peau rasée de près et discrètement poudrée. Je ne sors jamais sans revêtir une eau de parfum. Quand un garçon me plaît, ma façon de séduire est de le faire rire. J'ai deux ou trois numéros qui fonctionnent bien. Et si c'est un raseur qui ne rit pas, tant pis, il me plaît déjà moins. » Mais, précise-t-il après réflexion : « Cela étant dit, on croit séduire avec ses trucs mais ce qui plaît ce sont souvent des parties de nous qui nous dépassent. »

Loubia : « Moi, je me sens mec au fond de moi, alors je drague comme un mec. »

Romain, 26 ans : « Moi je m'habille pas du tout fashion. Je n'ai aucune manière. Je sais qu'on me prend pour un hétéro. C'est ce qui fait que je plais tant aux mecs. »

Bref, chacun possède ses propres signaux qu'il ou elle a appris. Mais il n'existe pas chez l'humain de signaux spécifiques, innés, qui vont initier par réflexe un comportement de reproduction hétérosexuel comme chez les espèces animales peu évoluées et leur rut.

4.

L'amour au premier coup d'œil

Les récepteurs sont des cellules spécialisées qui peuvent détecter les stimuli que sont les signaux. Par exemple, les cellules de l'organe captant les phéromones chez l'insecte, l'odorat [1] chez les chiens, ou les cellules de l'audition chez les oiseaux qui repèrent le chant du désir.

Selon le niveau d'évolution de l'animal, les récepteurs peuvent être constitués d'une seule cellule, ou de plusieurs types de cellules, organisées en un système sensoriel. Chez certains, les récepteurs sont actifs en permanence. Chez d'autres ils ne le sont seulement qu'à certaines périodes. Dans ce dernier cas, les signaux sexuels sont inopérants en dehors des périodes actives. Ainsi chez les oiseaux chanteurs mâles la partie du cerveau associée à ce signal vocal se modifie selon les saisons.

Les récepteurs à la chaleur corporelle sont communs à tous les mammifères, indifféremment du genre. La thermorégulation des animaux à sang chaud favorise le rapprochement physique des individus entre eux et le plaisir du contact corporel, et en particulier chez l'humain du nouveau-né avec la personne qui s'en occupe.

Chez les humains, les récepteurs à l'origine du comportement érotique sont non spécifiques et correspon-

1. Parmi d'autres récepteurs.

dent à tous les sens : de l'audition jusqu'au toucher. Tous les organes sensoriels sont concernés. Mais il n'y a pas de signaux sensoriels qui induiraient un coït vaginal reproducteur. Et ce sont les mêmes organes sensoriels, bien sûr, qui sont mobilisés quelle que soit l'orientation sexuelle de l'individu. Dans l'histoire d'Ulysse, attiré par les sirènes, ce sont exclusivement les cellules de l'audition qui sont réceptrices. Le signal étant le chant des sirènes. Mais, on peut percevoir les signaux susceptibles de nous attirer également avec la vue, l'odorat, le goût, et le toucher. Entrent également en jeu les sensibilités proprioceptives et kinesthésiques. Ces deux dernières, moins connues, sont la sensibilité des touchers profonds et des positions du corps dans l'espace. Dans le sujet qui nous concerne, elles sont activées par les mobilisations corporelles induites par l'autre, par exemple lors d'un rock endiablé...

Déborah, 23 ans : « Je n'avais jamais eu de désir pour une fille auparavant. Je sortais avec des garçons et j'avais du plaisir avec eux. Je ne sais pourquoi je me suis laissé faire par elle. Elle le souhaitait tant. Je me suis dit pourquoi pas. J'étais assez passive, mais j'ai ressenti par sa manière de me toucher un plaisir que je n'avais jamais connu auparavant. Et ce plaisir, je le retrouvais à nouveau avec elle les fois suivantes. Un plaisir que je n'aurais jamais pu imaginer avant qu'elle me touche. »

Thibault, 33 ans : « Le garçon avec lequel je vis m'a plu au premier coup d'œil. Ce fut un coup de foudre. Je me souviens de son visage. Sa peau mate, ses yeux noirs, son sourire. J'ai senti du désir dans son regard. J'avais envie de lui comme une évidence. »

En dehors des organes sensoriels non spécifiques, il existe bien sûr des zones réceptrices spécifiques qui sont les zones érogènes innées : gland du pénis, clitoris, vagin, anus, mamelons, langue, lèvres. Ce sont des zones particulièrement innervées. D'autres zones peuvent devenir secondairement plus ou moins érogènes selon les individus. C'est donc un ensemble de récepteurs mécaniques, ou somatorécepteurs, répartis sur l'ensemble du corps, qui vont communiquer avec le centre de traitement de l'information, et être à l'origine d'un émoi sexuel, voire d'un orgasme. Cette stimulation mécanique donne un plaisir plus intense que les stimulations sensorielles. Elle peut être faite par le sujet lui-même (par exemple la masturbation) ou par un partenaire.

Chaque individu, au cours de son développement, tout seul, ou lors d'échanges physiques avec d'autres (de la nourrice qui change son bébé jusqu'aux rencontres avec des camarades de jeux), va découvrir ses zones érogènes. C'est une période d'initiation à l'origine d'une motivation psychique de recherche de ce plaisir. L'individu va ensuite acquérir des schémas de stimulations de ces zones. Du plaisir érotique va naître la recherche volontaire de stimulations des zones érogènes, et donc le comportement érotique. Les activités érotiques vont s'acquérir progressivement au cours du développement, et devenir plus typiques et conscientes.

L'acquisition de la puberté va permettre l'apparition d'un plaisir orgasmique marqué. L'augmentation du taux d'hormones sexuelles accentue les seuils de sensibilité des organes et accroît le désir érotique. La puissance de ce plaisir pousse à le rechercher fréquemment, d'abord seul, puis à l'occasion de rencontres sexuelles. Ce plaisir orgasmique va renforcer puissamment le comportement érotique qui va devenir délibéré et élaboré. L'intensité du plaisir ressenti alors avec un homme ou une femme vient valider, ou non, les premiers émois et ressentis physiques homo ou hétérosexuels. Il va contribuer à fixer une orientation sexuelle. Chez d'autres, définis comme bisexuels, les différences sexuelles entre hommes et femmes ne sont pas des critères suffisants pour les empêcher d'éprouver du plaisir orgasmique avec l'un ou l'autre.

Il y a donc une évolution de la détermination des stimuli des récepteurs au cours du développement. Chez l'humain, l'anatomie et la physiologie qui permettent la reproduction sont innées. Mais, le désir sexuel puis le comportement sexuel qui permettent notamment cette reproduction s'acquièrent de façon quasi certaine grâce aux caractères acquis des conditions de sa réalisation.

Chez nous, les récepteurs, au contraire de la plupart des animaux, sont actifs en permanence, y compris en période de sommeil. En effet, la stimulation d'une personne endormie peut éveiller ses sens. Mais on n'est pas également réceptif à tout moment. Même si des études ont mesuré qu'on pense plusieurs fois par jour à des choses sexuelles (autant d'ailleurs si l'on est homo ou hétéro), il y a des « jours avec » et « des jours sans ». Par exemple un état dépressif rend les récepteurs beaucoup moins sensibles aux signaux érotiques. Même si les récepteurs restent actifs, le centre de traitement de l'information peut faire obstacle s'il est concentré sur d'autres projets, par exemple professionnels. En vacances, l'été, on se prend moins la tête et les récepteurs sont classiquement assez vigilants…

5.

Le nez : un récepteur clé chez l'homme et la femme

Les gays, comme les femmes hétérosexuelles, ont du nez pour les hommes.

En 1991, une expérience a montré que des femmes auxquelles on a fait respirer l'androstenol (un dérivé des hormones mâles) augmentent la durée de contact social avec des hommes [1]. Mais d'autres expériences ont montré qu'à l'inverse leur faire sentir de l'androsténone (un autre dérivé) les fait s'éloigner [2] ! L'effet olfactif dominant du second dérivé devrait donc logiquement faire que les femmes aient des réactions émotionnelles négatives et s'éloignent des hommes en situation naturelle… et favoriser en creux l'homosexualité.

En 2005, une équipe du Karolinska Institute de Stock-

1. Cowley J.J., Brooksbank B.W., « Human exposure to putative pheromones and changes in aspects of social behavior », *Journal of steroid biochemistry and molecular biology*, 39/4B : 647-659, 1991.

2. Filsinger E.E., Braun J.J., Monte W.C. « An examination of the effects of putative pheromones on human judgments » ; *Ethol. Sociobiol.* 1985 ; 6/227-36. Maiworm R.E. « Influence of androstenone, androstenol, menstrual cycle, and oral contraceptives on the attractivity rating of female probands. » Paper presented at the Ninth Congress of ECRO, 1990 in Wunsch, Brenot P. (2004), *Rev. Europ. Sexol* ; XIII, 48, 22-29.

holm, menée par Ivanka Savic, publie [1] une étude qui laisserait penser que les odeurs de l'urine des femmes et celles de l'aisselle des hommes pourraient servir de révélateur de notre orientation sexuelle.

Ils ont fait sentir à un groupe d'hommes et de femmes hétérosexuels deux produits :

– un dérivé de la testostérone (dénommé AND [2]) produit dans la sueur masculine,

– un stéroïde (EST [3]) proche des œstrogènes détectés dans l'urine des femmes enceintes.

Ces dérivés étant considérés comme jouant un rôle dans l'excitation sexuelle, ils ont constaté qu'hommes et femmes réagissaient différemment. C'est-à-dire que des régions de leur cerveau s'activaient différemment comme on le voyait dans l'imagerie cérébrale.

Ces mêmes composés ont été donnés à sentir à un groupe d'hommes homosexuels. On a constaté que les régions du cerveau activées étaient les mêmes que chez les femmes hétérosexuelles. Les femmes et les homosexuels réagissent à la sueur des hommes et les hétérosexuels réagissent à l'urine des femmes.

Chez les hétérosexuels, hommes et femmes, ces substances induisent une activité cérébrale diamétralement opposée :

– Chez les hommes hétéros, le dérivé de testostérone (AND) stimule les zones du cerveau relatives à l'olfaction, tandis que le dérivé d'œstrogène (EST) stimule l'hypothalamus, qui est impliqué dans les comportements sexuels chez l'animal.

– Chez les femmes hétéros, c'est l'inverse.

Les douze jeunes hommes homosexuels regroupés

1. Savic *et al.*, « Brain response to putative pheromones in homosexual men », in Proc. Nat. Acad. Sci. of USA, vol. 102, p. 7356, 2005.

2. 4,16-androstadiène-3-one.

3. estra-,1,3,5(10), 16-tétraène-3-ol.

réagissent, sur ce plan, comme les femmes hétérosexuelles. L'étude n'a pas porté sur des lesbiennes.

Des études avaient déjà montré que faire respirer des hormones sexuelles sécrétées par des hommes déclenchait chez les femmes une baisse du rythme cardiaque et de la transpiration, considérées comme des signes d'apaisement, à l'origine d'une acceptation des tentatives de séduction des hommes.

Les conclusions tirées de cette étude, portant sur peu de personnes, sont que le circuit neuronal des homosexuels pourrait être prédéterminé génétiquement, comme celui des femmes. Ou bien qu'il se serait élaboré à la suite d'une exposition intra-utérine à certaines hormones. Ou enfin qu'il se serait mis en place progressivement, induit par une exposition répétée aux hommes et à leur odeur.

Une autre hypothèse formulée par l'équipe suédoise est que les femmes hétérosexuelles et les gays associent AND au sexe, tandis que les hétérosexuels font une association similaire avec EST.

On sait par ailleurs que la réceptivité aux odeurs varie en fonction du taux d'hormones circulant chez la femme puisqu'elle évolue au cours du cycle menstruel. Elle est plus importante au moment de l'ovulation [1]. Ce qui favoriserait la sélection d'un partenaire pour une éventuelle procréation. Cette variation disparaît bien sûr en cas de prise de pilule contraceptive qui modifie le cycle de sécrétion. Si la réceptivité aux odeurs est meilleure, elle l'est tout autant pour les odeurs féminines que masculines. On pourrait considérer qu'une lesbienne est plus apte à sélectionner une future partenaire en période ovulatoire bien qu'une procréation commune ne soit pas possible dans la réalité.

On a cru que pour la première fois on mettait en évidence l'effet sur le cerveau humain de ces molécules assi-

1. Navarrete-palacios *et al.*, « Lower olfactory threshold during the ovulation phase of the menstrual cycle », *Biological psychiatry*, 2003.

milées à des phéromones, molécules sans odeur, se propageant dans l'air et captées chez les mamifères par de minuscules récepteurs tapissant le haut de la paroi nasale activant les cellules nerveuses et au final l'hypothalamus, plaque tournante du désir sexuel animal.

En fait, le mécanisme récepteur n'est pas l'organe voméronasal (OVN). Ce « nez sexuel », actif chez les espèces animales peu évoluées, est discernable chez l'embryon humain mais il est atrophié chez l'enfant. Il a disparu au cours de l'évolution. C'est simplement le système olfactif classique, le bulbe olfactif principal qui opère. L'équipe a d'ailleurs testé des femmes privées du sens de l'odorat (anosmiques) avec l'AND et leur hypothalamus est resté inactif. Ce n'est donc pas comme chez les animaux une affaire de phéromones mais simplement d'odeurs.

Au final, ce que cette étude révèle, c'est que les homosexuels masculins ont un point commun avec les femmes hétérosexuelles, ils désirent les hommes. Sacrée découverte ! Si le cerveau réagit à certaines odeurs, c'est parce qu'il les connaît et qu'elles lui sont agréables, voire qu'elles l'excitent car elles sont associées à l'objet de son désir. Ce n'est pas parce que le cerveau était différent à l'origine. Une fois de plus on a confondu les effets et les causes.

Cette étude montre aussi que le nez est bel et bien un récepteur très actif dans la rencontre sexuelle non pas parce qu'il provoque un comportement reproducteur (comme la phéromone chez l'animal peu évolué) mais parce qu'il facilite le rapprochement, autant hétéro qu'homosexuel. C'est par l'expérience et par l'apprentissage qu'un individu va associer une odeur à son futur schéma de comportement érotique. Cette étude ne fait pas de l'activité de l'hypothalamus la cause de l'orientation sexuelle : elle n'en est que le reflet. Elle ne montre pas non plus que ce circuit neuronal est génétiquement déterminé. L'apprentissage de la distinction des hommes et des femmes se fait très tôt dans la vie. Il repose sur des critères visuels mais aussi sur tous les autres qui mettent en jeu l'ensemble de la sensorialité de l'enfant. Les futurs homosexuels comme les futures hétérosexuelles apprennent très tôt à reconnaître une allure et une odeur masculine. Mais chez les uns cela déclenchera du désir et non chez les autres.

Cela démontre enfin que les homosexuels masculins aiment les hommes pas seulement pour leurs organes génitaux, mais pour tout ce qui les singularise, y compris leurs odeurs.

L'odeur des gays

Toujours à propos des odeurs spécifiques, artificielles cette fois, une étude de 1996, plus anecdotique, révèle que les hommes homosexuels préféreraient porter des parfums de type floral, oriental ou épicé, quand les hommes hétérosexuels préféreraient les parfums verts ou boisés [1]. On cherche vraiment la petite bête qui différencie les homos et les hétéros…

Le parfum que l'on choisit pour soi ne désigne pas l'odeur qui nous attire le plus sexuellement chez autrui. D'ailleurs l'étude ne révèle pas si les homosexuels sont davantage attirés par un type de parfum (porté par les homos ou les hétéros) qu'un autre. Si les résultats de cette étude sont avérés. Qu'en conclure ? Y a-t-il la volonté inconsciente, de par le parfum que l'on porte, de signifier que l'on est homosexuel ? Ou est-ce une façon inconsciente dans ses critères de choix d'attirer la majorité des hommes par le choix de parfums plus féminins ?

1. Rudd N. A., « Appearance and self-presentation research in gay consumer cultures : issue and impact », *Journal of Homosexuality*, n° 31, 109-134, 1996.

Les femmes cherchent leur père mais pas vraiment.

Enfin, pourquoi une femme ou un homme préférerait l'odeur naturelle d'un homme plutôt qu'un autre ? Ce serait en partie lié aux allèles HLA [1] que cette personne a hérités de son père. Le système HLA [2] est localisé sur un de nos chromosomes [3]. Il permet à l'organisme de définir le soi du non-soi. Il est notamment impliqué dans les réactions allergiques et de rejet de greffe. Pour qu'une greffe prenne, il faut que le donneur et le receveur aient beaucoup d'HLA compatibles. C'est pourquoi il est plus facile de trouver des donneurs dans la famille proche. Ce système d'antigènes est, selon le mot de Jean Daucet [4], le code barre de chacun de nous. Chaque homme est unique : on n'a jamais trouvé et il n'y aura sans doute jamais – en dehors bien sûr des vrais jumeaux – deux hommes génétiquement identiques. Le système HLA est donc le « marqueur » de l'individualité. Une étude [5] a été menée sur 49 femmes non mariées auxquelles on a fait sentir des morceaux de tee-shirt portés, ou non, par six hommes deux nuits de suite. Ou bien on leur fait sentir des morceaux de tee-shirt imprégnés de différentes essences. Et on leur demande leurs préférences. Les résultats de l'étude mettent en évidence qu'il n'existe pas une odeur masculine que toutes prèfèrent. Et que la préférence est fonction du degré de différences en HLA entre la

1. Les molécules HLA sont des présentoirs pour les déterminants antigéniques. Les chaînes polymorphes qui composent les molécules HLA sont codées par un ensemble de gènes situés sur le chromosome 6, ensemble de gènes très proches les uns des autres. De ce fait, les gènes HLA sont transmis en bloc (haplotype) des parents aux enfants. Chaque enfant hérite d'un haplotype paternel et d'un haplotype maternel. Chaque allèle de chacun des deux haplotypes est exprimé. L'identification de ces allèles correspond au groupage HLA.

2. Human Antigen Leucocyte.

3. Le chromosome 6.

4. Prix Nobel de médecine et découvreur du système HLA.

5. Dr Martha Mc Cornick de l'université de Chigago paru dans *Nature Genetics*, DOI : 10.1038/ng830 cité par *Le Quotidien du médecin* en 2003.

femme et l'homme. Le degré de compatibilité entre les allèles (gènes) HLA issus de son père chez la femme, et ceux de l'homme choisi pour son odeur, ne doit être ni élevé, ni nul. Il doit être intermédiaire à faible. L'homme dont elle fuit l'odeur est celui qui n'a presque pas, ou qui a trop, d'allèles HLA compatibles avec ceux de son père. Tandis qu'elle préfère l'odeur de celui qui a une petite partie d'allèles compatibles.

Cela pourrait influencer sur le choix du partenaire sexuel, mais aussi avoir une influence plus large sur le comportement social. Il serait intéressant de faire la même expérience avec des personnes homosexuelles. On voit que, pour les femmes, l'attirance les pousse à s'éloigner du cadre génétique familial sans le faire trop : il lui faut du « pareil » et du « pas pareil ».

Mais ne tirons pas de plans sur la comète : préférer une odeur ne signifie pas être amoureux, ni avoir envie de faire l'amour avec. Une modification émotionnelle comme une variation de tension artérielle n'est pas spécifique de la reproduction. Jamais une molécule odorante testée n'a induit de comportement reproducteur ou simplement sexuel.

6.

Le sexe est une donnée comme une autre

On a vu que la sexualité regroupe des comportements spécifiques à la reproduction qui sont dominants chez les animaux les moins évolués. Mais aussi des comportements à visées non reproductrices et liés aux plaisirs somato-sensoriels qui dominent chez les espèces les plus évoluées et en particulier l'être humain. On vient de voir les émetteurs et les récepteurs qui, chez les humains, se caractérisent par leur variété. Hétéros ou homos possèdent les mêmes.

Je vais maintenant vous présenter le centre de traitement de l'information qui, par sa complexité, donne à la sexualité humaine son aspect unique face à la sexualité animalière. C'est lui qui est le vrai chef d'orchestre de notre orientation sexuelle.

Le centre de traitement des informations correspond au centre nerveux. Plus il y a de neurones, plus il existe de relais nerveux, d'interconnexions. Et plus la réponse sera élaborée et adaptée à la situation.

À l'inverse, une organisation simple, avec une seule connexion entre un récepteur et un effecteur, donnera un comportement réflexe, univoque et stéréotypé. C'est le cas chez les espèces les moins évoluées qui possèdent un instinct sexuel de reproduction ; c'est-à-dire que des stimuli internes ou externes, spécifiques, vont provoquer une réaction comportementale innée, fixe, fonctionnelle, sans aucune expérience ou apprentissage préalable. Cet ensemble stimuli et réaction innée conduit à la reproduction de l'organisme mâle et de l'organisme femelle.

Chez les espèces évoluées comme l'être humain, la richesse en neurones, en diverses connexions, en récepteurs et effecteurs va donner comme réponse un comportement adapté aux différents types de signaux. Et donc un comportement sexuel variable.

Les principaux facteurs de la reproduction chez les mammifères que sont les cycles reproductifs, les hormones, les phéromones, et l'odorat [1] sont considérés par les neurobiologistes comme subalternes chez l'humain. Ce comportement reproducteur chez l'animal est sous la dépendance de la moelle épinière et du mésencéphale [2]. Chez l'humain, ce comportement programmé se serait, lors de l'évolution, progressivement éclipsé, au profit de ce qui commande le comportement érotique et le caractère volontaire de la reproduction. C'est le développement du néocortex qui régit les fonctions intellectuelles supérieures qui explique cela. En effet, la dimension « cognitive », la sphère émotionnelle, et l'apprentissage érotique à l'origine de renforcements positifs ou négatifs, jouent un rôle fondamental chez l'humain.

Le centre de traitement des humains qui va traiter l'information, et permettre la réalisation du comportement sexuel, prend en considération ces renforcements érotiques acquis à partir des zones érogènes. Il va prendre aussi en compte un ensemble d'autres facteurs qui ont été érotisés au cours du développement de l'individu. Ainsi un aspect, un discours, une fragrance, une attitude, un caractère, des formes particulières seront pour cet individu plus ou moins érotiques selon le contexte. À ce propos, plusieurs études

---

1. Malgré la reconnaissance de l'importance de l'odeur dans le désir humain prouvé plus haut.

2. Le mésencéphale est la partie la plus rostrale du tronc cérébral et morphologiquement la plus primitive du cerveau humain.

menées à travers le monde mettent en évidence que, encore actuellement, chez les hétérosexuels sont choisis préférentiellement pour se mettre en couple la beauté physique des femmes et le niveau de ressource des hommes[1]. (En quelque sorte ce que l'homme a dans sa bourse.) Même si le critère de niveau de ressources est moins important aujourd'hui qu'il y a trente ans chez les femmes, du fait sans doute d'une plus grande autonomie financière. Les études ne disent pas si ces critères s'appliquent dans le choix des homosexuels pour former un couple. Mais l'enquête que j'ai menée auprès d'environ deux cents personnes homosexuelles me laisse penser que les critères de beauté physique et de niveau de ressources sont loin d'être manquants.

À ces séquences comportementales, vont s'ajouter des dimensions psychiques, affectives, et morales qui modulent les activités érotiques. Les émotions et, évidemment le sentiment amoureux, jouent un rôle essentiel dans le déclenchement du comportement sexuel.

Les humains se distinguent des autres primates par des possibilités de communications sociales particulièrement développées. Ces compétences sont la conséquence du développement des zones pariétales du cerveau. L'homo sapiens a de meilleures fonctions sensorielles, et une meilleure intégration visuo-spatiale[2] permettant cette communication. Il est capable, via le lobe temporal, de reconnaître un visage, de distinguer les aspects changeants de ce visage, mais surtout il décode les expressions de ce visage comme un langage. Enfin, ses effecteurs dans le domaine des expressions sont renforcés, puisqu'il y a un développement des aires cérébrales commandant les muscles du visage. On peut donc lire les intentions de quelqu'un en le regardant

1. Buss D.M., « Psychological sex différences : origins through sexual selection », *American psychologist*, 50, 164-168, 1995.

2. Bruner, « Geometric morphometrics and paleoneurology : brain shape evolution in the genus Homo », *Journal of human evolution*, 47, 279-303, 2004.

dans les yeux, ce que ne peuvent pas d'autres espèces. Et percevoir notamment le désir que cette personne éprouve pour nous. On peut aussi se mettre à sa place par le mécanisme d'empathie et ressentir mentalement ce qu'il éprouve.

L'excitation sexuelle, on l'a vu, se traduit par une activation des structures limbiques et paralimbiques du cerveau[1]. C'est d'ailleurs mesurable par les appareils d'imagerie cérébrale. Cette première phase du désir est donc « animale » dans le sens où elle est indépendante de notre volonté, si ce n'est celle de l'avoir recherchée, en sortant en discothèque par exemple. Mais on a la preuve, depuis peu, que les humains peuvent empêcher cette réaction cérébrale instinctive par le biais du raisonnement. Cela implique des circuits situés au niveau des cortex frontaux et cingulaires. Est également mise en jeu la zone du langage[2]. Tout se passe comme si l'humain se parlait à soi-même pour retenir son excitation sexuelle. Il est prouvé neurobiologiquement, si besoin était, l'impact des zones cognitives sur le désir sexuel. La sexualité chez l'homme est bien dans sa tête.

La sphère cognitive située dans le cortex intervient dans les apprentissages du comportement érotique. Ils permettront d'établir progressivement des critères de préférences sexuelles. Les capacités de mémorisation, de catégorisation, ou de planification vont déterminer le, la ou les partenaires et notamment sa « carte d'identité ».

Il y a des mécanismes mentaux d'associations qui nous font associer une perception sensorielle avec un émoi sexuel lié à des stimulations érotiques des récepteurs mécaniques. Ainsi il suffira à tel individu de sentir une odeur (masculine ou féminine), ou d'apercevoir un sexe (masculin ou féminin) pour être excité. Au cours du développement, progressivement, pour chaque personne, va

1. Amygdale droite et hypothalamus.
2. Zone de Broca.

s'élaborer une cartographie de préférences érotiques. Elle s'établira à partir de ses propres caractéristiques corporelles, de la nature de ses expériences personnelles, des caractéristiques des divers partenaires de vie (de la mère nourricière, des camarades de « jeux », au véritable partenaire sexuel), des états émotionnels accompagnant ces expériences, des réactions de l'entourage lors de ces vécus… Cette « carte du tendre » érotique est propre à chacun puisque chaque corps, chaque appareil psychique et chaque vécu est unique. Des caractéristiques physiques chez l'autre (longueur des cheveux, matité de la peau, rondeur, présence de seins, taille du sexe…) vont susciter chez chacun plus ou moins d'émoi. Des caractéristiques psychologiques ou des comportements particuliers chez le partenaire (par exemple une attitude débauchée ou de la dureté) créent aussi des émois divers. Tout comme des pratiques érotiques. S'ajoute chez soi-même un état émotionnel singulier susceptible de créer ou de favoriser l'émoi.

Les capacités d'anticipation ou de planification vont permettre d'organiser des comportements érotiques élaborés, et de jouir par anticipation.

S'ajoute la dimension imaginaire des représentations. Ainsi qu'une importante dimension symbolique avec les valeurs, les croyances, les mythes personnels et familiaux, la morale. La sexualité humaine s'inscrit aussi dans la sphère culturelle. Ce qui fait que la relation sexuelle n'est pas un simple acte reproducteur, mais un acte qui a un sens propre pour chaque individu au sein de son groupe.

Les attitudes et les réactions des personnes de l'entourage vont moduler par conditionnement le comportement érotique de l'individu, surtout dans l'enfance. Selon les catégorisations propres à la culture en place définissant tel ou tel type de personnes, l'individu va moduler son comportement érotique en fonction de ces critères. Par exemple, dans notre société, les hétérosexuels et les homosexuels sont placés dans des catégories différentes, voire opposées. Des significations morales (bien ou mal), ou culturelles vont être attribuées à tel comportement érotique ou au choix de tel partenaire, et moduler de fait ces choix. L'impact des émotions sur le comportement érotique humain est déterminant. La peur, la honte, le dégoût, la culpabilité sont autant de facteurs émotionnels négatifs qui vont être aversifs de tel ou tel comportement sexuel. Ainsi, peu après la découverte du sida, la peur a pu être un facteur limitant de certaines relations sexuelles. Une éducation a pu conduire à un dégoût de relations anales ou oro-génitales. Le baiser profond (*french kiss*) dans beaucoup de sociétés est jugé dégoûtant. La douleur morale ou physique, suite à une agression sexuelle, peut chez un individu censurer certaines pratiques sexuelles. Les préférences sexuelles sont en partie liées à la synthèse de ces facteurs émotionnels nés de l'éducation familiale, de la culture et de l'expérience personnelle.

Les informations transmises à partir des récepteurs vont donc, chez l'humain, être filtrées et modulées à partir de notre culture, de notre morale, nos croyances, nos habitudes, nos fantasmes, notre humeur, nos souvenirs, notre état physique et de différents facteurs personnels. Le traitement de ces informations va aboutir à une transmission aux aires motrices du cerveau responsables des effecteurs, et à l'hypothalamus, siège des réactions végétatives et hormonales.

Le désir et la motivation sexuelle mettent donc en interaction différents centres neuronaux du cerveau correspondant aux systèmes moteurs, sensoriels, émotionnels et cognitifs. Il y a donc différents récepteurs non spécifiques, et un nombre important de centres de traitement de ces informations qui sont en interconnexion. Ce sont des milliards de neurones en réseau qui sont impliqués. Il y a une circulation d'informations dans des milliards d'allers-retours entre le système limbique, siège des émotions, et le néocortex, la partie supérieure du cerveau, siège du raisonnement.

Si les grandes voies du développement cérébral sont

effectivement tracées à la naissance, elles ne sont pas figées. Il est démontré que le cerveau se réorganise, et modifie sa structure constamment en fonction des expériences de la vie [1]. Il y a une grande plasticité neuronale. Le cerveau possède une macrostructure, c'est-à-dire les fondations, qui est déterminée génétiquement. Et une autre structure, une microstructure (les propriétés des membranes des neurones jusqu'à l'organisation des synapses entres elles), plastique, qui dépend de l'environnement. Les relations entre les neurones évoluent au cours de la vie. Elles se font et se défont en fonction de l'expérience. Par ailleurs, ce n'est pas le nombre de neurones qui diminue avec l'âge, mais celui des contacts entre eux, les synapses. Et de plus, contrairement à un dogme longtemps maintenu, on sait depuis 1999, grâce à des chercheurs suédois, que l'on peut fabriquer de nouveaux neurones. On a en effet identifié des cellules souches dans le cerveau de la souris et dans le cerveau humain.

Cette plasticité existe chez les mammifères. Elle explique que par exemple les réactions de peur, qui sont instinctives [2], soient variables en fonction des expériences particulières à l'animal. Elle permet aussi de les apprivoiser et de les éduquer. Chez l'humain, les connexions évoluent sans cesse au cours de la vie. On l'a vu pour l'apprentissage avec les exemples des chauffeurs de taxi et des aveugles qui lisent le braille. C'est vrai aussi avec les psychothérapies. Par exemple, dans les cas de phobies, c'est-à-dire de peurs intenses provoquées par un animal ou une situation, c'est très net. On repère avec les appareils d'imageries cérébrales des images d'activités cérébrales particulières chez une personne phobique des araignées quand on lui présente cet animal. Après la psychothérapie, la vision de l'araignée n'induit plus cette activité cérébrale. On peut

1. Voir le livre *Cerveau, sexe et pouvoir* de Catherine Vidal et D. Benoit-Browayes, Belin, 2005.

2. Commandées par l'amygdale.

extrapoler et considérer que notre appréciation d'un(e) partenaire va être dépendante de notre façon de traiter les informations le concernant.

La plasticité du cerveau explique aussi la variabilité et la spécificité individuelle des préférences sexuelles et des modalités d'attachement amoureux. Cela explique aussi que nos préférences évoluent et que des changements d'aiguillage du train de nos désirs se produisent.

On voit avec la diversité des récepteurs, celle des effecteurs, et le rôle joué par le centre de traitement des informations propre à l'homme, que l'on est loin des comportements instinctifs de l'animal, où une phéromone déclenche à partir d'un unique récepteur et de quelques neurones un comportement stéréotypé purement reproducteur et uniquement hétérosexuel.

Nos préférences sexuelles seront la synthèse de la manière toute personnelle dont chaque individu va organiser l'ensemble de ces « réactions en chaîne ».

7.

Joindre le geste à la parole

Une fois les signaux repérés par les récepteurs, le désir établi par le centre de traitement de l'information, la rencontre devient possible. Les effecteurs vont permettre de la concrétiser.

Les effecteurs sont des cellules, des tissus ou des organes qui sont spécialisés (spécifiques au comportement sexuel) ou non. Elles vont émettre des signaux sexuels. Ou donner des comportements sexuels.

Ce peut être comme chez l'insecte : une cellule spécialisée pour le comportement reproductif qui va sécréter une molécule (phéromone) ou permettre l'émission d'un son. Plus l'animal est évolué, plus les effecteurs sont non spécifiques. Ainsi, chez le primate, des attitudes corporelles, gestuelles ou faciales ne sont perçues comme sexuelles qu'à la suite d'un traitement élaboré de l'information du partenaire. Cependant des séquences comportementales innées persistent chez les mammifères non humains. Le plus commun est la lordose de la femelle en chaleur. C'est un réflexe « précâblé » au niveau de la moelle et du mésencéphale et sous contrôle hormonal (œstrogène). Il est spécifique à la reproduction mais il faut noter que ses stimuli ne le sont pas. Toute stimulation qui ne soit pas trop violente, la monte d'un animal tout comme une caresse humaine, la provoque.

Nous avons, humains, comme tous les mammifères, une anatomie parfaitement adaptée à la reproduction (organes génitaux spécifiques qui s'adaptent). Physiologiquement aussi (régulation hormonale, complémentarité des gamètes...). Et il y a des hommes et des femmes en nombre suffisant. Cependant il n'y a chez l'humain aucune séquence de comportement qui ne soit pas acquise, spécifique de la reproduction.

Nos effecteurs moteurs sont liés aux différentes possibilités anatomiques des êtres humains. Ils diffèrent en partie entre les hommes et les femmes du fait des caractères sexuels.

Les mains étant à proximité des organes génitaux, elles peuvent aisément réaliser les activités masturbatoires et les stimulations de ces zones érogènes essentielles.

À toutes les activités érotiques manuelles, s'ajoutent la possibilité de rencontres des zones érogènes orales entre elles, oro-génitales, ainsi que le coït anal et le coït vaginal. Pénis et vagin étant hautement érogènes, et conduisant chacun à l'orgasme, cela promeut fortement la pratique du coït vaginal. Entre deux individus de sexes différents cela va sans dire... Mais comme toutes les activités sexuelles, la copulation passe par une première fois. Les humains comme les mammifères doivent apprendre à faire l'amour. Ils doivent savoir donc apprendre que le pénis et le vagin font bon ménage ensemble. Et apprendre à les accorder. Car il n'y a pas de schéma moteur inné qui nous fait nous positionner d'emblée correctement. Certes l'érection est « précâblée », c'est un circuit réflexe [1] mais qui est indépendant de la reproduction puisqu'il est opérant dans la masturbation et les relations homosexuelles. En revanche il n'existe pas de structure préétablie qui commande un positionnement correct et une bonne intromission (ce qui explique les échecs de la première fois chez l'humain plutôt que chez le rossignol).

---

1. Nerf dorsal du pénis, noyau d'Onuf de la moelle sacrée et nerf honteux.

On a perdu, en évoluant, en développant notre cerveau, en devenant humain, notre instinct de reproduction qui existait sans doute encore chez les premiers mammifères. On ne peut donc plus se reproduire sans apprentissage. Mais on a gagné un don, autrement précieux : l'amour. Et l'amour se marie bien avec le sexe contrairement à ce que prétendent des esprits chagrins.

Les mots doux, les caresses, les baisers déclenchent une libération d'ocytocine dans le cerveau. Elle a pour effet de renforcer les liens entre les partenaires. Mais, c'est sans commune mesure avec la quantité libérée, suite aux stimulations de ces zones sexuelles proprement dites et à l'orgasme. Le fait de ressentir du plaisir sexuel avec un individu, homme ou femme, renforce le lien avec cette personne de par cette libération neuro-hormonale qui a un effet sur l'humeur, la sérénité intérieure (effet anti stress) et crée une dépendance. Ainsi le fait d'avoir des premières relations sexuelles satisfaisantes avec des hommes ou des femmes favorise la recherche d'un(e) nouveau(elle) partenaire de même sexe que le précédent. Plus largement, les activités érotiques sont un important facteur de sociabilité entre les humains.

Une spécificité fondamentale de la sexualité humaine est qu'elle peut être indépendante de la fonction procréative. On a vu que la dimension volitionnelle intervenait dans le choix d'une relation sexuelle chez l'humain. La volonté de procréer est une volonté parmi d'autres qui oriente vers le choix d'un partenaire de sexe différent. Mais le désir sexuel est avant tout nourri par le plaisir procuré par la sexualité, qu'elle soit à dessein procréatif ou non.

Chez l'humain, la présence innée de zones érogènes et les processus de renforcement vont conduire à la recherche par l'individu, de comportements répétés de stimulation sexuelle. Les diverses séquences motrices de recherche de plaisir sexuel (à l'origine notamment de la reproduction) ne sont donc pas innées chez l'humain. Elles vont s'acquérir peu à peu. Elles prendront place au sein de l'orientation sexuelle qui sera déterminée plus tard. L'existence, également innée, d'un néocortex et d'autres structures cérébrales gérant la sphère émotionnelle, donne une dimension cognitive à la sexualité. Cette dimension cognitive de la sexualité enrôle des émotions érotiques et des représentations mentales érotiques conscientes et inconscientes.

Ces représentations érotiques sont elles-mêmes en interaction avec d'autres émotions et représentations, chargées de sens et de symbole personnels, qui ne sont pas spécifiquement érotiques (par exemple les paroles d'une chanson nous rappellent quelqu'un et nous mettent dans tous nos états). Ces émotions, ces représentations, ces pensées, comme les processus d'attachement, vont moduler et orienter le comportement sexuel humain. Là où de simples réactions réflexes vont gérer les comportements de reproduction chez les animaux. Elles vont participer aussi à la définition d'une orientation sexuelle.

La mode de nos jours est un retour à l'anthropomorphisme. Si la neurobiologie prend appui sur la comparaison animalière, c'est pour mieux montrer ce qui est propre à l'humain. Elle sait combien le modèle animal a ses limites. Comme le langage et d'autres champs de compétences spécifiquement humaines, la sexualité de l'homme n'est pas guidée par un instinct préprogrammé. Là réside aussi la liberté de l'homme. La sexualité humaine n'est pas la simple réponse à une feuille de route d'induction à la reproduction. C'est la recherche du plaisir et du bien-être physique et moral, dont l'amour est souvent la traduction, qui est son guide.

8.

C'est le plaisir qui guide nos effecteurs et oriente notre sexualité

La reproduction, heureuse conséquence de l'érotisme

Quelle que soit cette orientation sexuelle, la motivation sexuelle chez l'homme, comme chez les primates évolués, c'est le plaisir que l'acte sexuel procure. Et cela avant la volonté de procréer. Mais c'est la recherche de ce plaisir qui rend possible la procréation. Il n'existe pas de structures neuronales « précâblées » qui soient à l'origine de réactions innées stéréotypées conduisant à la reproduction comme chez les espèces animales les moins évoluées. Certains neurobiologistes n'hésitent pas à présenter la reproduction humaine comme une simple conséquence bienheureuse du comportement érotique. En effet le comportement érotique est motivé par la recherche volontaire de jouissance physique et sensorielle avec des partenaires différents. On répertorie actuellement plus de cinq cents positions sexuelles alors qu'une seule suffit pour la procréation. Le comportement strictement reproducteur motivé par le désir volontaire d'avoir une descendance est un comportement culturel appliqué chez l'humain depuis qu'il a pu établir le lien entre les relations sexuelles et la reproduction. Cette recherche de plaisir érotique s'inscrit dans une dynamique humaine plus générale de recherche de bien-être et de bonheur.

Pour qu'il y ait du plaisir intense, cela passe dans le cerveau par une activation de certaines zones. Et par une désactivation d'autres zones. Ce sont les stimulations physiques du corps qui vont agir sur les récepteurs mécaniques. Elles vont être communiquées aux régions limbiques du cerveau. Les libérations neuro-endocriniennes consécutives vont créer au niveau conscient du cortex une sensation intense de plaisir, d'émoi et de jouissance. L'émoi érotique est la sensation consciente de plaisir sexuel non orgasmique. Il est donc en lien avec l'activation de zones hypothalamiques et limbiques du cerveau. L'orgasme en est le sommet. Il correspondrait à la stimulation de régions limbiques particulières [1].

Les hormones du plaisir

On sait que la sensation de plaisir passe par la dopamine. C'est un neuromédiateur présent dans le cerveau. Sa libération procure un état de plaisir.

Chez l'homme, ce n'est pas aussi simple que chez le rat pour lequel la simple captation de phéromones de la femelle libère de la dopamine. À l'inverse, la souffrance mentale est en lien avec une diminution d'activités des systèmes dopaminergiques dans le cerveau. L'absence de l'être aimé produit cet effet. D'où un état dépressif après une rupture. La dopamine agit sur la perception du plaisir mental mais aussi sur la motricité et la cognition. C'est pourquoi quand on est déprimé après une rupture on est raplapla physiquement et intellectuellement.

Le système dopaminergique met en jeu différentes zones du cerveau qui ont chacune des rôles spécifiques.

---

1. Amygdales surtout la droite, thalamus partie droite, noyau caudé (gauche).

Ainsi sont impliqués l'hippocampe et l'amydale qui gèrent notre mémoire, et notamment notre mémoire des émotions. Cette mémoire nous permet de ressentir du bien-être par les souvenirs et de créer des correspondances entre des plaisirs passés et des situations agréables actuelles. Cette zone des plaisirs présents correspond avec la surface du cortex, siège du cerveau conscient. La région meso striatum ventral sert d'interface entre ces deux zones du cerveau : le cortex et la zone de la mémoire émotionnelle. Elle filtre les désirs profonds inconscients, le plaisir conscient et les diverses émotions. Le cortex, à son tour, peut inhiber certains désirs, sources de plaisirs émanant du dessous. Notamment s'il les juge non acceptables moralement.

D'autres neurotransmetteurs sont impliqués dans le bien-être en général. Ils sont liés à la sexualité et à l'amour en particulier. Il s'agit des corticoïdes. Mais surtout de l'ocytocine, de la vasopressine et des endorphines.

Un peu de stress stimule la sécrétion de corticoïdes. Elle va à son tour déclencher celle de noradrénaline. Qui va à son tour accélérer la sécrétion de dopamine. C'est ce qui se passe chez ceux qui sont excités par des relations sexuelles accompagnées d'un peu de risque (lieux incongrus, adultère, relations transgressives).

La sécrétion d'endorphines l'est souvent en réponse à la dopamine. Et celle de dopamine dépend de zones du cerveau riches en récepteurs d'ocytocine et de vasopressine. La dopamine exprime la mesure de la nécessité d'une action une fois qu'on a intégré différentes informations plus ou moins contradictoires. Par exemple : « Elle me plaît beaucoup, me sourit, mais elle a ce défaut et je dois rentrer pas trop tard ce soir, et elle n'est peut-être pas homosexuelle… » Le taux de sécrétion de dopamine va être fonction du sens émotionnel que l'on attribue à l'acte que l'on envisage.

Le philtre d'amour existe. Il est biologique. Et c'est le même pour un désir homosexuel ou hétérosexuel. Il est diffusé lors de la relation sexuelle. Et il pousse à la répéter. En voici la recette chez l'homme : « Trois doigts de lulibérine (initié par le désir immédiat), un trait de testostérone (la capacité à désirer, une sécrétion continue), quatre doigts de dopamine (sensation de désir et de plaisir), une pincée d'endorphines (le bain de bien-être post coïtum) et un peu de sirop d'ocytocine (hormone de l'orgasme)[1]. »

Le rôle des émotions

Le plaisir sexuel n'est pas uniquement sous la dépendance de stimulations physiques par l'intermédiaire des récepteurs mécaniques. Mais aussi des différents sens et des émotions (notion d'attachement).

Chez l'humain, on connaît, avec l'imagerie cérébrale[2] et la mesure du débit sanguin dans ces zones, les régions du cerveau activées lors d'une émotion agréable et celles qui le sont lors d'émotions désagréables[3]. Quand le sujet ressent un plaisir immense en écoutant de la musique jusqu'à en frissonner d'aise, on voit que certaines aires sont activées[4] alors que d'autres baissent d'activité[5].

Idem lors de l'éjaculation, qui est contemporaine à une augmentation d'activités de certaines zones, et à une diminution ailleurs[6]. Cette baisse d'activité correspondrait ici à

---

1. Michel Raynaud, *L'amour est une drogue douce en général*, Robert Laffont, 2005.

2. IRM fonctionnelle.

3. Cortex préfrontal médian, thalamus, hypothalamus et mésencéphale pour les émotions agréables. Cortex occipito-temporal, cervelet, gyrus para-hippocampique, hippocampe et amygdale pour les désagréables, in Lane R.D. *et al.*, « Neuroanatomical correlates of pleasant and unpleasant emotion », *Neuropsychologica*, 1997 ; 35.

4. Striatum ventral gauche, cortex cingulaire antérieur et mésencéphale.

5. Amydale, hippocampe, et cortex ventro-médian. cf. Blood A.J., Zatorre R.J., « Intensely pleasurable responses to music correlate with activity in brain implicated in reward and emotion », *ProcNat. Acad. Sci*, États-Unis, 2001, p. 98.

6. Augmentation d'activité : aire tegmentale ventrale et zone corticale droite ; quand elle diminue dans d'autres zones : amygdale et cortex entorhinal. cf. Holstege *et al.*, *Brain activition during male ejaculation*, J. Neurosci 2003, 23 cité par Jean Pol Tassin, *La sexualité entre processus neurobiologiques et perceptions*

la « petite mort » : cette perte de vigilance qui rend insensible à la peur, à l'anticipation anxieuse que cette aire cérébrale gouverne.

On retrouve cette baisse d'activité dans la région de l'amygdale du cerveau, considérée comme la zone responsable du jugement social, quand on prend certaines drogues ou quand on montre à quelqu'un de très amoureux [1] des photos de l'être aimé [2]. C'est pourquoi les défauts du partenaire ou bien certaines réticences morales, dans le cas d'un amour homosexuel par exemple, sont gommées quand on est amoureux.

Du plaisir à répétition

Chez l'enfant, les circuits de récompense sont complexes. Ce mécanisme est inné. Ils engagent toutes les voies sensorielles. Tous les types d'échanges de l'enfant avec sa mère et son entourage, physiques et psychiques, quelle que soit la voie sensorielle utilisée, sont associés au circuit de récompense. Le circuit de récompense, ce sont les situations que l'enfant intègre comme lui offrant du bénéfice et du bien-être. Et qui le pousse à répéter le même schéma d'action, ou à se retrouver dans la même situation. L'un des premiers est le plaisir procuré par la prise de lait chez le nouveau-né qui déclenche une série de sécrétions à l'origine de bien-être. Une caresse va aussi libérer des neurotransmetteurs, source de plaisir. Certaines stimulations vont être plus associées que d'autres à ce circuit. Certains stimuli vont donner du plaisir dès la naissance car ils sont programmés de façon innée. C'est le cas par exemple des

psychiques. Le rôle du circuit de récompense in Neuropsy, vol. 4, n° 4, p. 142-144, 2005.

1. Amour maternel ou conjugal.

2. Bartels A., Zeki S., « The neural correlates of maternal and romantic love », *Neuroimage* 2004 ; cité par Jean Pol Tassin, *op. cit.*

caresses[1]. Mais, au cours du développement, des connexions vont se créer entre certains stimuli acquis et le circuit de récompense. On va aimer ce que nous font des personnes dont la présence est source de plaisir divers. Par exemple on pourrait aimer plus tard retrouver avec notre partenaire les massages du dos que notre mère nous faisait quand on avait du mal à s'endormir. Mais on peut aussi, comme Julio, ressentir de l'excitation quand son partenaire masculin fait la vaisselle (stimuli visuels) et avoir envie de l'embrasser dans la nuque, écho probable de ses premiers émois œdipiens quand, enfant, il voyait sa mère faire la vaisselle après le plaisir du manger.

L'érotisation du corps se fait au cours du développement. Au début de façon fortuite, et initialement à l'occasion d'échanges sans motivations sexuelles. Cette érotisation se fait à diverses occasions. Lors :

– des explorations physiques personnelles dès les premiers mois,

– des soins dont l'enfant bénéficie par ses parents ou d'autres (par exemple à l'occasion de bains),

– de ses activités corporelles diverses (jeux),

– des échanges physiques variés (sexuels ou non) avec ses pairs.

L'enfant va établir de par ses capacités cognitives un lien de cause à effet entre le plaisir et l'acte dès l'âge de deux ans. « Je me souviens à l'école primaire, il y avait des garçons qui essayaient pour jouer de me déshabiller. Je ne me laissais pas faire, je riais, mais je me souviens de l'intense excitation que je ressentais alors », nous confie Éric comme premier souvenir érotique.

Des mécanismes dits de renforcement positifs ou négatifs (appétitifs ou aversifs) vont inviter l'individu à répéter une action source de plaisir. Ou au contraire à ne pas la refaire si elle est source de désagréments physiques ou moraux. Ces mécanismes de renforcement se produisent

1. C'est vrai chez d'autres mammifères que l'homme, le chat par exemple.

tout au long de la vie. Mais ils sont plus vifs au cours du développement de la petite enfance. Ils sont commandés par des zones cérébrales spécifiques [1]. Ce qui vaut pour des actions érotiques vaut pour des partenaires. Du plaisir sexuel procuré avec un partenaire de même sexe invite à répéter l'expérience. À l'inverse une mauvaise expérience, quells que soient les circonstances, conduit à ne pas la renouveler.

L'ensemble des émois et des jouissances physiques nés de ces diverses interactions va chaque fois être illustré par l'imaginaire. Ce qui sera à l'origine de la construction de fantasmes. Barbara : « Je me souviens du plaisir que j'avais à jouer au docteur avec ma cousine et qu'elle m'examinait. Est-ce pour cela que je vis en couple avec une infirmière ? » On peut même intégrer positivement des stimuli qui de façon innée sont désagréables, comme des coups ! En les associant mentalement à des pensées ou à des émotions vécues comme agréables. C'est un moyen psychique de gérer des stimuli pénibles. Quand des situations stressantes se sont prolongées (comme dans le cas d'un parent maltraitant), il y a eu des sécrétions d'endorphines pour protéger l'individu à la longue contre le malaise ressenti, liées aux sécrétions d'adrénaline dues à la peur, induite par ces comportements violents. Ce sont des sécrétions d'endorphines compensatrices. Mais l'individu devenu adulte peut chercher à retrouver ces situations de peur générant des endorphines. Dans le cas cité, cela peut faire le lit de comportements masochistes.

Le comportement érotique est à qui de droit

Selon les neurobiologistes, c'est donc la recherche de plaisir par la stimulation corporelle qui est à l'origine du

1. Mésencéphale et diencéphale pour les positifs ; et hypothalamus, substance grise centrale, tegmentum latéral pour les négatifs.

comportement érotique chez l'humain, que ce comportement soit homo ou hétérosexuel.

Ce comportement ne serait pas inné mais acquis au cours du développement de l'individu qui découvrirait peu à peu les zones de plaisir et les divers moyens de les stimuler. Il s'agit de découvertes involontaires (caresses reçues) ou délibérées du fait de la curiosité humaine qui pousse à la recherche de nouvelles modalités de plaisirs. Tout au long de sa vie, l'individu va apprendre et développer son comportement érotique. Il n'y a pas, on l'a vu, un récepteur érotique unique ou spécifique. Mais il existe des récepteurs mécaniques répartis en divers endroits du corps pouvant donner une stimulation érotique. C'est pourquoi les comportements érotiques peuvent être si diversifiés. La nature de ces récepteurs fait que les stimulations érotiques peuvent être procurées tout seul, avec des objets ou avec n'importe quels partenaires, hommes ou femmes. C'est ce qui explique la variabilité possible des préférences sexuelles chez les primates supérieurs et les humains.

Les comportements érotiques sont acquis mais le plaisir qui naît de la stimulation corporelle est innée. L'activation du système somato-sensoriel qui induit des sécrétions hormonales diverses a des effets très importants et mesurables sur l'être humain (diminution des hormones du stress, amélioration du sytème immunitaire, amélioration de l'humeur, de la qualité du sommeil, de l'attention, du fonctionnement cognitif, diminution du niveau d'anxiété...). Se faire des câlins est bon pour la santé.

Les préférences érotiques, comme les répulsions nées des réactions au niveau du système limbique, vont secondairement être, par le système cortical, traduites et cataloguées selon nos critères culturels actuels en orientation sexuelle homo, hétéro ou bisexuelle. Selon que les effecteurs qui fournissent le plus de plaisir émanent d'un individu mâle ou femelle.

N'oublions pas que l'attachement amoureux est une autre caractéristique de l'être humain qui n'est pas sans influence sur la sexualité. L'émoi et la jouissance physique avec un individu (par exemple un enfant avec sa mère) favorisent l'attachement. Mais l'attachement est aussi un facteur favorisant de recherche de plaisirs physiques communs qu'il peut renforcer positivement.

9.

Plaisir d'amour

La sexualité humaine diffère aussi grandement de la sexualité animale par cette implication amoureuse.

L'homme a la possibilité d'établir des liens entre des événements passés et des sensations actuelles. C'est une notion fondamentale dans la sexualité humaine. Ainsi un souvenir peut procurer du plaisir. Freud le pressentait quand il écrivait qu'en amour, on ne trouve pas, on retrouve. Le plaisir que l'on prend avec tel homme ou telle femme est nourri par l'écho d'un plaisir antérieur ressenti avec quelqu'un d'autre. C'est parce que la personne actuelle possède un lien quelconque qui peut être purement imaginaire avec la première personne aimée que l'on retrouve le plaisir. Et cela peut faire fi du sexe. Un homme peut aimer chez un autre homme des éléments ou des sources de plaisir qu'il prisait chez sa mère.

On a vu que la sensation de plaisir au sens large, et de plaisir sexuel en particulier, trouvait sa traduction sur le plan cérébral par la sécrétion d'hormones, ou plus précisément de neuromédiateurs. Il en est de même pour le plaisir d'amour. Quel que soit le type d'amour. Et l'on voit que l'amour et le sexe chez l'humain sont très liés, au moins sur le plan biologique.

Chez l'homme, le rôle de l'ocytocine, neuro hormone fabriquée par l'hypothalamus et libérée dans la circulation sanguine par l'hypophyse, présente chez les animaux, est bien établie dans le comportement amoureux. J'en ai déjà parlé un peu plus haut mais j'y reviens car elle le vaut bien. Elle est sécrétée en grande quantité lors du baiser, des caresses, des massages, au moment de l'orgasme mais aussi lors de longues conversations. Elle est à l'origine d'un sentiment de bien-être que l'on ressent avec son ou sa partenaire. Elle a aussi un effet amnésiant. Le plaisir fait tout oublier… notamment son jugement moral. Et un cerveau « amoureux » se caractérise par une activité accrue des zones riches en récepteurs de l'ocytocine.

L'endorphine est un neurotransmetteur voisin de la morphine. C'est une morphine endogène, c'est-à-dire sécrétée par notre propre métabolisme. Elle induit un état de bien-être absolu, apaisant angoisses et douleurs de toutes sortes, et rendant euphorique. Lors de l'orgasme, il y a une sécrétion intense d'endorphine. Mais la simple présence de l'être aimé libère en nombre de l'endorphine (ce pourrait d'ailleurs être un test pour savoir si on aime vraiment la personne…). À l'inverse l'absence de l'être aimé, ou de la mère pour le nourrisson, induit une baisse de sécrétion d'endorphine. On peut noter qu'elle est également libérée par des exercices physiques intensifs et répétés, par les sucres, les graisses et le chocolat. Autant de dérivatifs utilisés par tous lors d'un chagrin d'amour. Il n'y a pas de différence de sécrétions selon que l'on est hétéro ou homosexuel, en dehors du sexe du partenaire qui induit la libération…

Ainsi l'activité érotique va être à l'origine d'émotions positives, en lien avec le plaisir, qui vont favoriser l'attachement. Elle ne crée pas directement d'émotions négatives. Mais celles-ci peuvent naître secondairement du fait des modulations du néocortex, telles que la honte ou la culpabilité si l'activité érotique choisie s'oppose aux règles culturelles en vigueur.

Notre état physiologique influe sur les circuits de récompenses et sur notre cerveau social. À l'adolescence, d'autres liens vont être établis, mais qui seront cette fois davantage sexualisés. La libération à forte dose d'hormones stéroïdes [1] à la puberté va entraîner une modification des comportements sous l'influence de diverses zones cérébrales [2], qui vont toutes produire des récepteurs à ocytocine. Les zones érogènes et l'ensemble du corps vont devenir plus sensibles au contact humain, à la chaleur, aux touchers, et aux caresses. La sélectivité de la réceptivité en fonction du sexe de l'autre est renforcée. On devient différemment excité ou ému par le regard d'une personne d'un sexe particulier, son odeur, sa voix, ses formes. Cela ne dissipe pas l'attachement que l'on peut avoir pour des personnes qui ne nous attirent pas sexuellement. Mais, dans ces derniers cas, il n'y a pas de sensibilisation sensorielle particulière. Quand on devient amoureux de quelqu'un, les sécrétions d'ocytocine et de vasopressine provoquent un état de bien-être en sa présence. Elles modifient notre jugement sur elle, gommant les informations critiques (morales par exemple), et renforçant la perception des éléments positifs à nos yeux.

Enfin, je le rappelle, le cerveau de l'enfant ne naît pas mature. Il continue de se développer en dehors de l'utérus maternel. Cela explique la plasticité de son intelligence et de sa sphère affective et la capacité humaine à s'adapter à différents types d'histoires d'amour et à découvrir différents plaisirs d'amour.

1. Testostérone pour l'homme, œstrogène et progestérone chez la femme.
2. Dont le cortex préfrontal, l'amygdale, le noyau de base de Meynert, le bulbe olfactif parmi d'autres aires cérébrales.

10.

L'homosexualité est-elle naturelle ?

À cette question, on peut répondre que, sur un plan neurobiologique, elle est partie prenante de la nature humaine.

Le contrôle neurobiologique du comportement de reproduction, au cours de l'évolution, s'est progressivement dissipé au profit d'un comportement érotique. C'est le résultat du développement cérébral.

Le comportement érotique humain est acquis. Il évolue tout au long de l'existence. Il n'existerait pas de facteur neurobiologique qui en serait directement à la source. Mais il est conditionné par la recherche innée de plaisir. C'est le plaisir qui est le processus à l'origine de la motivation des partenaires à entrer en contact physique. Ce plaisir est produit de façon innée, par la stimulation corporelle qui induit une activation somato-sensorielle. En l'absence de toute intervention du néocortex, et de son rôle modulateur, les émois et l'orgasme sexuels peuvent être mécaniquement obtenus. Que cela soit seul, avec ou sans instruments, ou quel que soit le type de partenaire. L'intervention du néocortex est dépendante de l'éducation et du milieu culturel qui vont cultiver, restreindre ou amplifier tel ou tel aspect du comportement érotique individuel.

Cette variabilité, que permet la dimension acquise du développement de la sexualité humaine, concerne d'autres domaines de l'humain. Elle a permis le développement cognitif de l'homme et sa supériorité sur les autres espèces. Cette variabilité fait dire que nous sommes tous, individuellement, une minorité sexuelle.

L'orientation sexuelle de l'individu n'est due ni à des récepteurs spécifiques, ni à des effecteurs particuliers. Homosexuels, comme hétérosexuels, ont les mêmes récepteurs, et les mêmes effecteurs. En particulier, les hormones circulantes et les phéromones ne jouent pas de rôle sur l'orientation sexuelle. Nous reviendrons là-dessus. Mais, cette orientation est conditionnée par un traitement de l'information complexe. Chaque individu possède son propre mode de traitement de l'information. On a vu que les critères de préférences sexuelles sont variés. Ils sont relatifs aux types d'activités érotiques, à des critères morphologiques, psychologiques, affectifs chez le ou la partenaire, à un état émotionnel...

Ces critères peuvent être pour chacun très variés ou très limités. Pour schématiser cela, en ce qui concerne la morphologie, prenons l'exemple d'une préférence sexuelle soutenue pour les fesses, les cheveux longs et une allure débauchée. Ce qui serait commun à des hommes ou des femmes. Ou bien une préférence pour les muscles saillants, la barbe et le pénis. Cela ne laisserait pas de place à une envie de relation avec une femme.

C'est également vrai pour les tempéraments. Certains traits de personnalité vont nous émoustiller plus que d'autres. Il peut s'agir de traits plus présents chez les femmes ou chez les hommes (selon les cultures) ou communs aux deux.

La liste est longue des différents émetteurs masculins ou féminins (traits physiques, allures, odeur, qualités morales...) qui vont ou non déclencher du désir chez nous. Chacun a un « programme personnel » de stimulations érotiques qui s'est établi au hasard de notre développement. Devenu adulte, la synthèse définira nos préférences sexuelles.

On voit que définir l'orientation sexuelle simplement en termes d'homosexualité, d'hétérosexualité ou de bisexualité ne définit pas avec précision les préférences sexuelles.

Dans ce traitement personnalisé, vont être associés au renforcement érotique des éléments attribués plus ou moins spécifiquement à l'un ou l'autre sexe. Ainsi un désir homosexuel exclusif comme un désir hétérosexuel exclusif impliquent que se soit installé au cours du développement un renforcement (plaisir érotique) qui soit associé, dans les représentations imaginaires et symboliques de l'individu, avec un sexe et un seul. Chaque individu en effet se fait une représentation très personnelle du masculin et du féminin, des hommes et des femmes, et du type de plaisir que la présence de l'un ou de l'autre lui procure. Dans ce type de représentations, les signaux émanant du masculin ou du féminin, recueillis par les différents récepteurs de l'individu, vont, dans ses différents centres de traitement des informations, entrer en connexion avec divers éléments. À savoir des émotions, des souvenirs physiques ou d'attachement, des représentations érotiques conscientes ou non, des processus cognitifs validant ou invalidant, des concepts culturels acceptant ou refusant. Ces connexions établies entre récepteurs et contenus cognitifs ou affectifs vont conduire à la recherche de plaisir sexuel soit hétérosexuel, soit homosexuel, soit les deux.

De plus, la création d'un couple n'est pas seulement une question d'orientation et de désir sexuel. Elle implique une volonté commune de partager un ensemble d'activités. Mais aussi de partager deux personnalités et de mettre en communion deux destins. Ainsi, devenir homosexuel(le), c'est avoir désiré accomplir ce « nous-même » avec un autre de son sexe.

11.

Pourquoi l'hétérosexualité est-elle si répandue ?

Du fait de la variabilité possible des préférences sexuelles, comment expliquer la fréquence de la sexualité hétérosexuelle par rapport à la sexualité homosexuelle ?

L'anatomie est une des principales explications. On a vu que la complémentarité physique prédispose à une rencontre aisée entre les deux principales zones érogènes respectives de l'homme et de la femme conduisant à une jouissance orgasmique bilatérale. Pénis et vagin étant hautement érogènes, et conduisant chacun à l'orgasme, cela promeut en effet fortement la pratique du coït vaginal. Mais deux personnes de même sexe peuvent évidemment aussi, grâce en particulier à la participation des mains ou de la bouche, aboutir également à un résultat aussi sublime. Il y a l'orgasme, certes. Mais le chemin y conduisant a aussi son importance dans le plaisir acquis. Et sans rien ôter aux plaisirs des autres voies, la relation hétérosexuelle incluant le coït vaginal est un délice pour beaucoup.

Si les personnes homosexuelles exclusives ne sont pas attirées par cette voie de plaisir, alors que leurs zones érogènes n'ont rien de singulier, c'est que leur « cognition sexuelle » invalide ce type de recherche de plaisir. Cette invalidation peut aller jusqu'au dégoût. Au même titre, des hétérosexuels exclusifs ont une cognition sexuelle qui invalide la jouissance imaginaire de relation oro-génitale, manu-génitale ou du coït anal avec des personnes de leur sexe. Ce qui ne veut pas dire que physiquement leur corps ainsi sollicité ne répondrait pas présent par un désir apparent.

Il est probable que les modèles familiaux jouent aussi un rôle majeur. La découverte de la sexualité se fait en parallèle avec l'intérêt cognitif du jeune enfant porté à sa propre conception, et à son corrolaire qui est le désir dès la petite enfance de procréation. Le désir de procréation accompagne les premiers fantasmes sexuels chez l'enfant. Pour lui, du fait du discours qui lui est tenu sur la sexualité, faire l'amour et faire un bébé sont synonymes. Il est donc possible que mentalement l'enfant érotise par anticipation le désir de procréer.

D'ailleurs, il est notable de constater que ce désir de procréation est aussi présent, fantasmatiquement, dans le cadre de relations homosexuelles. Quand un homme en pénètre un autre, il peut jouir, dans ses fantasmes, de ce désir de procréer. Même si, bien entendu, il sait, de par sa raison, que cela n'est pas réalisable. Mais les fantasmes ne sont pas raisonnables. Similairement quand une femme en monte une autre, elles s'unissent toutes deux possiblement dans ce fantasme que leur union donnera vie. Cette notion est fondamentale pour comprendre que le désir de procréer ne s'oppose pas au désir homosexuel exclusif, et est présent dans les fantasmes homosexuels. La théorie communément admise des biologistes de l'évolution [1] selon laquelle nous recherchons chez l'autre des signes extérieurs de fertilité et de bonne santé car ils contribuent à transmettre nos gènes et assurer la survie de l'espèce s'applique également aux couples homosexuels. Les critères de maturité sexuelle, de beauté, de bonne santé, de signes extérieurs de richesse sont tout autant validés par les homos que par les hétéros : « Je n'ai aucune envie d'adopter un enfant, me dit William

1. Citons, parmi d'autres, le livre du Pr Robin Baker, *Sperm Wars*, J.-C. Lattès, 2005.

qui vit en couple avec Barnabé. Ce qui me plairait c'est d'avoir un enfant né de nos deux corps qui nous ressemble à tous les deux et qui soit métissé de nos deux couleurs. Je l'ai vu en rêve cet enfant. »

Il est évident que le modèle parental et celui des couples environnants, le discours familial et social qui n'évoque l'amour qu'entre personnes de sexes différents, les propos négatifs qui entourent les échanges entre personnes de même sexe (et dont les enfants se font l'écho très jeunes) élaguent les branchements homosexuels de la construction sexuelle de l'individu. Ils ne disparaissent pas, mais restent au stade de bourgeons, faute de représentations possibles. Ou surtout ils sont associés à des valeurs négatives et sont donc invalidés sur un plan cognitif.

Le comportement érotique selon les théories neurobiologiques actuelles n'est pas génétiquement programmé. Il n'est pas le résultat d'un cycle hormonal. Il ne naît pas d'un instinct. Mais il est le fruit d'un apprentissage. Or, les facteurs culturels inhérents au cerveau humain vont à la fois favoriser la diversité des comportements érotiques possibles mais aussi les ranger dans des catégories. Ces comportements seront alors associés à des échelles de valeur, des sens symboliques ou imaginaires selon la nature des activités érotiques ou du partenaire éventuel. Concernant certaines activités érotiques entre personnes de même sexe, des procédés de dévalorisation familiale et sociale jusqu'aux pénalisations vont en limiter l'expression. Les relations considérées comme hétérosexuelles vont être promues culturellement, valorisées familialement et socialement, incitées verbalement, montrées en exemple lors d'éducation à la sexualité. À l'inverse les relations homosexuelles vont être tues, niées, dévalorisées ou interdites.

Mais c'est sans doute avant tout l'altérité entre hommes et femmes qui favorise le désir hétérosexuel en terme de cognition sexuelle. Le manque à être s'exprime ici physiquement. Et celle ou celui que l'on n'est pas, on a envie de le prendre, de le recevoir, ou de l'accompagner.

C'est ce « pas pareil » qui stimule le désir dans une envie de complétude. Cela ne signifie pas que cette recherche de l'altérité soit absente du désir homosexuel. Elle est plus subtile dans le sens où elle ne repose pas sur des notions de présence et d'absence des caractères sexuels. Les personnes de même sexe ont tout en commun. Mais chaque élément de ce tout peut différer dans la réalité du corps (la taille, le poids, les caractéristiques de chaque partie du corps), ou dans la représentation que l'on a de soi. Par exemple toute femme que l'on est, on se vit plus ou moins féminine. Et l'on peut chercher chez une autre femme la part féminine qui, croit-on, nous fait défaut. Enfin, l'altérité peut toucher la culture ou la personnalité d'un individu qui présente des traits auxquels on aspire et qui inspire notre désir.

Les aspects cognitifs et émotionnels de la sexualité, surtout localisés respectivement dans les amygdales et le cortex frontal, nous invitent pour les comprendre à emprunter les théories issues de la psychanalyse et du cognitivisme. Mais auparavant revenons à nos hormones car nous n'en avons pas fini avec elles.

12.

Ce ne sont pas nos hormones qui désirent, ni qui décident

On sait que les hormones sexuelles jouent un rôle majeur chez l'animal quant à son comportement différencié entre mâle et femelle, son désir, et son orientation sexuelle. En l'absence de ces hormones (castration ou ablation des ovaires), les comportements reproducteurs des animaux disparaissent. Dès la découverte de ces hormones au début du XXe siècle, on a pensé qu'il en était de même pour les humains.

Les hormones sexuelles sont sécrétées dans le sang. Chez l'homme par les testicules, et par les ovaires chez la femme. Testicules et ovaires qui sont donc des glandes. C'est lors de la puberté, quand le corps atteint une certaine taille, que la sécrétion débute sous le contrôle de l'hypothalamus situé dans la région inférieure du cerveau. Ce sont les œstrogènes et progestagènes chez la femme, et les androgènes chez l'homme. Les hormones mâles et femelles sont de constitution très voisine. D'ailleurs les androgènes sous l'effet d'une enzyme située dans les graisses se transforment en œstrogènes. Et chez la femme il y a sécrétion d'androgènes par les glandes surrénales, ce qui explique notamment la moustache des femmes ménopausées. Mais ces hormones n'agissent pas seules. Même chez les animaux mammifères, le comportement sexuel est soumis à d'autres hormones non spécifiques : telles que la cortisone sécrétée en cas de stress qui peut arrêter le comportement sexuel ; ou encore la vasopressine qui commande le comportement monogame de certaines espèces animales.

Différentes études[1] ne montrent pas de différences significatives du taux d'hormones circulant entre les populations hétérosexuelles et homosexuelles. Les traitements hormonaux menés aux États-Unis au XXe siècle sur les homosexuels pour les « guérir » de leur orientation ont eu un effet sur l'aspect physique des individus, et sur leur tempérament (plus ou moins agressif, ou plus ou moins excité sexuellement notamment). Mais ils n'ont jamais changé les orientations sexuelles des individus « traités ». On sait même que l'identité sexuelle (la façon de se considérer comme femme ou homme) est indépendante des taux circulants de ces hormones puisque les personnes voulant changer de sexe anatomique n'ont ni carence, ni excès d'hormones sexuelles. On sait également depuis longtemps qu'il n'y a pas plus de lesbiennes parmi les femmes atteintes d'hyperplasie congénitale des glandes surrénales, trouble qui entraîne une sécrétion trop importante de testostérone dès le stade embryonnaire.

---

1. Friedman R. C., *Male Homosexuality*, Yale University Press, New Haven, 1988.

13.

Le cerveau du fœtus sous influence

Comment le fœtus devient fille ou garçon

Dès la troisième semaine d'existence du fœtus, les premières cellules, ébauches des futurs spermatozoïdes et ovules, se singularisent. À la cinquième semaine de vie elles migrent et se regroupent pour former des glandes : future ovaire chez le fœtus femelle et testicule chez le mâle. C'est sous l'influence du chromosome Y que le fœtus mâle va sécréter des androgènes. Chez le fœtus femelle, il n'y a pas de chromosome Y. Donc il n'y a pas de sécrétion d'androgènes. C'est cette sécrétion qui va entraîner la différenciation du fœtus en fœtus mâle dès la septième semaine. Car à l'origine le fœtus, mâle ou femelle, a ce qu'il faut pour donner les appareils reproducteurs masculins ou féminins. C'est la sécrétion d'hormones mâles qui va conditionner la différence d'évolution. Les canaux dits de Wolf vont donner, chez le garçon, les canaux dans les testicules. Chez la fille, du fait de l'absence de sécrétion d'hormones mâles, ils vont régresser et ne laisser que des reliquats. Les canaux dits de Muller vont apparaître après les canaux de Wolf. Ils donneront l'utérus, les trompes, la partie supérieure du vagin. Chez le garçon, du fait de la sécrétion d'hormones antimullériennes sous la dépendance du chromosome Y, ces canaux vont régresser et donner quelques tissus de la prostate. Toujours sous l'influence de ces hormones, la prostate va se créer avec un tissu qui en l'absence d'hormone va régresser chez la fille et donner la toute petite glande de Ster. À deux mois, ce qui donne les grandes lèvres chez la fille donnera sous l'influence des hormones mâles le sac qui enveloppe les testicules. Ce qui donne le clitoris deviendra le pénis chez le garçon.

On peut donc écrire que, certes, la déesse Athéna est née de la cuisse de Jupiter, certes, Ève est née de la côte d'Adam, mais en tout cas le sexe de base est le sexe féminin chez le fœtus. En l'absence d'hormone mâle, l'évolution spontanée est féminine. C'est sous l'influence des hormones mâles sécrétées grâce au chromosome Y que se met en place une structure masculine.

Ces hormones mâles ont-elles également une influence sur le développement différencié du cerveau du fœtus ? Donnent-elles un cerveau d'homme et un cerveau de femme ? Les homosexuel(le)s auraient-ils le cerveau de l'autre sexe ?

Cerveau mâle et cerveau femelle

Récemment, c'est à cette imprégnation hormonale anténatale que les chercheurs se sont intéressés pour comprendre tant les comportements différenciés des hommes et des femmes, que leur comportement sexuel. Le cerveau de l'embryon serait soumis à l'influence d'hormones mâles ou femelles, sécrétées par l'embryon au cours de son développement intra-utérin, donnant ce qu'on pourrait nommer un cerveau mâle ou femelle. Chez les mammifères, les comportements sexuels du mâle (comportements de monte) sont plus marqués, quand il y a eu une imprégnation d'hormones mâles pendant la gestation. C'est l'absence d'hormones mâles qui est le facteur majeur chez l'animal femelle pour développer un comportement coïtal sexuel typiquement femelle (attitude réceptrice). Mais l'extrapolation de ces résultats chez le rat à l'homme est pour le moins délicate. Les comportements coïtaux des rats, comme d'autres mammifères, sont localisés dans des sites bien précis du cerveau[1]. Chez l'animal castré, l'implantation d'hormones dans ces régions fait réapparaître les comportements de reproduction. Des inversions expérimentales d'hormones d'imprégnation modifient le comportement reproducteur en l'inversant, créant artificiellement des pseudo-orientations homosexuelles (attitude de monte chez la rate). Cependant, même sur l'animal, ce n'est pas si simple. On a prouvé qu'injecter de la testostérone à un bébé guenon n'induisait pas de comportement sexuel mâle, et qu'un singe castré avait des attitudes de monte (je l'ai constaté moi-même avec un chat castré), surtout s'ils sont entourés de femelles[2].

Cependant, de là est née l'hypothèse que l'orientation sexuelle des humains relevait en partie également de cette imprégnation hormonale du cerveau durant la gestation. Celui des futurs homosexuels serait moins imprégné d'hormones mâles, ou plus imprégné d'hormones femelles.

Déjà G. Dorner[3], un chercheur allemand, fit l'hypothèse que le stress pendant la grossesse avait, du fait d'une modification de sécrétions hormonales, une influence sur l'orientation sexuelle du futur fœtus. Selon lui, les hommes nés durant la Seconde Guerre mondiale ont eu davantage tendance à devenir homosexuels ! Ses études sur le sujet se sont révélées sans valeur scientifique. Plus récemment, Dorner postula que le fait de devenir homosexuel ou hétérosexuel serait fonction du taux d'androgènes entre le 4e et le 5e mois

---

1. Partie médiane de l'aire préoptique et noyau ventro-médian de l'hypothalamus. Jacques Balthazart « Les bases neurobiologiques de la sexualité, le rôle des hormones », in *Neuropsy*, vol. 4, 2005, p. 137-141.

2. Catherine Vidal, D. Benoit-Browayes, *Cerveau, sexe et pouvoir*, Belin, 2005.

3. « Prenatal stress as a possible aetiogenetic factor of homosexuality in human males », *Endokrinologie*, n° 75, 1980, p. 365-368.

de vie fœtale. Il proposa donc, afin d'« éradiquer » l'homosexualité chez l'homme, d'administrer des androgènes pour « masculiniser » le fœtus ! Il s'agit là de tenter d'orienter la future orientation sexuelle du fœtus comme si elle était liée à son identité sexuelle. Le désir de modeler le sexe de son enfant ne date pas d'hier. Les recettes anciennes tenaient compte de la théorie des tempéraments. Tout ce qui pouvait « échauffer » l'embryon était censé le masculiniser. Ainsi conseillait-on l'absorption à la femme prégnante de clous de girofle, muscade, sels et autres épices. À l'inverse pour le féminiser, on prenait des douceurs, du lait et des amandes. Dans les contes moyenâgeux, ce régime pouvait être proposé aux filles qui souhaitaient se transformer en garçons.

Le chercheur américain John Money [1] étudia aussi le rôle putatif de l'imprégnation fœtale par les hormones sexuelles sur l'orientation sexuelle. Mais les résultats de ses études sont décevants en raison du faible nombre de cas. Et surtout parce qu'elles portaient sur des enfants hermaphrodites. Ses études ne sont pas généralisables pour ce qui est de l'influence sur l'orientation sexuelle. D'ailleurs, son hypothèse est invalidée pour ces cas d'enfants dont on a pu précocément réassigner l'identité de genre, donnée à la suite d'erreurs de diagnostics médicaux. Si tout se décidait dans l'utérus de la mère, on voit mal comment il serait possible de changer avec succès l'identité sexuelle d'un enfant ou d'un adolescent hermaphrodite [2]

1. Money J., *Gay, Straight, and In-Between*, Oxford University Press, New York, 1988. Money J. et Tucker P., *Êtes-vous un homme ou une femme ?*, La Presse, Montréal, 1977.

2. Les cas d'hermaphrodisme sont exceptionnels. Le pseudo-hermaphrodisme féminin est le plus fréquent. Il concerne des filles génétiquement XX. Il est dû à un excès de sécrétion d'androgènes par les glandes surrénales du fœtus. Ces hormones « mâles » vont « viriliser » l'embryon fille. Celle-ci va naître avec un clitoris hypertrophié et de grandes lèvres soudées sur le bord interne. Elles sont généralement déclarées de sexe masculin à la naissance. L'intérêt d'un diagnostic précoce est d'intervenir chirurgicalement avant que l'identité sexuée ne s'établisse définitivement. Si le diagnostic est posé après la puberté à l'occasion de la pousse des seins, l'intervention chirurgicale pose des problèmes psychologiques car le sujet a une identité sexuée masculine ayant toujours été élevé en garçon.

au cours de son existence, comme lui-même et d'autres spécialistes l'ont pourtant réalisé.

Aujourd'hui les neurobiologistes s'accordent pour reconnaître que plus les espèces sont récentes, plus leur cerveau échappe, pour dicter leurs relations sexuelles, à l'influence hormonale. L'homme, considéré comme une des espèces les plus récentes, en est une des meilleures illustrations.

Après la naissance, les hormones agissent encore

On pourrait étendre la théorie de l'imprégnation hormonale durant la grossesse. Car la sécrétion d'hormones mâles du fœtus ne s'arrête pas avec l'accouchement. Elle se prolonge après la naissance du garçon. Quelques jours après la naissance, l'hypophyse se met en marche pour durer quelques mois et quelques mois uniquement. Elle s'arrêtera ensuite pour ne se réveiller qu'à la puberté. Quelques jours après la naissance, les organes génitaux du nouveau-né sont d'ailleurs souvent gonflés et congestionnés. Bourses et testicules, voire taille de la verge du garçon et, chez la fille, la vulve, les petites lèvres et le clitoris sont renflés.

Chez la fille, les deux hormones – la FSH et la LH – stimulent l'ovaire. Celui-ci produit alors des follicules, contenant des ovocytes. Le nombre de follicules est alors le plus important qu'à tout âge de la vie. Cette réserve sera utilisée à partir de la puberté jusqu'à la ménopause. Chez le garçon, l'activité testiculaire débute quinze jours après la naissance. La testostérone est sécrétée à des taux qui atteignent leur maximum à l'âge d'1 ou 2 mois et qui sont identiques à ceux qu'il a à la puberté. Ils régressent ensuite pour redevenir très bas vers 6-7 mois. Passé les six premiers mois, on entre en période de repos de l'appareil reproducteur et des organes génitaux qui n'auront que peu de modifications jusqu'à la puberté. Leur développement sera beaucoup plus discret que le reste de la croissance. Cette sécrétion était connue dès l'Antiquité car elle entraînait des écoulements mammaires chez le garçon, nommé lait de sorcière au Moyen Âge. Entre deux semaines et deux mois le nouveau-né mâle va donc sécréter des hormones mâles, qui vont imprégner son cerveau. D'ailleurs, on sait déjà que ces hormones jouent un rôle important sur l'hypothalamus, partie inférieure du cerveau, puisque elles vont empêcher le développement de la partie qui commande la sécrétion cyclique de l'hypophyse. L'hypothalamus commande l'hypophyse qui commande à son tour les sécrétions des ovaires (hormones femelles) et des testicules (hormones mâles). Elle a une partie A qui commande l'activité cyclique de l'hypophyse et une partie B qui commande l'activité continue. C'est A qui domine. Chez le garçon, la sécrétion d'hormones mâles va bloquer la partie A. Donc seul B va fonctionner, et la sécrétion de l'hypophyse sera continue. Par conséquence la sécrétion d'hormones mâles sera aussi continue (à partir de la puberté). Tandis que chez la femme A ne sera pas bloquée, donc la sécrétion de l'hypophyse qui commande les hormones femelles sera cyclique. On peut légitimement supposer, sans preuves à ce jour, que cette sécrétion de testostérone agit également sur d'autres aires du cerveau que l'hypothalamus.

Les hormones viendraient de Mars ou de Vénus

L'imprégnation hormonale durant la grossesse, ou quelques semaines après la naissance, a possiblement une influence sur le tempérament du futur individu. On peut volontiers imaginer qu'elle favorise des comportements agressifs, dans la mesure où les hormones mâles rendent plus agressif. Des hypothèses plus récentes élargissent cette supposition, et pensent qu'une imprégnation marquée de testostérone agirait sur le système cognitif et en particulier renforcerait l'esprit systématique, expliquerait le mode de pensée obsessionnel plus marqué chez les hommes, une moindre tendance à la rêverie, à l'empathie, voire favoriserait l'autisme qui est plus rare chez les filles. Pourquoi pas ? Mais quel rapport avec l'orientation sexuelle ? L'homosexualité concerne des hommes qui ont des personnalités diverses, ni plus ni moins autistes que les autres. Et pour ce qui est du plan strictement sexuel, les homosexuels ont un appétit qui n'est pas moindre que celui des hétérosexuels (les idées reçues disent plutôt l'inverse). Pour reprendre l'analogie très sommaire avec les rats : ils ont autant de « comportements de monte » que les hétérosexuels. La différence, c'est qu'ils ne « montent » pas le même type de partenaire.

Admettons l'hypothèse que des comportements désignés comme plus masculins (esprit d'analyse, agressivité, pensée plus cartésienne, moindre empathie, retenue émotionnelle) soient liés à une imprégnation de testostérone plus marquée, et non pas seulement à des modalités éducatives ou culturelles. Cela n'implique pas que l'orientation sexuelle d'un individu s'inscrive dans ces modalités qui rejoindraient l'identité sexuelle. Parmi les homosexuels ou les bisexuels, il y a des hommes qui sont cartésiens, non empathiques, agressifs et qui ont une retenue émotionnelle. Inversement, les hétérosexuels ne sont pas tous cartésiens, loin s'en faut violents, indifférents aux autres et froids.

Que certaines différences de tempéraments des hommes et des femmes aient un lien avec une imprégnation hormonale différente pendant la gestation est une hypothèse recevable. Mais elle n'explique pas ces mêmes différences entre deux femmes ou deux hommes. Il y a des femmes qui n'ont rien physiquement d'un homme et qui sont bien plus agressives que certains hommes. Quoi qu'il en soit, cela ne fait pas pour autant du cerveau des hommes homosexuels un cerveau de femme car il y a autant de personnalités différentes et de différences physiques hormonodépendantes chez les hommes homos que chez les hétéros.

14.

Des hormones à l'humeur

Cependant ces hypothèses peuvent éclairer notre sujet. Car si l'existence d'un tempérament défini comme masculin ou féminin est soumis à ces imprégnations hormonales, cela n'est pas sans influence sur la construction de son identité sexuelle. Or, le regard que les autres (la famille et l'environnement social) ont sur notre identité sexuelle, ainsi que notre propre regard sur cette identité, sont des facteurs d'influence, parmi d'autres, de notre orientation sexuelle. En effet, si du fait d'une moindre imprégnation hormonale de son cerveau foetal, un enfant a un tempérament moins cartésien, empathique, agressif…, classiquement moins masculin, cela va peut-être favoriser une vision de lui comme étant plus féminin. Inversement avec une fille. Se croyant du côté des filles, cela peut favoriser chez un garçon des identifications aux choix amoureux des filles dans son propre choix ou la recherche en amour d'une complémentarité chez des personnes de son propre sexe. On rejoint ici l'influence du tempérament de l'enfant et de son physique dans la façon dont il se perçoit, et dont les autres le perçoivent. Il y a donc une dimension innée qui est de son être physique, et une dimension acquise qui est liée au regard que les autres vont porter sur lui. On quitte ici le strict champ de la neurobiologie pour rejoindre le grand domaine des interactions relationnelles.

Les hormones, quoique à un degré bien moindre [1] que la génétique, influencent l'apparence physique de l'individu et sans doute son tempérament. Or, ce qui est indéniable est que ces deux facteurs vont avoir un impact sur le regard des parents sur leur enfant. Il apparaîtra à leurs yeux plus fort ou plus délicat, plus doux ou agressif, plus dépendant ou autonome, plus ou moins gracieux. Cet aspect et ces prémices de personnalité vont influer l'attitude parentale, leur façon de percevoir leur enfant, l'établissement des jeux de ressemblance avec un membre masculin ou féminin de la famille. Cette image de fille indépendante ou de garçon sensible, que vont avoir les parents, va influencer le devenir de l'enfant. Les enfants deviennent aussi ce que les parents imaginent d'eux comme nous le développerons plus loin. J'ai entendu une mère dire dès les premières semaines de son bébé : « Ce sera un homme à femmes ! »

Le physique a aussi un impact direct sur le jeune individu et sur son érotisme futur. Nos corps sont perçus, dès que l'enfant reconnaît la différence des sexes, comme complémentaires, tant dans leurs ressemblances que dans leurs différences. Il se perçoit différemment des autres. Et il perçoit comme différents les autres de son sexe ou de l'autre sexe selon qu'il se reconnaît plus grand, plus petit, plus fort, plus brun, plus poilu, plus gracile... Certains l'avaient pressenti : le sexologue allemand Magnus Hirschfeld au début du XXe siècle établissait un lien entre l'apparence physique et l'orientation sexuelle. Évoquant un « troisième sexe », il le décrivait comme un mélange de traits masculins et féminins. Si cette idée de troisième sexe fait sourire aujourd'hui, l'impact de notre image corporelle sur les autres et sur nous-même est certain [2].

1. En fait en intrication puisque la sécrétion hormonale anténatale est probablement codée génétiquement.

2. Voir F. Dolto, *L'Image inconsciente du corps*, Le Seuil, 1984.

15.

Que peut-on en conclure ?

La reproduction humaine n'est pas instinctuelle. Il n'y a pas chez l'humain une structure biologique qui contrôle des comportements sexuels reproducteurs spécifiques. Il n'y a pas de signaux spécifiques qui poussent à la reproduction. Il n'y a pas chez l'humain de comportement systématique stéréotypé qui existerait en l'absence de toute expérience ou apprentissage préalable.

Un individu va découvrir, au gré de ses expériences et de ses apprentissages, ses différents profils de plaisir à partir de toutes ses sources sensorielles et de l'ensemble de son corps (odeur, goût, caresse, masturbation, coït…). Cette capacité à ressentir du plaisir est innée. Ces plaisirs physiques vont s'accompagner de plaisirs plus abstraits, les plaisirs affectifs. L'affection, qui en est la résultante, prendra des formes diverses (amour filial, amour conjugal, amour pour son animal, amitié…) selon les partenaires. Le comportement sexuel personnalisé va donc s'acquérir progressivement au fil de ces expériences et de la répétition des activités sources de plaisirs érotiques dans un bain de ressenti affectif.

Il n'existe pas chez l'humain un instinct sexuel. C'est la recherche renouvelée de ce plaisir somatosensoriel et affectif qui est à l'origine du comportement sexuel de l'être humain. Cela explique la variabilité des préférences sexuelles et de leur résultante en une orientation sexuelle secondairement établie. Cette variabilité est un des principes fondamentaux qui définit la sexualité humaine. Cette potentialité à acquérir des préférences sexuelles variées est innée, via notamment la plasticité cérébrale. Le devenir de la sexualité de chacun est soumis aux expériences personnelles sous l'influence de son entourage et de son environnement. La génétique et, à un degré bien moindre, les imprégnations hormonales, participent à la définition d'un physique, d'une organisation sexuée et de traits particuliers que l'environnement va modeler. À partir de ce corps particulier, et de ses diverses interactions avec l'environnement, chacun au cours de son évolution va développer son comportement érotique futur et ses préférences sexuelles (comme le reste de sa personnalité et de ses domaines de compétences). C'est pourquoi, on peut dire que sur un plan neurobiologique les comportements sexuels et les désirs qui les dirigent, qu'ils soient homosexuels ou hétérosexuels, s'acquièrent parmi tout un ensemble de potentialités innées.

Si le développement psycho-sexuel était une promenade, un homosexuel et un hétérosexuel pourraient avoir emprunté le même chemin (même physique, mêmes parents, même éducation, mêmes rencontres [1]), ils n'en tireraient pas le même souvenir et ne feraient pas le même compte rendu de cette promenade. Leur orientation sexuelle différente n'est que le bilan différencié de cette promenade.

Cela valide l'opinion de Kinsey pour qui des désirs hétérosexuels et homosexuels peuvent être présents chez chacun. Cependant, sa conception d'un continuum est contestable. Car pour lui tout se passe comme si homosexualité et hétérosexualité s'inscrivaient en complétude : Certains sont à 80 % hétéros et donc à 20 % homos. Or, l'homosexualité et l'hétérosexualité ne sont pas ni vraiment opposées ni vraiment complémentaires. Le fait d'avoir des

1. Comme ce peut être le cas de deux vrais jumeaux élevés ensemble.

désirs hétérosexuels importants ne se fait pas aux dépens de désirs homosexuels. On n'est pas moins hétéro si on a des désirs homos, ni moins homo si on a des désirs hétéros. On peut avoir de faibles désirs homos et de faibles désirs hétéros, et de faibles désirs sexuels tout simplement. On peut aussi adorer le rock et adorer le folk. Ce que la neurobiologie nous enseigne est que la sexualité humaine a une palette de désirs possibles, et de modes de réalisations possibles de ces désirs. Certains vont utiliser uniquement certaines couleurs de cette palette et renoncer aux autres pour des raisons de plaisir ou de morale, mais ce n'est pas le fait de choisir une couleur qui est en soi le facteur limitant d'en utiliser d'autres.

IV

L'HOMOSEXUALITÉ C'EST COMME TOUT, ÇA S'APPREND

On a vu que, selon les conceptions neurobiologiques actuelles, le comportement érotique en général et les comportements homosexuels en particulier sont du domaine de l'acquis. Ils sont liés à une recherche innée du plaisir. Mais ses modalités d'expression sont sous la domination de facteurs cognitifs, émotionnels et culturels. Nous verrons que les théories ethnologiques et anthropologiques vont également dans le sens du caractère acquis, et insistent sur cette dimension culturelle.

1.

Ethno, anthropo, homo

À partir des années 1950, les travaux sur la sexualité humaine, d'un point de vue ethologique, ethnologique et anthropologique, ont révélé le caractère acquis de la sexualité humaine à partir des potentialités innées.

Pour les anthropologues, la sexualité comme notion est l'ensemble des attitudes, des comportements, des valeurs et des représentations considérés subjectivement, à une période et dans une culture particulières, comme plus ou moins en lien avec la reproduction, le coït, et les sensations corporelles de plaisir intense. La sexualité, comme notion, serait une construction culturelle, une représentation subjective et relative du comportement érotique et de la question de la reproduction.

Déjà, au début du XXe siècle, l'anthropologue Margaret Mead dans son livre *Mœurs et sexualité en Océanie* note : « C'est la nécessité devant laquelle se trouve tout individu, d'avoir les mille et une raisons affectives approuvées, non seulement par une société donnée à une époque déterminée, mais par l'ensemble de son propre sexe par opposition à l'autre, qui, de multiples façons, conditionne l'évolution de l'enfant et est à l'origine de tant d'inadaptations sociales. » Concernant l'inadaptation sociale des homosexuels dans la société de son temps, elle considère qu'elle est l'effet de l'accueil de la société et n'est pas due à l'homosexualité proprement dite. Elle note d'ailleurs que ce jugement s'applique non seulement aux homosexuels mais également à tous ceux qui s'écartent du comportement défini par la société pour leur sexe. La pionnière de l'anthropologie tire ses analyses de l'observation des places occupées par des homosexuels(les), qu'elle nomme individus « atypiques », ou bien par ceux qui optent pour les comportements sociaux de l'autre sexe. Dans la tribu des Chambuli en Nouvelle-Guinée, lors de fêtes, les hommes mûrs portent des masques mâles tandis que les plus jeunes arborent des masques de femmes. Ces derniers prennent alors des attitudes de séduction semblables aux femmes tandis que celles-ci miment entre elles des rapports sexuels. L'amour du même sexe est mimé par garçons et filles afin d'indiquer, à tout le moins, sa possibilité. M. Mead montre que si le comportement des « atypiques » les fait être considérés comme des étrangers au sein de leurs sociétés, comme celles des tribus Arapesh et des Mundugumor [1], ils restent jugés comme normaux. Elle évoque par exemple Ombléan qui faisait siennes les activités féminines. Il « aimait certes les enfants, et ne ménageait pas sa peine pour nourrir une vaste famille : on ne prétendait pas pour cela qu'il n'agissait pas en homme, et personne ne l'accusait d'être efféminé. En aimant s'occuper des enfants, de l'ordre et de la tranquillité, il se conduisait peut-être comme certains blancs, comme les hommes d'une tribu inconnue, mais certainement pas plus comme une femme mundugumor que comme un homme de cette même tribu ».

Pierre Bamony [2], étudiant l'homosexualité chez les Lyéla au Burkina Faso, cite le cas de Bewalkéla Bamouni, polygame et père de plusieurs enfants. En tant que chef de sa cour, il n'habitait pas dans la maison de la première

---

1. Autres tribus d'Océanie.

2. Doctorat d'anthropologie sociale et d'ethnologie (Université Blaise Pascal-Clermont II). Intitulé : *Structure apparente, structure invisible : l'ambivalence des pouvoirs chez les Lyéla du Burkina Faso.*

épouse contrairement à la coutume lyél. Mais il se construisit sa propre maison, à l'image de celles des femmes, mitoyenne à celle de sa première épouse, pour respecter les règles de l'habitat. En fait, il tenait à décorer lui-même sa maison selon son goût, et non selon celui de ses femmes. Il allait lui-même chercher l'eau au puits et du bois, servait, avec délicatesse, à ses visiteurs, les plats qu'il cuisinait, toutes fonctions dévolues aux femmes. Certes, il ne vivait pas parmi les femmes, mais il se différenciait des hommes par ses bijoux. Il vécut ainsi, assumant parfaitement sa fonction de chef de cour et ses autres responsabilités d'homme, jusqu'à sa mort. Nul ne s'offusqua de son comportement efféminé, ni de son choix d'assumer des tâches spécifiquement féminines.

Pour Margaret Mead, homosexualité et hétérosexualité sont sous la tutelle socioculturelle des civilisations, qui oriente les mentalités dans le respect ou le rejet des préférences sexuelles. Elle observe que le déterminisme de chaque individu, affectif et sexuel, est en lien étroit avec l'essence propre de chaque société humaine, et avec sa capacité à tolérer la spécificité de ses membres : « Si les traits de caractère que différentes sociétés considèrent comme propres à un sexe ou à un autre ne le sont pas en réalité, mais sont seulement des virtualités communes à tous les humains, et qui ont été attribuées en partage soit aux hommes, soit aux femmes, l'existence de l'individu atypique [...] est inévitable dans toute société qui établit des rapports artificiels entre, par exemple, le sexe et le courage, et un égotisme affirmé, ou encore le sexe et l'esprit de socialité. »

Elle ajoute que la nature réelle du tempérament des individus de chaque sexe ne correspond pas obligatoirement au rôle que la civilisation leur assigne, et que « cela ne manque pas d'avoir des répercussions sur l'existence de ceux qui naissent doués du tempérament que la communauté attend d'eux ».

Chaque culture et civilisation a eu ses propres représentations de la sexualité. Elles ont donné aux hommes et aux femmes des rôles psychosexuels variables, nourris de croyances subjectives multiples, en correspondance avec d'autres types de croyances plus générales. Le sexuel est associé à des notions morales et sociales différentes selon la culture. Chaque aspect de la sexualité peut être à l'extrême magnifié ou jugé impur. De plus, le caractère sexuel d'une pratique est variable selon ces cultures. Ainsi, les seins ne sont pas considérés comme organe sexuel dans nombre de sociétés traditionnelles. Le baiser lingual n'est pas « sexuel » dans beaucoup d'autres, mais est simplement jugé dégoûtant. Certaines pratiques orogénitales peuvent de même être considérées comme dégoûtantes sans être sexuelles, ou bien s'inscrire dans des rituels d'initiation. La pratique anale peut être jugée dégoûtante, avilissante, pathologique. De même les interdits absolus ou relatifs quant au partenaire sexuel varient d'une culture à une autre selon les critères : d'âge, de santé (handicapé), de lien de parenté, de statut social ou de nationalité, et de sexe du partenaire.

Plus proche de nous, selon C.S. Ford et F.A. Beach (1911-1988) [1], deux chercheurs américains, le caractère exclusif d'une orientation sexuelle, homo ou hétérosexuelle, est le produit de conditionnements. Ils ont constaté que certaines formes d'homosexualité et de bisexualité étaient bien acceptées chez 49 sociétés tribales sur 76 étudiées entre 1920 et 1950. Selon eux, l'homosexualité est universelle, en tant que mode de désir et comportement. Ce qui est variable, c'est la réaction suscitée par elle dans les différentes civilisations. L'éducation sociale actuelle soutiendrait les attitudes d'évitement des stimulations homosexuelles et empêcherait leur homologation. À l'inverse, les excitations hétérosexuelles seraient soutenues et donc sélectionnées par défaut de concurrence.

1. Clellan Ford et Frank Beach, *Le Comportement sexuel chez l'homme et l'animal*, Robert Laffont, Paris, 1970.

Concernant les homosexuels exclusifs, leur éducation les aurait menés vers le même type d'évitement ou de contre-attitude vis-à-vis des stimulations hétérosexuelles. C'est-à-dire que certains individus auraient été programmés par l'éducation à avoir des désirs homosexuels. Les modes de satisfactions sexuelles s'acquièrent peu à peu à partir des échanges avec les pairs dans des discussions et des expériences communes directement sexuelles ou non.

L'homosexualité et l'hétérosexualité seraient donc affectées par l'expérience et s'inscriraient dans un ensemble de réactivité sexuelle générale, moulé par ces expériences.

2.

De la reproduction à la conservation

Les résultats des études anthropologiques ont fait évoluer les conceptions roides de nos catégories contemporaines, d'homosexualité, d'hétérosexualité et de bisexualité. En effet l'organisation humaine n'a pas la rigidité de la plupart des organisations animales.

Chez les abeilles, par exemple, les rôles de chacun sont programmés à l'avance, ce qui évite pour l'ensemble les soucis liés aux conflits interpersonnels. Mais cette rigidité ne permet pas une grande adaptabilité, notamment en cas de modifications des conditions d'existence (ressources, climat).

Chez les humains au contraire, les rôles ne sont que partiellement programmés et une grande plasticité est offerte dans l'évolution de chaque membre. Cela a notamment une traduction dans les rôles sexuels de ses membres. L'adaptabilité évolutive qui a façonné notre corps, notre cerveau, et qui aurait programmé l'amour pour assurer la survie de l'espèce a changé. Notre durée de vie s'est allongée, nous dominons notre environnement, nous maîtrisons les techniques médicales de reproduction, notre alimentation est riche et variée, nous ne vivons plus en tribu familiale mais au sein de communautés nationales où l'on peut compter sur des étrangers parfois plus que sur les membres de sa famille, les plus faibles ne sont plus éliminés, et c'est la surpopulation qui menace l'espèce humaine. Aussi, si l'amour était programmé pour conduire à la reproduction de par l'adaptabilité évolutive, il a depuis l'homme moderne gagné en liberté. De plus, assurer la survie de l'espèce ne passe pas seulement par la procréation mais aussi par la conservation. Or tout ce qui programme l'attachement entre membres d'une même espèce en assure la protection. Cette notion d'attachement est très étudiée en ethologie. Le phénomène de bandes chez les chiens devenus errants et sauvages en Russie a été l'objet d'études récentes qui signalent des choix électifs et des attitudes solidaires entre chiens de races différentes. Les ethnologues anglo-saxons évoquent le *bonding*, ce lien très fort de solidarité et d'empathie entre personnes de même sexe partageant une activité commune comme les membres d'une équipe de rugby ou de militaires, lien qui était sans doute présent chez les chasseurs préhistoriques, assurant la protection du groupe sur l'individu.

Or, en ce qui concerne l'attachement, les liens affectifs homosexuels valent autant que les liens hétérosexuels et assurent tout autant la protection et donc la conservation de l'espèce.

3.

Féministes contre Queer

Il existe également des considérations politiques qui se sont mêlées aux théories d'apprentissages sociaux. Dans les années 1960, l'étude de la différence des sexes portée par des courants féministes met en lumière qu'il existe un conditionnement social qui détermine ces différences. Ce fut la base de la définition du lesbianisme comme idéologie.

Dans la dernière décennie du XXe siècle naît la théorie Queer. Elle considère la construction homosexuelle, féminine et masculine, d'un point de vue culturel et social. Elle définit les identités homosexuelles comme des identités de genres. Mais en parallèle elle prône l'autonomie de la sexualité par rapport au genre. Elle s'oppose ainsi au courant féministe lesbien des années 1970 [1] qui envisage l'hétérosexualité comme contre-naturelle et le fruit d'un comportement social produit par la domination masculine, et présentant le lesbianisme comme découlant directement du genre. L'homosexualité féminine était alors présentée comme un choix politique de lutte contre cette domination masculine et patriarcale.

1. Charlotte Bunch, *Passionate Politics*, Paris, Broch, 1976.

4.

Comportement sexuel et comportementalisme

Aux côtés des théories anthropologiques et ethologiques, voire politiques, les théories béhavioristes expliquent également les comportements sexuels comme le résultat d'un apprentissage. Mais ici d'une acquisition purement individuelle.

Le béhaviorisme est une école de pensée qui place l'apprentissage et le conditionnement au cœur de ses explications des fonctionnements humains. Elle considère la personnalité comme une somme de comportements. Elle ne s'intéresse pas à l'idée de structure ou d'unité. Pour elle, l'individu est défini par un certain nombre d'habitudes indépendantes et spécifiques. Ces théories s'inscrivent dans les pas notamment des travaux de Pavlov, Watson et Thorndike. Elles se réfèrent à l'observation des comportements, des réponses aux différents stimuli, aux conditionnements et à l'apprentissage. Elles ne prennent en compte que les réactions observables sur un plan comportemental sans considérer ce qui se passe à l'intérieur de l'individu. C'est à l'origine des thérapies comportementales. Les béhavoristes considèrent que les comportements sexuels, comme d'autres comportements humains, se transmettent par l'éducation, par les modèles proposés et par nos expériences personnelles tout au long de notre développement. C'est la théorie de l'apprentissage social. Pour ces théories, la plastique de l'enfant est considérée comme une nature neutre pouvant prendre toutes les figures possibles sous l'influence des éducations (familiale, milieu socioprofessionnel, école, lieu de travail, culture, etc.). Sur le plan sexuel, il n'y a pas de prédétermination systématique et absolue du choix des partenaires sexuels. La libido est susceptible de s'adonner à toutes les sources possibles de plaisir.

La personnalité est la résultante des différentes expériences conflictuelles de l'individu (degré de frustration, degré de satisfaction) qui vont progressivement modifier les modes et les hiérarchies des réponses élaborées successivement. À l'occasion de son parcours de vie, l'individu va faire l'expérience de sentiments, ou de sensations physiques, provoqués par des contacts avec des garçons ou des filles. Et ces divers ressentis vont être associés dans son esprit à du plaisir ou du déplaisir. Ce plaisir ou ce déplaisir sera fonction de son vécu propre à ce moment présent, des réactions de son entourage, et des associations ou des corrélations qu'il va établir entre cette expérience et d'autres expériences. Certaines de nos conduites vont être validées, et renforcées, par des satisfactions dues au bien-être ressenti lors d'un échange, ou dues à l'encouragement par l'entourage. D'autres conduites vont être refrénées, invalidées, par des expériences désagréables telles que des reproches ou de la honte. Les béhavioristes parlent de conditionnement. Par exemple, Frédéric se souvient encore des coups reçus par sa mère qui l'avait surpris alors qu'il avait 5 ans en train de jouer à « touche-pipi » avec son copain. Il comprend de ce fait les vives angoisses qu'il a pu avoir lors de ces premières relations homosexuelles.

C'est par ce modèle explicatif que des béhavioristes, tels que le psychologue C. A. Tripp [1], expliquent que la majorité des individus deviennent hétérosexuels car l'environnement social favoriserait cette orientation.

---

1. *The Homosexual Matrix*, Plume, 1987.

Selon la théorie béhavioriste, chaque être humain possède, à sa naissance, un potentiel de comportement sexuel, et donc d'orientation sexuelle, indéterminé. Il n'y aurait pas de dimension innée, ni instinctuelle, à nos goûts sexuels, mais ils seraient le fruit de nos expériences diverses et de l'influence de l'environnement. C'est ainsi que notre comportement sexuel se construirait.

Ces théories béhavioristes ont été utilisées, ou dévoyées, notamment aux États-Unis, pour des programmes de rééducation des homosexuels dans les années 1950. Ces programmes sont repris actuellement, soutenus par des mouvements religieux [1]. J'ai cité dans la partie historique notamment les conditionnements aversifs qui, la question éthique de leur violence mise à part, se sont avérés inefficaces sur la disparition du désir homosexuel. Si ces « rééducations » ne changent rien à l'orientation sexuelle, cela ne contredit pas pour autant le caractère acquis des préférences sexuelles. Cela montre que ce qui est acquis peut l'être définitivement même si de nouvelles acquisitions peuvent se faire. Ainsi on ne peut pas désapprendre une langue acquise dans l'enfance. Mais on peut en apprendre une autre, en sachant qu'on ne l'apprendra jamais aussi bien qu'une langue maternelle. On voit aussi les limites de ces théories béhavioristes. L'acquisition des préférences sexuelles n'est pas une simple acquisition de conduites. Elle implique un engagement de l'ensemble de la personnalité. Ces préférences sont en lien avec d'autres types de plaisir, et sont modulées par le tempérament de l'enfant, par son type d'attachement aux personnes, par son raisonnement et surtout par son imaginaire et sa symbolique personnels. La remise en question de ses préférences remettrait en cause l'ensemble de sa personnalité, voire de son identité qui se sont élaborées, entre autres, sur ces bases.

---

1. « Homosexualité, la guerre des études médicales », in *Le Quotidien du médecin*, 2001.

5.

La sexualité se construit

Il existe également un courant interactionniste avec Michel Dorais [1] et les chercheurs américains Simon et Gagnon [2]. Pour ces sociologues, la sexualité humaine est un scénario très personnel sujet à des influences multiples. Et qui est aussi variable qu'il y a de modèles relationnels possibles entre une paire d'individus ou plusieurs, mais aussi de relations que l'on entretient avec soi-même. On retrouve donc cette notion de variabilité qui est pour les neurobiologistes le propre de la sexualité humaine. Pour les interactionnistes, les sources de plaisir sexuel étant légion, il n'y a pas lieu de définir des hiérarchies ou des cloisonnements en fonction des goûts et des pratiques préférentielles.

Selon ces chercheurs, seraient accolées aux activités sexuelles des lectures significatives sur trois plans essentiels : biographique, relationnel et historique. C'est-à-dire en fonction des sens que prend l'activité sexuelle en question sur un plan de l'histoire personnelle, de la relation interpersonnelle, et de la culture environnante. Le caractère

---

1. M. Dorais, chercheur à l'École Sociale de l'université de Laval (Canada). Auteur notamment de *Tous les hommes le font*, Le Jour & VLB éditeur, Montréal, 1991.

2. Simon J. H. & Gagnon W., *Sexual conduct*, Aldine, New York, 1973. Simon W. & Gagnon J. H., « Sexual Scripts : Permanence and Change », *Archives of Sexual Behavior*, vol. 15, n° 2, 1986.

attrayant ou repoussant d'une activité sexuelle serait déterminé par un jugement motivé en fonction de ces trois registres de lecture. Il y a donc un aléa lié au vécu propre à chacun. Ces trois facteurs pouvant évoluer, la lecture de différents scénarii sexuels peut varier aussi au cours de la vie. Les interactionnistes refusent l'idée d'une sexualité indépendante du reste de l'existence et uniquement déterminée par des pulsions quelconques. Mais comme tout comportement humain, celui-ci est interdépendant du reste de la personnalité et du contexte dans lequel l'individu évolue. Certaines activités sexuelles sont alors validées ou invalidées par les significations qui leur sont données : personnellement, relationnellement et culturellement. Ces significations sont stables ou se modifient au cours de la vie. La conclusion est qu'il existe des homosexualités, comme il existe des hétérosexualités, et qu'elles sont évolutives. Ce à quoi mène également, par d'autres voies évidemment, l'approche psychanalytique approfondie que je propose un peu plus loin.

Il est question aussi de ce que l'homosexualité et l'hétérosexualité ont de commun. Pour cela, Michel Dorais a mené une enquête sur les motivations de la rencontre sexuelle. Il constate une analogie dans les quêtes des hommes homos, hétéros ou bisexuels. Il retrouve, dans ce qui fait monter le désir entre deux personnes, le même dosage équilibré de résistance et de complémentarité chez le ou la partenaire désiré. L'érotisation du ou de la partenaire reposerait selon M. Dorais sur les mêmes mécanismes :

– l'idéalisation de l'autre,
– l'association de l'autre avec des sensations sexuelles et des images érotiques liées ou non à des expérimentations d'activités sexuelles gratifiantes,
– une anticipation de ce qui devrait être excitant,
– la transgression d'interdits,
– un défi à relever,
– le « partage vicariant de la jouissance de l'autre ».

Les gratifications issues des activités homo ou hétérosexuelles seraient, selon M. Dorais et le psychologue américain C. A. Tripp, similaires : le sentiment de complétude offert par l'addition symbolique des attributs du partenaire et des siens propres.

L'ensemble de ces théories anthropologiques, ethologiques, béhavioristes et sociologiques peuvent s'inscrire dans le courant constructiviste, selon la terminologie d'Edward Stein [1]. Elles se différencient évidemment des théories essentialistes désignant une origine innée à nos préférences sexuelles. Selon l'approche constructiviste, le comportement sexuel ne serait pas inné, prédéterminé ou fixé très tôt dans la petite enfance. Mais il aurait une capacité évolutive propre à chacun des individus et serait également fonction du contexte social et culturel. L'identité sexuelle y est appréhendée comme le fruit d'un processus interactif d'étiquetage social et d'auto-identification. Selon les constructivistes, l'orientation sexuelle d'une personne serait davantage le fruit de l'influence de son milieu culturel, éducatif, et social et de ses aléas, qu'à des processus internes. La vision de l'homosexualité comme concept ou des homosexuels comme groupe varie d'une culture à une autre. Et elle serait une construction sociale avant d'être une réalité scientifique.

Mais que se passe-t-il à l'intérieur de l'individu, dans sa psyché ?

---

1. Stein, Edward, *Forms of Desire. Sexual Orientation and the Social Constructionist Controversy*, New York, 1990.

Les homosexuels sur le divan

La psychanalyse, née au début du XXe siècle, s'est intéressée de près aux fondements des désirs sexuels humains. Jusqu'à faire de la libido l'énergie principale du fonctionnement psychique.

On entre ici dans les champs psychologiques et affectifs de l'humain, ceux de son conscient et de son inconscient, autant de domaines qui le séparent de l'animal et qui donnent à la sexualité humaine toute sa spécificité.

À partir de cette théorie, je vais vous présenter comment s'opère la construction progressive de notre future façon d'aimer, sexuellement mais surtout affectivement.

Pour cela nous allons passer par différentes étapes :

– Les premières années de l'enfant avec l'influence des désirs parentaux, les désirs propres de l'enfant dans ses choix d'identification, et son passage par les différents stades de maturité affective dans sa relation au monde (stade oral, anal, génital).

– Le fameux complexe d'Œdipe pour lequel nous verrons dans les détails quelles spécificités il peut présenter chez les futurs homosexuel(le)s.

– La période de latence qui correspond environ à la période située entre 6 et 10 ans durant laquelle les désirs sexuels sont mis en veilleuse.

– Et enfin l'adolescence avec, sur le plan psycho-affectif, la reviviscence des pulsions sexuelles.

Mais avant de commencer, opérons un petit retour à l'histoire des théories et à celle de la psychanalyse en particulier pour mettre certains points sur le *i* grec de la psychanalyse et ses rapports avec l'homosexualité.

Au XXe siècle, les psychanalystes d'adultes se sont intéressés au développement de la sexualité de leurs patients, souvent malheureusement sans bien connaître le développement de la sexualité chez l'enfant, et sans avoir bien analysé leur propre contre-transfert.

Concernant l'homosexualité, Freud aborde directement la question dans *La jeune homosexuelle*, *Un souvenir d'enfance de Léonard de Vinci*, et *Trois essais sur la théorie sexuelle*. Lacan s'y intéresse dans *La jeunesse de Gide*. Vu l'importance accordée à l'homosexualité sur les plans sociologiques, moraux, historiques, politiques, on s'étonne de la faiblesse de son traitement dans les ouvrages psychanalytiques de référence.

Par la suite, beaucoup d'écrits psychanalytiques théorisant sur ce sujet sans supports cliniques conséquents ont réduit l'homosexualité à la perversion. Leurs auteurs se référaient essentiellement aux toutes premières recherches freudiennes, que Freud a réfutées pourtant ensuite. Alors que Freud montra l'existence d'une bisexualité psychique chez tous les individus, beaucoup de psychanalystes (médecins, psychologues, ou ni l'un ni l'autre), après sa disparition, ont cherché dans une visée essentialiste à découvrir le dysfonctionnement familial ou le trouble de développement à l'origine de l'homosexualité de leur patient. Cette orientation sexuelle était alors appréhendée le plus souvent comme pathologique, et considérée a priori comme à l'origine de la plainte du sujet. La bisexualité, tenue comme originelle, devait évoluer vers une hétérosexualité. Il y avait un chemin « normal », codifié pour la sexualité humaine, et tous les autres étaient perçus comme pathologiques. Ainsi, l'homosexualité était placée dans le champ des perversions sexuelles batifolant avec le fétichisme, le sadisme, le masochisme, l'inceste, la pédophilie ou la nécrophilie. On n'était guère éloigné de l'image des sodomites au Moyen Âge. C'était alors une vision moraliste de la psychanalyse, c'est-à-dire à mille lieues des fondements de la théorie. Je parle au passé par péché d'optimisme, malheureusement cette vision psychanalytique de l'homosexualité, qu'elle soit profane, idéologique, inexpérimentée ou défensive, a toujours cours de nos jours. Le faible nombre de cas publiés par Freud et Lacan a laissé sur leur « fin » les analystes sur la question des homosexualités.

Pourtant, la théorie analytique est un formidable outil de compréhension de la sexualité humaine dans toute son étendue. À la condition qu'elle reste en lien avec l'observation clinique et qu'elle ne se confonde pas avec la morale. De l'homosexualité comme de l'hétérosexualité peuvent être présentes, quelle que soit la structure psychologique de l'individu : névrotique, psychotique ou pervers. J'affirme que ce n'est pas la structure qui détermine le choix d'objet amoureux, ce qui ne signifie pas que la structure ne puisse invalider certains choix sexuels.

Mais commençons par le commencement, et même avant…

V

LES DÉSIRS DES PARENTS ET DE L'ENFANT

1.

L'homosexualité ou l'hétérosexualité, c'est dans la tête... des parents

Les influences parentales sur le développement de la personnalité de leur enfant sont de nos jours communément admises. Les parents influent aussi, à leur insu bien souvent, sur le développement de sa sexualité future. L'influence parentale débute avant la naissance, quand l'enfant à venir n'est qu'embryon. Elle s'exprime par une volonté consciente avec des principes éducatifs ou des désirs consciemment exprimés sur le devenir de leur enfant. Par exemple, avant la naissance de Léonard, sa mère pensait déjà à l'école où elle l'inscrirait et envisageait qu'il apprenne la danse. Quant au père de Johanna, il n'avait de cesse de lui dire, dès sa naissance, qu'elle était son « portrait craché » et qu'elle devait « toujours se méfier des garcons », ce qu'elle fit au-delà de ses espérances...

Cette influence parentale est également la résultante de désirs inconscients. On devrait parler d'influences familiales au pluriel, car l'enfant est aussi à la croisée des désirs conscients et inconscients des autres membres de la famille. Chacun étant plus ou moins important pour lui. Il existe aussi des influences transgénérationnelles : ce sont des influences qui ont sauté une ou deux générations, et qui font que l'on retrouve chez un enfant des traits de personnalité d'un grand-parent ou d'une grand-tante. Il ne s'agit alors non pas d'une raison génétique mais par exemple du désir inconscient d'un parent de retrouver chez son enfant des aspects de son ascendant.

« Ma mère m'a toujours dit que je lui rappelais son oncle. "Un artiste comme toi", me disait-elle. Elle l'adorait. Je ne suis pas véritablement artiste mais j'apprécie en commun avec lui l'esthétique masculine... », me confie Paul.

Ce désir inconscient peut être paradoxalement associé à la crainte consciente de ces retrouvailles. Comment comprendre que l'on souhaite retrouver, même inconsciemment, un tempérament responsable d'un vécu pénible avec un ascendant, chez son enfant ? C'est que l'on espère réussir à maîtriser chez son enfant ces traits de personnalité ou ces comportements présents chez l'ascendant, dont on a souffert et qu'on ne pouvait pas, enfant, dominer. Cela donne une deuxième chance de maîtriser les causes de sa souffrance.

Une autre explication est que l'individu, par exemple victime de maltraitance, finit alors par s'habituer, voire par érotiser des aspects d'un parent qui lui déplaisait durant l'enfance. Il n'est donc pas étonnant qu'il souhaite retrouver chez son enfant ce qu'il connaît bien.

La petite fille ou le petit garçon jouant au papa ou à la maman s'imaginent mère ou père, en prenant plus ou moins modèle sur les siens. Ils peuvent décrire, avec parfois une précision surprenante, ces enfants imaginaires, le nombre et le sexe souhaités. Devenue adulte, la femme enceinte a toujours dans son inconscient cet enfant imaginaire qui a pris racine dans sa petite enfance. C'est parfois transparent comme chez Anne qui nomma sa première fille du prénom de sa première poupée.

Le portrait de cet enfant imaginaire est fonction de l'histoire de la future mère, de sa personnalité, de sa place dans la famille, et de ses liens affectifs avec ses propres parents.

Lucie avait 4 ans quand sa mère donna naissance à un garçon. Le père aurait préféré une seconde fille. Lucie, en rivalité avec sa mère vis-à-vis de son père, s'est alors imaginée elle aussi mère d'une petite fille, en jouant avec sa poupée. Devenue adulte et mère d'un premier enfant, c'est une fille que Lucie espérait sans savoir pourquoi, bien que l'échographie lui eût annoncé un garcon. Ce garçon à peine né, elle lui trouva des yeux et une sensibilité qu'elle jugea toute féminine…

L'enfant imaginaire n'est pas toujours investi positivement. Si durant la période sensible d'élaboration de cet enfant imaginaire (3-7 ans), l'enfant connaît des perturbations éducatives et affectives, la future mère qu'elle deviendra pourrait charger son enfant imaginaire d'éléments négatifs.

« Ce fut sans doute le cas de ma mère, nous confie Marie Anne. Enfant, elle a été maltraitée par ses grands-parents qui l'ont élevée. Elle s'est retrouvée enceinte de moi sans l'avoir vraiment voulu. Elle ne s'aimait pas suffisamment pour imaginer qu'elle pourrait donner naissance à quelqu'un de bien. Je n'étais pas née que déjà elle sentait que cela n'irait pas entre nous. »

On a peu étudié la représentation de l'enfant imaginaire chez le futur père, mais j'ai constaté qu'il existe aussi.

Parmi les influences nombreuses de cet enfant imaginaire chez la mère ou le père, il y a l'orientation sexuelle du futur enfant.

Soit directement : une mère peut souhaiter inconsciemment que son garçon ne s'intéresse pas à d'autres femmes qu'elle-même. Un père ou une mère peuvent souhaiter que leur fille ne les quitte pas pour un homme. Une mère peut souhaiter que sa fille l'aime et aime comme elle-même a aimé sa mère.

Soit indirectement : si les traits identitaires que l'on espère retrouver chez cet enfant favorisent la mise en place de cette orientation.

Aux côtés de cet enfant imaginaire existe l'enfant

imaginé. Je nomme ainsi l'enfant intrautérin que la mère se représente plus consciemment à partir de son ressenti, son état physique et moral durant la grossesse, voire selon le futur signe astrologique de l'enfant.

« Mon enfant va naitre sous le signe de la Balance. Ce sera un garçon sensible », me dit une mère qui n'oublie jamais de lire dans son magazine préféré la page « astro ».

L'enfant imaginé, c'est celui dont parle la mère quand elle pressent que ce sera une fille ou un garçon : qu'elle sera une enfant très active car elle bouge déjà beaucoup dans le ventre, ou qu'il sera angélique car la mère se sent « aux anges » durant sa grossesse. Il s'agit aussi de l'enfant imaginé quand la mère exprime des craintes quant à sa constitution. Fabrice : « Ma mère, quand elle était enceinte de moi, sentait que je ne serais pas comme les autres. Elle était dans un tel état de bien-être quand elle était enceinte qu'elle en a eu toute sa vie la nostalgie. J'ai compris plus tard que si elle m'a gardé dans ses jupes plus longtemps que de raison, c'est avec le dépit de ne pas pouvoir m'avoir tout en elle. »

L'enfant imaginé est de nos jours lui-même sous l'emprise de l'enfant virtuel, comme je nomme la représentation que l'on a du futur bébé grâce aux images échographiques. On repère des caractéristiques physiques, mais surtout le sexe qui est alors communiqué presque avec certitude. Ce qui permet aux parents de s'adapter à une réalité future éventuellement décevante. Certes, il existait jadis des moyens pour deviner le futur sexe de l'enfant. Ainsi une bonne mine et le teint rose chez la mère, un ventre volumineux, portant à droite, et un sein droit plus gros annonçaient un garcon. Mais ces modes d'appréciation du passé restaient moins performantes que l'échographie…

L'enfant qui vient à naître est donc déjà soumis à une pression de conformité liée à ce que les parents ont imaginé de lui à différents niveaux. Parmi ces attentes conscientes ou non, et qui sont éventuellement des exigences, il y a des vœux qui pourraient favoriser une orientation homosexuelle ou à l'inverse l'empêcher de s'exprimer parmi d'autres modalités expressives.

2.

Le prénom ne fait pas l'homo

Aucune étude n'a, à ma connaissance, établi un lien entre le prénom porté et l'orientation sexuelle. Cependant le prénom porté n'est pas sans influence sur la façon dont l'enfant va se percevoir. Et dont il va être perçu par autrui.

Au Moyen Âge, le prénom pouvait changer dans les premières années de vie selon l'évolution du caractère de l'enfant. Différents enfants d'une même fratrie pouvaient porter le même prénom auquel on ajoutait un qualificatif à l'instar des rois (par exemple Jean le Bon ou le Sage). L'enfant était considéré comme en gestation prolongée, en raison sans doute de la mortalité infantile importante. Et son prénom n'était que provisoire, comme aujourd'hui ceux qu'on envisage durant la grossesse.

De nos jours, le rapport au prénom est plus rigide. Il est définitif. Ce n'est donc plus la personnalité qui influe sur lui, mais l'inverse. Quel qu'il soit, le prénom est le reflet des désirs, conscients ou non, des parents quant aux caractéristiques futures de leur enfant. Il arrive que cela soit un vrai prénom de compromis, choisi sur une liste par les deux parents. Mais certains parents font prévaloir leur choix. L'autre parent cède, par manque d'idée, se contente de donner son nom de famille, se rattrape en choisissant le deuxième prénom, ou celui du prochain enfant.

L'enfant se reconnaît dans son prénom comme dans un

miroir. Il se désigne par son prénom à la troisième personne, avant de dire « je ». Il perçoit son prénom de façon concrète : rocailleux comme Pierre, suave comme Suzon, calme comme Clément, aérien comme Raphaël.

Mais ce sont les motivations parentales, conscientes ou non, dans le choix du prénom qui sont les facteurs d'influence majeurs portés par lui. S'il s'agit de critères esthétiques, cela marque l'intérêt porté à la représentation sociale de leur enfant. C'est parfois une référence plus ou moins reconnue à un ami d'enfance, un personnage de roman ou à un enfant rencontré autrefois, auquel on attribuait des qualités qu'on aimerait retrouver chez son enfant. Le deuxième prénom renseigne également sur les désirs des parents. Jadis, c'était le plus lesté affectivement. En effet le premier prénom était choisi pour des convenances sociales, et l'on n'avait pas la liberté donnée par la loi actuelle dans le choix des prénoms.

Il y a aussi la connotation sociale des prénoms qui marquent une origine régionale ou étrangère. Il y a les prénoms mixtes, atribuables autant aux filles qu'aux garçons, et qui se prononcent pareillement : Dominique, Claude, Pascal, Raphaël, Sharon, Sofiane.

Pour moduler l'impact des prénoms, ou tenir compte du tempérament de l'enfant qui contredit parfois ce choix, on utilise les surnoms. Ainsi Alexandre, dont le père qui voulait un enfant conquérant, se faisait surnommer « Sandre » par sa mère qui, enceinte, imaginait un enfant fragile. Emmanuelle se faisait appeler Manu plus jeune, sans doute en lien avec son côté garçon manqué. Devenue plus âgée, c'est Emma qui prit le relais en harmonie avec sa maturité féminine. Les « petits noms », tous ces « mon coq, mon tendron, ma puce », reflètent aussi des désirs inconscients et influent sur l'image que l'enfant a de lui. Mais les noms les plus marquants sont parfois les invisibles, car on ne peut les contourner. Il y a des choix de prénoms non formulés, ou refusés par l'autre parent mais qui témoignent avec une intensité, d'autant plus forte qu'elle est retenue, le désir d'un parent.

« Ma mère m'a confié récemment avoir toujours voulu m'appeler Artémis. Mais cela paraissait trop recherché pour l'entourage », nous livre Nathalie qui se désigne comme une vraie chasseresse en amour.

Dominique n'apprit que tardivement qu'elle portait le prénom de son frère, mort-né deux années avant elle. C'est ce garçon que ses parents ont vu à travers elle et son prénom, et c'est ce garçon qu'elle voyait sans le savoir dans le miroir de leur regard.

Le père de Paul-Emmanuel confie avec réticence qu'il aurait bien appelé son fils Victorien. C'etait le prénom de son meilleur ami durant l'adolescence, une amitié passionnelle à un âge où l'amour et l'amitié ont des frontières sans douane.

Les prénoms et leurs acolytes, surnoms et petits noms, sont des facteurs parmi d'autres des influences parentales sur la personnalité de l'enfant. Ils ne sont qu'exceptionnellement l'écho direct d'un désir inconscient d'une orientation sexuelle future pour leur enfant. Ce n'est pas parce que l'on va donner un prénom mixte à son enfant qu'il aura une mixité d'identité ou d'orientation. Cependant, ces prénoms peuvent être par exemple porte-parole du désir de rencontrer chez son enfant un tempérament qui pourrait le faire désigner par son entourage, et par lui-même comme plus ou moins féminin ou masculin. Ou plus largement être porte-parole d'autres types de désirs parentaux au carrefour desquels l'enfant favorisera des centres d'intérêt ou de futurs choix d'objets amoureux.

3.

Les fruits défendus des désirs parentaux

Les enfants sont ce qu'on veut d'eux

Les désirs des parents influencent plus ou moins le devenir de leurs enfants. Ces désirs sont conscients, ou non. Les désirs inconscients influencent également l'enfant, du fait des communications non verbales qui existent entre les enfants et ceux qui les élèvent. Les parents, dans leur conduite éducative, vont favoriser ou au contraire censurer tels propos, pensée ou comportement chez leur enfant, selon qu'ils les valident ou non, consciemment ou inconsciemment. Notre façon de penser prend appui sur les désirs de nos parents. Il est très rare que des parents expriment le désir conscient d'avoir un enfant homosexuel. Cependant, certains désirs conscients ou inconscients des parents concernant leur enfant vont autoriser ou favoriser une orientation sexuelle particulière. Cela se fait de façon indirecte. Les désirs des parents ne portent pas seulement directement sur l'orientation sexuelle de leur enfant (quoique pour la plupart celle attendue est hétérosexuelle) mais sur des domaines qui vont influencer de loin ou de près cette future préférence sexuelle. Les parents projettent sur leur enfant leurs désirs comme autant d'images cinématographiques sur l'écran de la personnalité et l'identité de cet enfant. Ils pensent et rêvent pour leur enfant. Et l'enfant prend plus ou moins modèle sur ces images qu'il perçoit par tous les modes de communication qui existent entre parents et enfants, verbales et infraverbales, pour se construire. L'enfant va s'identifier à ses parents, et les parents opèrent avec lui une identification projective. C'est-à-dire qu'ils se mettent à la place de leur enfant par un mécanisme d'empathie. Ils pensent à sa place. C'est ce que fait une mère qui, échangeant avec son nouveau-né, fait les questions et les réponses. Comme lorsque, petite fille, elle faisait parler ses personnages ou ses marionnettes. On parle d'identification car le parent s'identifie à l'enfant, et projective car il y a un mouvement psychique qui le projette à l'intérieur de cet enfant. Le parent va protéger son enfant de ce qu'il pense être bon ou mauvais pour lui en se mettant à sa place. L'enfant apprend celui qu'il doit être, dans le regard, les gestes, les mimiques, les réactions corporelles et les paroles de ses parents. On se pense, car on a été pensé. Les études du Dr Spitz [1], au milieu du XXe siècle, sur les nourrissons de mères incarcérées, placés en pouponnières et qui dépérissaient de dépression bien que l'on répondît à leurs besoins fondamentaux, témoignent de la nécessité d'être pensé et aimé par un autre humain pour exister. Ces enfants n'avaient pas une nurse attitrée. Elles changeaient chaque jour, ne leur parlaient pas, se contentant de les changer et de les nourrir. Les êtres humains ont besoin d'avoir été pensés pour penser et pour exister.

Un exemple de désir conscient est cette coutume en Polynésie, au XIXe siècle, qui consistait, du fait de la fréquence des guerres entre tribus, à vêtir et élever en fille un des garçons, afin de protéger sa descendance masculine en évitant ainsi à toute la progéniture masculine d'être tuée à la guerre. Devenu adulte, le « réré », ainsi nommé, continuait souvent d'adopter la tenue et les us des femmes. Rien ne l'empêchait de se marier et d'être père de famille, mais

1. Pédiatre américain (1887-1974).

on comprenait aussi qu'il ait des relations avec des hommes.

Le désir conscient d'avoir un garçon ou une fille peut éventuellement influencer, en partie, l'orientation sexuelle d'un enfant. À la condition que le parent ou l'enfant concerné associe dans son inconscient l'orientation sexuelle et l'identité sexuée. Vouloir une fille n'implique pas évidemment vouloir, si on a un garçon à la place, que celui-ci soit homosexuel. Mais si au fond de soi on considère qu'être homosexuel c'est être en partie féminin, on peut communiquer à notre insu cette croyance à notre enfant qui peut la faire sienne, et chercher dans sa future orientation à satisfaire ce désir parental qu'il aura perçu. Bien sûr les identifications sont des processus qui n'ont rien d'univoque et qui se situent à la croisée de désirs multiples de chacun des deux parents (on peut avoir pour son enfant des désirs contradictoires et qui évoluent au fil de son développement), mais aussi des autres personnes qui élèvent l'enfant.

Denis a exprimé clairement, dès les résultats de l'échographie, sa déception de ne pas avoir un garçon. Et sa fille, Maud, dit avoir toute son enfance, cherché à être à la hauteur des attentes de son père en se conduisant comme un « vrai garçon manqué ».

Les vents contraires du désir parental

Il arrive aussi que l'enfant, dans ses choix d'identification, s'inscrive en faux par rapport aux désirs parentaux. Une mère désirant une fille peut donner naissance à un garçon qui devienne caricaturalement masculin tant cet enfant aura fait le choix inconscient de s'opposer à ce désir maternel.

On retrouve peut-être une rébellion au désir maternel chez Matteo issu d'une famille de garçons. N'avoir que des garçons correspondait au vœu clairement exprimé de la mère. Celle-ci, femme de militaire, n'en avait, selon Matteo, que pour les garçons. Elle en eu quatre. Elle ne voulait pas de fille, disant avoir souffert de grandir dans une famille composée uniquement de filles. Matteo, qui adulte vit dorénavant avec un homme, s'est toujours distingué de ses trois frères, et s'en distingue encore, par des goûts et des attitudes rapidement catalogués très féminins. Il a le sentiment d'avoir été mis de côté par sa mère, mais s'en est sorti en ressentant l'attachement de son père. Par sa position féminine, a-t-il voulu s'affirmer en s'opposant au désir de sa mère toute-puissante dans cette famille, comme un rebelle à l'ordre familial ? ou a-t-il réalisé le désir inconscient du père ? Ou bien, à l'inverse, réalise-t-il un désir maternel inconscient, refoulé, chez une mère qui aurait lutté contre son désir d'avoir un « garçon fille ». Car il est des désirs qui ne sont pas désirés. Et craignant que ce désir n'influence son enfant, la mère a peut-être tenté en vain de transmettre par son éducation à son enfant un désir caricaturalement opposé à son désir premier.

Il arrive que les désirs du père et de la mère de voir leur enfant adopter les comportements de son groupe sexué s'opposent. Un parent va être sur tel enfant plus influent que l'autre. L'enfant, de son côté, par ses propres choix d'identification, va privilégier tel ou tel désir parental.

Les désirs inconscients des parents, qui concernent l'identité sexuée ou l'orientation sexuelle future de leur enfant, sont aussi liés à leur histoire personnelle.

Manon, petite fille, ressentit à tort ou à raison la préférence de son père pour son frère. Aussi, en jouant avec son baigneur, elle s'imaginait mère d'un garçon plutôt que d'une fille afin de satisfaire imaginairement son père. Ce désir d'avoir un garçon était le même quand, vingt ans plus tard, elle fut enceinte la première fois. Ce désir se trouva être à la hauteur de sa déception quand elle eut une fille à la place.

Laura a regretté n'avoir eu que des frères qui lui ont mené la vie dure quand elle était enfant. C'est sans doute pour cela qu'elle ne voulait que des filles devenue en âge d'être mère.

Les enfants ressentent également les désirs personnels des parents qui n'ont pas pu être réalisés. Ils vont, de par leur façon d'être, tenter de réaliser par procuration leurs rêves et leurs désirs frustrés. C'est connu pour la réussite professionnelle : *Habib est le pianiste que sa mère rêvait d'être.*

Ça l'est moins pour les autres choix de vie. Il est des adultes qui ont renoncé à satisfaire dans leur passé des désirs ou des histoires d'amour homosexuels et qui, à leur insu, vont communiquer à leur enfant ce désir frustré que ce dernier se chargera de réaliser par procuration. Les *désirs* des enfants correspondent parfois aux *pressentiments* des potentialités à être de leurs parents :

« J'ai toujours soupçonné mon père d'avoir eu une histoire d'amour plus ou moins consommée avec un ami de jeunesse, nous confie Yann. Ils se sont perdus de vue quand mon père s'est marié. J'étais surpris qu'il n'ait alors plus d'amis, mais seulement des collègues. Je me souviens qu'il banalisait ses histoires d'amitié passées quand on le questionnait sur sa jeunesse. Mais j'ai retrouvé à sa mort dans ses papiers une lettre jaunie par le temps dans laquelle éclatait leur passion mutuelle. »

L'inverse est également vrai. L'enfant d'un(e) homosexuel(le) pourra réaliser les désirs hétérosexuels de son parent. Les enfants prennent les *désirs* secrets de leurs parents pour des réalités *car* ils croient à la *réalité* de leurs *désirs*.

Il apparaît que l'orientation sexuelle d'un individu peut procéder en partie, directement ou indirectement, du panachage de désirs parentaux, conscients ou non. Ces désirs peuvent être très divers et sans rapport apparent avec les préférences sexuelles. Ils sont conscients ou inconscients. L'enfant a la compétence de les lire, de les intégrer via l'éducation et la communication infraverbale. Ces désirs parentaux ne concernent pas toujours leurs enfants. Mais les enfants aiment réaliser ou obtenir ce qui a fait défaut aux parents ou ce qu'ils ont aimé.

Les enfants sont sous influence parentale. Mais ils ne sont pas de la pâte à modeler. Le choix de l'enfant reste fondamental. Car l'enfant fait son choix parmi les différentes possibilités offertes par les désirs pluriels des parents et par les différentes combinaisons possibles entre ces désirs. Il arrive cependant que l'enfant soit soumis à des possibilités très restreintes, de la part d'un parent dominant qui ne pourrait aimer son enfant, n'accepter son existence que s'il correspond à un modèle unique. Dans ce cas l'alternative est de céder à ce désir exclusif et monolithique ou bien devenir fou ou folle. C'est parfois ce dernier choix que fait l'enfant. Il y a en effet dans certains troubles psychologiques de l'enfant l'expression d'une impossibilité d'être autrement que ce que l'on attend d'eux et le refus de ce choix imposé.

Les désirs parentaux vont influencer globalement la personnalité et les centres d'intérêt de leurs enfants. C'est sur cette façon d'être que l'enfant va greffer sa future façon d'aimer et son mode relationnel avec les autres. Les préférences affectives et sexuelles s'acquièrent sous l'influence des désirs et des préférences de leurs parents et plus largement de leur entourage. Les façons dont les parents s'aiment, aiment, aimeraient aimer ou être aimés sont autant de modèles de liens affectifs, de préférences amoureuses pour leurs enfants. La façon d'aimer s'acquiert à partir de modèles et des désirs des mentors que sont les parents ou d'autres membres de l'entourage présents dans la réalité de l'enfant ou importants dans l'histoire de la famille (certains morts ont parfois plus d'influence que des personnes vivantes tant ils ont marqué un parent). Mais le dernier mot revient à l'enfant, cet enfant que l'on a été, et qui au supermarché des modalités amoureuses fait ses propres choix.

4.

Comment les parents fabriquent-ils une fille ou un garçon ?

Les désirs des parents modèlent les désirs et l'identité des enfants. Notre destin, c'est ce que notre vie fait de nos désirs mais aussi des leurs. Concernant l'identité sexuelle, c'est-à-dire le fait de se sentir fille ou garçon, la façon dont les parents élèvent leurs enfants est déterminante. Des études ont montré que les parents, comme tout l'entourage, interagissent différemment avec un bébé selon qu'il est une fille ou un garçon. Cela explique en partie les différences qui apparaissent précocement entre le tempérament des filles et celui des garçons. Les échanges physiques, les différents types de stimulation, la façon de porter l'enfant et la façon de lui parler diffèrent, statistiquement, selon que l'on s'adresse à un garçon ou une fille. Ainsi on modèle chez son enfant un comportement considéré socialement comme plus ou moins féminin ou masculin.

L'identité sexuelle n'est pas l'orientation sexuelle. Mais si en tant que garçon on se perçoit ou bien on est perçu comme féminin, il est possible que l'on se conforme à cette image qui nous est renvoyée, en favorisant ses désirs homosexuels, imaginant qu'ils sont concordants à cette identité sexuelle.

Écoutons Ilan : « Petit, j'étais plutôt délicat, timide, sensible, pas bagarreur pour deux sous. On m'a toujours traité de fille. À telle enseigne que j'ai cru l'être en partie, comme j'ai cru être homosexuel à l'adolescence, n'osant pas me mettre en rivalité avec les garçons dans la conquête des filles. »

Les tests de développement[1] passés à des nouveau-nés ne montrent pas de différences significatives entre filles et garçons quant à la motricité, la coordination de mouvements, le niveau de babillage et le comportement social. Cependant, les comportements des adultes diffèrent statistiquement selon qu'ils sont face à un garçon ou une fille. Lors des premiers mois, les petits garçons sont davantage portés que les filles par leur mère. Les pères (les mères aussi mais à un degré moindre) ont des échanges plus vifs avec leurs garçons et plus doux avec leurs filles. Les deux parents ont davantage d'échanges verbaux avec leurs filles, et plus d'échanges corporels avec leurs garçons. Il y a plus de dialogues en face à face avec les filles. Avec elles, on va plus communiquer sur soi, sur ses sentiments et les sentiments qu'on leur attribue. Tandis qu'on communiquera davantage sur l'environnement, en étant plus explicatif avec des bébés garçons. Avec les filles, l'échange est plus interpersonnel et plus porté sur l'aspect esthétique ou l'expression émotionnelle. On exprime davantage sa colère aux garçons et on sourit plus aux petites filles. On les complimente sur leur beauté quand on loue la force des garçonnets. Les pères vont plus interférer dans la relation mère-fils que dans celle entre mère et fille, interrompant le dialogue, séparant plus volontiers le garçon de sa mère et, à l'inverse, réunissant leur femme et leur fille. Enfin les pères avec les garçons sont globalement plus sévères et plus partisans de jeux corporels. Avec les filles, ils favorisent des jeux plus passifs et répondent plus volontiers aux demandes d'aide. Concernant le choix des objets utilisés par l'enfant, c'est le père, en moyenne, qui se montre le plus conformiste et c'est avec son garçon qu'il l'est le plus. On ne choisit pas les mêmes jouets pour jouer et communi-

1. Tests Brunet Lezine.

quer avec un bébé selon son sexe. Et pour un même jouet on va l'utiliser de façon différente et avec un imaginaire également différent. On va favoriser la prise d'autonomie chez le garçon là où on privilégiera le lien de dépendance chez la fillette.

Ainsi, très tôt, fille et garçon reçoivent une éducation différenciée selon leur sexe. Cela va favoriser ou censurer différents aspects, traits de personnalité ou désirs considérés culturellement comme féminin ou masculin. De cette éducation et de ces conséquences, l'enfant se percevra ou sera perçu comme plus ou moins féminin par ses parents et son environnement. Ces idées reçues sur ce qui caractérise une fille et un garçon et sa façon dont il perçoit son sexe et l'autre sexe lui sont transmises en parallèle.

Cette éducation différenciée favorise les différences entre filles et garçons, entre hommes et femmes, quant à leur façon d'être. Les enfants s'y retrouvent mais certains n'entrent pas dans le cadre proposé. Ils vont alors se croire moins féminin ou moins masculin ou être perçus comme tel.

5.

L’enfant décide de son identité sexuée

Bien que soumis aux influences sociales et familiales, l’enfant joue un rôle majeur dans la construction de sa propre identité sexuelle. C’est un acteur dans l’élaboration de sa propre image, de son identité masculine ou féminine, et des prémices de ses futurs choix d’objet amoureux. Il met en œuvre pour cela : son capital génétique, son physique, ses compétences personnelles dans différents domaines, son tempérament, et ses choix d’imitation et d’identification. L’enfant est soumis au désir de ceux qui l’élèvent. Mais ceux qui l’élèvent vont aussi avoir à faire avec son désir personnel.

Le physique d’un enfant joue un rôle important dans la perception que son entourage a de lui. Ce physique est dépendant du capital génétique, de ses habitudes alimentaires, de ses activités et de sa personnalité qui jouent sur sa façon de se tenir. Un garçon aux traits fins, mince, aux yeux et aux cheveux clairs, aux long cils, va être considéré plus facilement comme féminin. Une fille grande, costaud, aux traits imparfaits, peut être considérée comme masculine. Le psychiatre américain Robert J. Stoller, qui a étudié dans la seconde moitié du XXe siècle sans doute le plus d’enfants ayant des identités de genre inédites et d’adultes transsexuels, a défendu une théorie selon laquelle les enfants ayant une féminité très prononcée étaient dans leur majorité très beaux [1], et que cette beauté serait à l'origine d'une fascination des mères pour leur garçon. Cette fascination expliquerait une relation fusionnelle, et la constitution d'une identité de genre féminine.

La construction de l'identité sexuée est aussi fonction de la ressemblance de l'enfant avec un parent. Une mère se reconnaissant physiquement en sa fille va avoir tendance à favoriser cette ressemblance. Sauf si cette mère ne s'aime pas, notamment dans les critères de féminité qui sont les siens.

Anne : « Ma mère ne s'aimait pas. Elle était mal dans sa peau de femme. J'ai eu le même problème. Je me suis sentie longtemps mal dans mon identité de femme, alors je me suis crue masculine. Mais dans le fond je n'étais pas plus masculine que féminine. J'étais simplement mal dans ma peau comme ma mère. Et je me sentais mal dans ma vie sexuelle. J'ai cherché de la féminité auprès des hommes et des femmes. C'est quand j'ai su me détacher de ma mère et prendre au gré des rencontres confiance en moi, que j'ai pu me construire ma propre image de femme. »

Les compétences propres de l'enfant sont fonction de son équipement neurologique et sensoriel. Sa vigilance, son tonus, ses compétences posturales, ses qualités relationnelles, son tempérarement varient d'un enfant à l'autre. Chez le nouveau-né, le tempérament se traduit par le degré d'irritabilité, de consolabilité, de tolérance à la frustration, de son besoin d'être porté, et de sa capacité à s'autostimuler (précurseur d'un tempérament indépendant). En fonction de ses amorces de personnalité, le bébé va réagir différemment aux sollicitations verbales ou comportementales de l'adulte. Ainsi quand une fillette sourit peu, ses parents en retour lui souriront moins, renforçant cette réserve émotionnelle chez l'enfant. Si de surcroît elle se montre irritable, intolérante aux frustrations, indépendante, on pourra la voir

1. *Beautiful*, c'est-à-dire éblouissant, spectaculaire.

comme plus masculine. Et on privilégiera alors avec elle les attitudes éducatives qu'on a avec les garçons.

À trois ans, la plupart des enfants se savent fille ou garçon. Même s'ils ne connaissent pas tout, loin s'en faut, sur la différence des sexes. Mais dès sept mois [1], le nouveau-né distingue une photographie d'homme et de femme, ainsi que les voix masculines et féminines. L'enfant se sait garçon ou fille car on l'a toujours désigné comme tel. Il s'agit autant d'un savoir que d'une croyance. À trois ans, capable de discriminer et de catégoriser les deux sexes, se sachant ou croyant appartenir à un sexe, il va rejoindre son groupe sexué et peu à peu privilégier les échanges avec les membres de ce groupe. Les enfants peuvent se distinguer en désirant plus ou moins rejoindre leur groupe sexué. Certains expriment d'ailleurs clairement leur désir d'appartenir à l'autre sexe. Ce désir peut persister jusqu'à l'âge adulte, et expliquer le comportement féminin chez un homme ou masculin chez une femme.

Les parents ont des désirs pluriels pour leurs enfants. Soumis au carrefour de ces désirs multiples et parfois contradictoires, l'enfant va aussi faire ses choix. Et, selon sa personnalité et ses désirs propres, il acceptera d'être en concordance avec tels désirs d'un parent plutôt qu'un autre. L'enfant va sélectionner des désirs parentaux projetés et constituer son identité. Plus l'enfant sera sous influence, plus il aura un vaste choix, une liberté d'être, une richesse identitaire possible, et un épanouissement réalisable. À la condition que ses parents respectent ses choix.

La façon dont un enfant se sent fille ou garçon est fondamentale. Si les critères de féminité et de masculinité sont trop rigides, et qu'il n'entre pas dans le cadre il risque de se sentir mal. L'important pour son bien-être est qu'il se sente bien dans son corps de fille ou de garçon et ce, quels que

1. Il les distingue peut-être avant mais on ne peut pas le montrer. C'est le temps passé devant une photo qui est mesuré quand on lui montre la photo d'un autre sexe après la présentation d'une série de photos du même sexe.

soient ses goûts, ses centres d'intérêt, son allure, sa personnalité. Si un enfant se perçoit d'un autre sexe que le sien, c'est qu'on lui a fait croire que ce qu'il aime, que la façon dont il veut être, il ne pourra l'exprimer qu'en étant de l'autre sexe. C'est le cas de Tristan que j'ai suivi à l'âge de 5 ans et qui voulait être fille car il aimait les jeux de fille. On avait beau lui dire que c'était des jeux de fille et qu'il devait jouer à des jeux de garçon puisqu'il en était un, cela le rendait malheureux et il se repliait sur lui, ce qui avait des conséquences sur son développement et ses acquisitions scolaires. Puisqu'on le plaçait dans cette alternative, il préférait renoncer à son identité de garçon plutôt qu'à ces centres d'intérêt considérés comme féminins (poupée, histoires de princesses). Quand il apprit qu'il pouvait être un garçon et s'intéresser à ces jeux mais aussi aux jeux de garçon, il renonça à son projet de se transformer en fille. Il s'aima comme un garçon aimant les jeux de fille tout en élargissant ses centres d'intérêt à des jeux mixtes. Et ne voulut plus devenir une fille.

6.

L'enfant choisit de nous ressembler… ou pas

L'enfant est très tôt un partenaire actif de son identité. Il a une conscience de soi bien plus précoce qu'on ne l'imaginait il y a encore peu. À la naissance, ses quatre sens sont opérationnels. Sa vue est relativement nette à 30 centimètres. Au cours des premiers mois s'installent les relations entre ses différentes modalités sensorielles. Contrairement à ce que l'on croit encore aujourd'hui, le bébé ne reste pas longtemps dans un état de confusion entre le soi et le non soi, entre lui et son environnement. À trois mois il est conscient de son corps comme entité dynamique, organisée, et différenciée des choses et des êtres qui l'entourent. Ce sens du soi premier est baptisé sens du soi « écologique », car il est conditionné non par la réflexion, mais par l'action et la perception directe [1].

En imitant

Le nouveau-né commence par imiter les expressions faciales. Les quatre premiers mois, l'enfant a des capacités

1. Études du centre d'étude du bébé et du jeune enfant de l'université Emory à Atlanta (Georgie, États-Unis) citées dans *Le Monde* du 15.02.06 : « Quand le bébé se découvre ».

extraordinaires d'imitation qui s'atténuent ensuite. Il peut tirer la langue en voyant celle de sa mère sans jamais avoir vu sa propre langue. Il fera rapidement la différence entre des expressions de joie, de colère ou de tristesse pour les imiter. Après un an apparaît l'imitation volontaire. La voix s'apprend aussi par imitation. Puis vient l'imitation différée. C'est-à-dire que chaque comportement, expression, est représenté en image dans la tête de l'enfant avant d'être reproduit. Entre trois et cinq ans, apparaît l'imitation simultanée. Cette forme d'imitation peu connue est propre à ces enfants de même âge, qui en l'absence d'enfants plus âgés ou d'adultes s'imitent mutuellement dans leurs conduites. C'est une période très grégaire qui justifie la socialisation avec des enfants dès trois ans. Imiter, c'est alors être comme l'autre, car il y a aussi une imitation du ressenti émotionnel. À cinq ans, ce type d'imitation se dissipe au profit d'une imitation complémentaire avec une distribution de jeux de rôle : « Tu seras la maman et moi le papa » décident les enfants entre eux pour jouer.

L'enfant va donc imiter ses parents, ses frères et sœurs, et toutes les personnes qui interagissent avec lui. Son entourage valorise ou censure telle action ou expression, fruit d'une imitation. Il y a tout un ensemble conscient, et surtout inconscient, de renforcements positifs et négatifs des imitations choisies par l'enfant de la part de son entourage. Selon ses affiliations affectives, l'enfant va imiter plus ou moins tel parent, qu'il soit de son sexe ou non. À partir de trois ans, l'enfant commence à privilégier les interactions avec les enfants de son âge, aux dépens de ses parents. Globalement, l'enfant imite préférentiellement celui ou celle qu'il perçoit comme le leader, que ce soit le parent ou un enfant. C'est plus souvent une femme car l'éducation des petits reste largement dévolue aux femmes. Jadis l'homme, bien que peu présent physiquement auprès de l'enfant, était le leader dans le discours féminin, du fait du régime patriarcal régnant dans nos sociétés et aboli par la loi de 1975. C'est moins vrai aujourd'hui, ce qui justifie une présence masculine plus soutenue auprès des jeunes enfants. Quoi qu'il en soit, l'enfant prenant conscience de son identité sexuée, et soumis à la pression familiale, sociale, à celle des autres enfants, et à son désir propre va imiter en priorité les individus de son sexe. Vers cinq ans, les enfants imitent majoritairement les adultes de leur sexe. Cependant l'enfant peut imiter des comportements considérés comme féminins chez un homme, et réciproquement, des attitudes dites viriles chez une femme.

Ces mécanismes d'imitations permettent surtout l'élaboration des comportements externes de garçon ou de fille (rôle psychosexuel) plutôt que la construction intime de l'identité sexuée, bien que l'on sache désormais que nos émotions sont aussi modulées par nos comportements. On peut ainsi voir des hommes qui ont une façon d'être précieuse ou féminine, née de choix d'imitation d'une parente par exemple, tout en ayant intrinsèquement une forte identité sexuée masculine.

En s'identifiant

L'identification est un mécanisme plus complexe, plus profond et moins bien connu que l'imitation. Elle est à l'origine de la construction du « sexe psychologique ». C'est un processus psychique qui conduit l'enfant à faire siens une pensée, un sentiment, un désir, un fantasme, une allure, une faculté, un aspect, une propriété ou tout autre attribut conscient ou non d'une personne qui sert de modèle à cette identification. Ces intégrations induisent une transformation chez celui qui s'identifie.

Au contraire de l'imitation, l'identification n'est pas directement visible. Elle peut aussi n'être visible que tardivement. Par exemple un garçon va s'identifier à son père dans sa façon d'être au volant d'une voiture mais il faudra attendre qu'il passe son permis de conduire pour s'en rendre compte. Cela peut être vrai dans sa façon d'aimer.

L'enfant assimile différents emprunts, et sa personnalité, son identité se réorganisent à chaque nouvel apport, comme dans un jeu de construction. Les parents sont les supports identificatoires primordiaux, car les sentiments activent ce processus. On s'identifie toute sa vie à des personnes réelles, mais aussi virtuelles (comme les personnages de télévision). Mais les premières années sont les plus fécondes. Se sentir semblable favorise l'identification. On s'identifie davantage à un humain qu'à un animal. Aussi l'enfant va davantage s'identifier à une personne de son sexe. Le garconnet qui s'est identifié à sa mère ses premières années, car c'est elle qui le gardait à la maison, va secondairement s'identifier à son père qu'il va reconnaître de son sexe. Surtout si sa mère est favorable à cette identification. La féminité ne va pas de soi, y compris pour une femme. Et l'identification à la mère pour une fillette n'est pas en tout point une identification à la femme. C'est une identification féminine dans le sens où ce qu'elle puise de sa mère, elle l'intègre dans son être de femme. Les premières identifications servent de supports aux suivantes, et conditionnent leur mode d'intégration. Les identifications des premières années constituent le socle de l'identification sexuée.

Les premières identifications se font autour de l'incorporation alimentaire comme support concret, et du plaisir physique que cette alimentation procure. Nourri par un parent, l'enfant absorbe l'aliment qu'il lui donne mais prend aussi un « bout » de ce parent en soi. Il est alors un peu de ce parent qu'il introjecte[1]. Cette identification primaire à la mère (ou à la personne maternante) consiste pour l'enfant à s'identifier à l'image de lui qu'il voit en elle. C'est le stade du miroir[2]. L'enfant pense, donc il suit… le modèle qui s'offre à lui. Avec l'acquisition du langage, il pourra s'identifier aux autres. Être comme « lui » sera

1. Littéralement : qu'il jette au-dedans de lui.
2. J. Lacan.

relayé pour l'enfant par « être pour lui » et « être de lui ». Être pour quelqu'un signifie pour l'enfant, à terme, satisfaire les désirs de cette personne, être comme lui, comme il aurait aimé être, ou tel qu'il aimerait être. L'enfant s'identifie aussi à nos manques, à nos attributs absents, à nos espoirs déçus, pour tenter de les combler. Il identifie nos désirs en s'identifiant à nous, et essaiera de les réaliser.

La mère désigne à son propre insu l'ensemble de ses propres manques à être. L'enfant aura envie d'avoir ce qui fait envie à sa mère mais aussi d'être ce qui lui fait envie, tant l'être et l'avoir se confondent dans le champ de son jeune âge. Les choix d'identification qui, chez l'enfant, vont participer à la construction de son identité sexuée et de son orientation sexuelle vont être conditionnés par ce désir maternel, directeur pour l'enfant. Il arrive que ce qui manque à la mère soit comblé partiellement ou totalement grâce au père. L'enfant, fille ou garçon, va alors prendre ce dernier comme modèle d'identification, afin de chercher à combler sa mère aussi bien que lui. Mais le manque à être de la mère peut prendre place ailleurs : chez son propre père ou sa propre mère, dans son travail, auprès de Dieu, auprès d'une amie, d'un personnage célèbre… Autant de modèles possibles pour l'enfant. L'enfant va s'identifier à ce qu'il perçoit des désirs inconscients de ses parents et à tous ceux qui stimulent ces désirs.

Sophie, petite, a été très attachée, à sa mère. Elle n'a que peu de souvenirs de son père, peu présent à la maison à cause de son travail. Le couple de ses parents ne l'a jamais marqué par son attachement mutuel. La mère de Sophie se consacrait à l'éducation de ses cinq enfants sans autres loisirs. Elle recevait peu, si ce n'est sa cousine germaine qui vivait à l'étranger. Entre ces deux femmes existait un attachement très fort remontant à l'enfance. Hormis ses enfants, c'était la personne qui comptait le plus pour la mère de Sophie. C'est à elle que Sophie ressemble le plus.

L'enfant fait ses choix d'identification, et l'entourage, comme les parents lui laissent plus ou moins de liberté de choix. Il y a des éducations qui donnent à l'enfant une certaine autonomie de pensée. Il est aussi des parents certes aimants mais qui sont fusionnels, autocrates ou dirigistes, et qui laissent peu de liberté d'identification à leur enfant. L'enfant croit, à tort ou non, que s'il ne ressemble pas au modèle souhaité par le parent, il en sera moins aimé ou, pire, rejeté.

L'enfant va construire ses façons d'être, ses identités et ses désirs via les processus d'imitations et d'identifications. Quelles que soient ses préférences sexuelles futures, sa façon d'aimer, sa future orientation sexuelle, elles seront largement sous-tendues par ces mécanismes. L'enfant va élaborer ses façons d'aimer directement sur la façon d'aimer de ses modèles. Ou bien indirectement par des imitations ou des identifications qui concernent d'autres aspects de la personnalité de ses modèles. Car la façon d'aimer prend appui sur les goûts, les tempéraments, la sensibilité, bref sur divers éléments de l'identité.

7.

Le sexe volatil

L'enfant se sait garçon ou fille à partir de trois ans. Mais il ne connaît pas pour autant ce qui définit et différencie chacun des deux sexes. Questionnez les jeunes enfants sur la question, vous serez surpris des réponses qui portent sur la longueur des cheveux, le port de bijoux, le caractère pleurnichard ou bagarreur et non sur les caractéristiques des organes sexuels. Cela montre bien le caractère très fantaisiste, mais aussi les *a priori* qui circulent dans l'imaginaire des enfants quant à la représentation de l'identité sexuée.

Le fait que l'identité sexuée soit définitive n'est pas même acquis. On ne le dit d'ailleurs pas aux jeunes enfants, qui imaginent volontiers pouvoir changer de sexe en grandissant. Cette croyance existait au Moyen Âge. Le chirurgien Ambroise Paré raconte des cas de changements de sexe, qui devaient être des cas d'hermaphrodismes révélés tardivement, comme naturels. On pensait alors possible un passage du sexe féminin au masculin, du sexe imparfait au parfait, mais non l'inverse. Aujourd'hui, pour un jeune enfant, une telle transformation n'est rien, au regard de ce qu'on lui a promis : devenir un jour un « papa » ou une « maman » ! Si une telle métamorphose est possible, changer de sexe est bien peu de chose à côté. Des garçonnets s'imaginent avoir été « fille » quand ils étaient bébés. Pas étonnant que plus tard ces garçons croient qu'il existe une « femme » en eux. Ou bien qu'ils peuvent devenir fille s'ils perdaient leur zizi. L'autonomie apparente du pénis, qui entre en érection sans que le garçon puisse le contrôler, favorise cette crainte qu'il ne disparaisse. Un enfant m'a d'ailleurs dit que si on ne devait pas se promener nu c'était pour l'empêcher de s'envoler. Des garçons imaginent que les filles ont été des garçons qui ont perdu, ou que l'on a amputés de leur sexe, ignorant que leur sexe est interne. Ils imaginent d'ailleurs le féminin et le masculin sur cette base-là : les filles étant celles qui « n'en n'ont pas ». Certains garçons craignent qu'en se conduisant en filles, voire en les fréquentant de trop près, ils ne perdent cet attribut. C'est à l'origine de comportements distants des hommes vis-à-vis des femmes et du féminin en général. C'est aussi pourquoi les hommes sont moins sûrs dans leur identité d'homme que les femmes dans leur identité de femme. Une femme que l'on prend pour un homme se vexe moins qu'un homme que l'on prend pour une femme. Cela explique aussi certaines angoisses relatives à l'homosexualité, car tout rapprochement homosexuel risque alors d'être vécu par eux comme menaçant leur identité. Cette croyance s'explique par la méconnaissance des enfants, non informés de la permanence de l'identité sexuée et de la différence de sexes.

Brahim avait surpris sa grande sœur nue et ayant constaté qu'elle n'avait pas de zizi imaginait qu'on le lui avait coupé en guise de punition. Il se mit à craindre alors pour le sien au cas où il se conduirait mal, ce qui le rendit très timide et inhibé.

Simon, 4 ans, voyant sa sœur bébé sans pénis demande : « Il va pousser comme le mien son zizi quand elle sera grande ? »

Pas étonnant que certains garçons confondent fille et bébé, et qu'ils décrètent que les filles pleurent comme des bébés. Pas étonnant que certains hommes, qui se sont crus filles quand ils étaient enfants (car on les traitait de fille par exemple), apparaissent aujourd'hui puérils ou immatures.

8.

Les garçons qui veulent être des filles

Se savoir fille ou garçon n'implique pas qu'on accepte de l'être. Je reçois des garçonnets qui souhaiteraient être des filles, et réciproquement. Avant cinq ans, 6 % des garçons et 8 % des filles voudraient être de l'autre sexe[1]. De six à neuf ils sont encore 4 % des deux sexes à le revendiquer. Après dix ans, seul 1 % des garçons ose le dire contre 4 % des filles.

Des garçons sont désignés comme efféminés dès le plus jeune âge. Certains le resteront adultes. C'est vrai dans toutes les cultures. Certains parents consultent pour ce motif. Ils sont inquiets que leur garçon veuille porter des habits féminins, réclame des poupées, ou déclare vouloir être une fille. Souvent, les parents associent ce désir à une future orientation homosexuelle, ce qui n'est bien sûr pas systématique. Les hommes homosexuels n'ont pas tous été des garçons efféminés et à l'inverse des garçons efféminés sont devenus des hommes hétérosexuels. L'identité sexuelle est un facteur d'influence de l'orientation sexuelle. Mais ce n'est qu'un parmi d'autres.

On dit « garçon manqué » mais il n'y a pas de terme aussi populaire pour les garçons efféminés. Aux États-Unis

---

1. Friedrich W.N., et coll., « Normative sexual behavior in children : a contempory sample », *Pédiatries*, 1993, n° 4.

on dit *sissy-boys*. En quebécois on dit « fif[1] ». Le terme de tapette en français ne s'applique qu'aux plus grands. Les plus jeunes se traitent de « fille ». Le terme de « pédé » a gagné les cours d'école primaire mais ne désigne pas spécifiquement le garçon efféminé. C'est davantage une insulte comme « con ». Le suffixe « ette » renvoie au féminin et à la faiblesse. Au XVIIe siècle on disait « garçon fillette ». Le terme de « tapette » vient sans doute de sa signification du XIXe siècle désignant un bavard, avoir une fière tapette signifiant être un grand parleur. Enfin, certains garçons aimeraient être des filles sans pour autant adopter un comportement efféminé.

Vouloir être une fille peut exprimer un désir plus profond de maintenir un lien de proximité avec sa mère.

D'autres garçons, sans vouloir véritablement être des filles, souhaitent cependant porter des vêtements féminins. C'est un moyen pour eux de garder un peu de mère sur soi. Surtout quand les séparations quotidiennes avec elle sont difficiles à vivre. C'est aussi une façon commode de s'identifier à maman, et de se construire ainsi à peu de frais une personnalité en continuant à se modeler sur son premier objet d'identification. Le garçon sait qu'il est un garçon, il sait qu'il existe deux sexes et que le sien n'est pas celui de sa mère, mais il veut maintenir un lien fusionnel avec elle. Pour cela il refuse cette prise de distance avec sa mère que constituerait la reconnaissance d'être d'un sexe différent d'elle. Avec ce désir d'être une fille, le garçon cherche à réduire la différence qui lui apparaît entre sa mère et lui. Car cette différence est prise par lui comme de la distance. C'est sa façon de rester bébé, collé à elle, ou d'être un modèle réduit de sa mère. C'est par fidélité au modèle qu'elle lui propose que le garçonnet peut refuser son état de garçon. Car ce statut de garçon est perçu par lui comme une émancipation identitaire qu'il refuse par amour.

Chez d'autres garçons, plus conquérants, il s'agit de ne

1. Venant de fi-fille.

pas renoncer au pouvoir féminin. Ils ont conscience de leur identité masculine. Mais ils considèrent que le pouvoir féminin est attirant car détenteur de pouvoirs (réels ou imaginaires) que n'ont pas, ou n'auraient pas, les hommes. Parmi les pouvoirs réels spécifiques aux femmes, il y a celui de fabriquer et de porter des enfants. Les garçons comme les petites filles s'imaginent portant un bébé en posant un coussin sous leur tee-shirt. Quand ils apprennent que cela ne leur sera pas possible, ils en éprouvent souvent de la déception. D'autres se consolent aisément en apprenant que les hommes ont également leur rôle à jouer dans la conception et notamment celui de créer une mère en fécondant une femme. D'autres encore en ressentiront de l'envie vis-à-vis des femmes. Ce qui ne les empêchera pas de les désirer sexuellement. Car il y a de l'envie dans le désir sexuel. Le « J'ai envie de toi » traduit aussi cette envie-là. C'est le désir de « prendre » l'autre, pour prendre sa place. Il y a aussi dans le désir hétérosexuel celui d'être l'autre (hétéro signifiant autre), donc d'être de l'autre sexe. On pourrait voir à l'inverse, dans le refus de désir hétérosexuel, le refus d'être de l'autre sexe. Et donc, dans le désir homosexuel, le désir d'être davantage du sien propre. C'est-à-dire exactement le contraire du discours commun qui laisserait penser que les homos se veulent de l'autre sexe.

Dans les milieux sociaux ou familiaux où les hommes semblent favorisés, les garçons se contentent des avantages qu'ils pensent être ceux des hommes. Les garçons voulant être filles le veulent pour être aussi puissants que des femmes. C'est par revendication virile qu'ils ambitionnent d'être des femmes, considérant qu'elles sont détentrices de pouvoirs bien plus grands que ceux des hommes. On voit cela dans des familles où il existe un véritable déséquilibre entre le pouvoir des femmes et celui des hommes. Mais aussi quand les rôles sont très cloisonnés, et que l'enfant considère de façon toute personnelle que les activités féminines apparaissent plus valorisantes que les activités masculines. Ne serait-ce que le pouvoir du ministère de l'intérieur, celui de tenir la maison. Ou encore celui de mener les hommes à la baguette ou par le bout du nez. Le fameux « charme » féminin est entendu comme un véritable pouvoir magique et peut être envié en tant que tel par des garçonnets.

J'ai reçu Antoine, 4 ans, pour de l'encoprésie. Propre à 3 ans, il s'est mis à faire caca dans son slip un an plus tard. Il m'est apparu que c'était le moyen de faire venir sa mère à lui quand il réalisa la relation d'amour entre ses parents, et que sa mère n'était pas totalement à lui. L'encoprésie réglée par le suivi, je continuais de recevoir Antoine en raison de son comportement particulier. Il voulait s'habiller en femme, ne dessinait que des femmes, princesses ou sorcières avec des robes très soignées. Il tenait de son père ses talents de dessinateur. Il s'intéressait aux pouvoirs des femmes, dites phalliques, un pouvoir qui pourrait contrebalancer celui de son père avec lequel il était en lutte inconsciente par rapport à sa mère. Plutôt que de se battre uniquement sur le terrain de la masculinité, il chercha au niveau d'autres modèles d'autres armes de puissance et il choisit sans doute le modèle de sa grand-mère paternelle, maîtresse femme qui avait été très belle et qui avait gardé de ce temps l'assurance dominatrice sur les hommes et sur tout son entourage. Si avec le suivi Antoine renonça à s'habiller en femme, il resta très à cheval sur le soin de sa tenue et poursuivit son plaisir à dessiner des « mannequins ». Je le revis dix ans plus tard, à l'occasion du suivi de sa sœur. Il allait bien. Il avait une allure très efféminée, et me dit alors vouloir être architecte ou styliste. Il avait trouvé sa voie.

D'autres garçons ne veulent simplement pas renoncer aux deux pouvoirs. Lors de la découverte de la différence des sexes, ils refusent de faire partie de l'un aux dépens de l'autre. Ils veulent conserver les acquis d'être garçon tout en désirant être ou se conduire en fille. Il s'agit pour ces gourmands ambitieux, qui refusent de renoncer, de s'approprier les pouvoirs de la mère et du père, comme de l'homme et de la femme.

À l'inverse, certains enfants ne cherchent à adopter ni une identité masculine, ni une identité féminine. Ils veulent, au fond, rester bébés, c'est à-dire à leurs yeux encore neutres. Et si on les croit fifilles, c'est surtout car ils végètent dans leur développement et qu'ils sont immatures.

La dépression se traduit par un aspect globalement régressé, avec un repli sur soi, un manque de volonté qui peut laisser croire à un manque de virilité. Toutes les formes de régression, quelle que soit leur origine, peuvent faire croire à des garçons indécis quant à leur choix identitaire. Car on associe le caractère masculin à un comportement actif, opposant et dynamique.

D'autres garçons retiennent leurs pulsions actives. Ils sont rêveurs, doux, sérieux, et refusent bagarres ou jeux brusques. Ils retiennent toute agressivité condamnable à leurs yeux bien que leurs parents n'aient pas obligatoirement mené une éducation répressive par rapport à ces conduites. De fait les enfants les traitent parfois de filles surtout si physiquement ils apparaissent délicats. Ces enfants ne veulent pas être des filles, mais si on les traite de « filles » sans cesse, il arrive qu'ils y croient.

Si des garçons se conduisent en filles ou veulent l'être, c'est aussi parce qu'ils ne rencontrent pas autour d'eux des modèles masculins qui les soutiennent suffisamment dans la construction de leur masculinité. Un père peu aimant, maltraitant physiquement, qui l'humilierait ou le dévaloriserait, pourrait conduire un garçon à se détourner de ce modèle ou à se replier dans une immaturité dépressive. Et pour le garçonnet, on l'a vu, régresser c'est souvent à ses yeux redevenir bébé, c'est-à-dire fille. D'ailleurs, il y a des reliquats chez l'adulte : je pense à cet homme très déprimé après que sa femme l'eut quitté qui se demandait tout en le craignant s'il n'allait pas se transformer à son insu en homosexuel.

Cependant, parmi les garçons voulant être filles, beaucoup n'ont rien d'immature, ont des pères présents et n'envient pas du tout le pouvoir des femmes. Simplement, ce sont les centres d'intérêt dits féminins qui les attirent. Ils ont une préférence nette et précoce pour les activités cataloguées culturellement comme féminines. Au même titre que certains garçons n'ont de centres d'intérêt que des activités caricaturalement masculines au sens culturel du terme. S'ils veulent être filles, c'est simplement pour être conformes culturellement à leurs centres d'intérêt. C'est donc par conformisme. Il suffit d'accepter l'idée que ces centres d'intérêt à l'origine de leurs comportements ne sont pas incompatibles avec l'identité anatomique et sociale de garçons pour que ces enfants acceptent d'être des garçons, et ne revendiquent plus de se changer en filles.

Parmi les garçons qui auraient des allures de filles, il importe de faire la différence entre un garçonnet qui a du mal à grandir, qui manque d'assurance dans sa peau de garçon, d'un autre qui a une personnalité tout en retenue et enfin de celui qui a un véritable intérêt pour les activités féminines. Chaque enfant doit être soutenu dans ses désirs de grandir et dans ses centres d'intérêt. Il importe de le soutenir dans son identité sexuée, c'est-à-dire de lui permettre d'être heureux dans son corps de garçon en le valorisant en tant que garçon dans ses différents choix.

9.

Les garçons manqués

Les filles dites garçons manqués inquiètent beaucoup moins les parents. De nos jours, le caractère dominateur, bagarreur, actif chez filles et garçons est largement soutenu. La douceur, la délicatesse, la gentillesse, la générosité, la sensibilité sont perçues comme des signes de faiblesse dans une société considérée comme très violente, un monde de brutes où régnerait la loi du plus fort.

Dans les représentations à destination de la jeunesse, on voit de plus en plus d'héroïnes guerrières, notamment dans les jeux vidéo, combattantes à l'instar de la pionnière Lara Kroft.

Mais toutes les filles garçons manqués ne veulent pas, loin s'en faut, devenir des garçons. Tout se passe comme si elles étaient mieux acceptées en tant que filles aimant les jeux de garçons que l'inverse. Si le petit garçon qui aime les jeux de filles veut être une fille, c'est qu'il est critiqué. Il en conclut, on l'a vu, que la seule possibilité de jouer ou de s'intéresser à ce qu'il aime ce serait d'être une fille. La fille qui s'intéresse aux jeux de garçons est moins remise en question dans son identité par l'entourage. Elle peut donc vivre en synergie son identité de fille et ses centres d'intérêt dits masculins. C'était bien moins vrai il y a quelques décennies. Et beaucoup de filles d'alors ont été considérées et se sont considérées comme des garçons en raison de leurs choix indépendants. Les enfants de l'école primaire (6 à 10 ans) restent dans ce domaine assez manichéens. Ils vont qualifier volontiers certaines filles de « vrais garçons » (nouvelle terminologie remplaçant garçon manqué). Mais le caractère péjoratif est juste l'inadéquation entre le comportement et le statut.

Certaines fillettes se conduisent comme des garçons ou déclarent vouloir l'être pour satisfaire au désir plus ou moins conscient d'un parent. Jadis, avoir une fille était souvent une déception pour des parents sans garçon. C'est bien moins vrai de nos jours en Occident. Mais certains parents, du fait de leur histoire personnelle, de leur culture d'origine, ou de l'estime qu'il ont d'eux-mêmes en tant que femme ou homme peuvent ardemment souhaiter ou craindre un sexe particulier pour leur enfant.

C'est à la suite du décès d'un premier garçon qu'est née Renée. Elle n'apprit que bien plus tard que son frère aîné, mort-né, s'appelait justement René. C'était ce garçon que ses parents espéraient retrouver en elle. Et l'allure masculine de Renée peut se comprendre comme le désir de satisfaire ces attentes chez une fillette qui devait sentir qu'elle n'avait pas d'autres choix pour être acceptée par ces parents meurtris.

La distribution familiale est un facteur déterminant dans le choix par l'enfant d'identifications sexuées. Dans une famille de filles où les aînées sont très féminines, la dernière peut se faire « garçon manqué » pour se singulariser. Idem pour les garçons efféminés. Frères et sœurs cherchent à se différencier par le tempérament. C'est parfois par des modalités touchant les identités sexuelles.

Certaines fillettes méprisent tout se qui se rapporte au féminin. Comme chez certains garçons, le féminin est pour elles considéré comme mineur, et associé à la puérilité. « J'aime pas les filles, me dit Émilie, ce sont de vrais bébés, des chichiteuses. » Être comme un garçon, c'est être comme une grande pour ces filles responsables, actives et indépendantes.

Il y a des familles où il est dévalorisant, voire dangereux, d'être une femme. C'est le cas par exemple dans les situations de domination patriarcale, de violence conjugale contre la femme, d'antécédents de viol, ou d'inceste. La fillette rejette sa féminité pour se protéger.

Il existe des fillettes qui refusent la maternité. Cette réalité est méconnue. Or l'éducation donnée aux filles laisse penser que devenir une femme implique de devenir une mère. Le premier et principal modèle de femme qui est proposé à la fillette est une mère. On ne dit pas à ces enfants « quand tu seras une femme », mais « quand tu seras une maman ». Être grande, c'est être une maman. Elles sont parfois surprises de rencontrer des adultes femmes sans enfant. Or, certaines fillettes renoncent à être une femme, ou souhaitent être un homme, justement pour ne pas devenir mère. Les raisons du refus d'être mère sont diverses. Ce peut être pour ne pas ressembler à la leur. Ou parce qu'elles ressentent l'absence de plaisir chez leur mère de mettre au monde des enfants. Mais ce peut être un choix actif, volontaire, et non pas un choix d'opposition, de la part de fillettes qui voudraient être des femmes sans être des mères, mais qui prendront modèles sur des hommes si elles imaginent que ce n'est pas familialement ou socialement acceptable d'être une femme sans être mère.

Certaines fillettes ressentent un tel attachement identificatoire à leur père qu'elles veulent lui ressembler totalement. Jusqu'à adopter son allure masculine dans la recherche d'un amour fusionnel. Un attachement œdipien très fort à la mère (ou son équivalent féminin) peut aussi nourrir le désir de vouloir être un garçon pour la compléter amoureusement.

Plus les codes sociaux imposeront des critères comportementaux différenciés entre filles et garçons, plus on trouvera des enfants qui, ne s'y retrouvant pas, se voudront ou se croiront de l'autre sexe.

On a vu, en étudiant l'origine de ces questionnements

sur l'identité sexuée, que celle-ci ne doit pas être confondue avec les préférences sexuelles et l'orientation sexuelle future de ces enfants. Le fait qu'une fillette soit un garçon manqué n'implique pas qu'elle sera homosexuelle. Et qu'un garçon qui aime les jeux de filles, qu'il sera sexuellement attiré exclusivement par les hommes. « Enfant, j'aimais jouer avec les poupées de mes sœurs, plus tard, à l'adolescence, ce sont avec les amies de mes sœurs que j'ai joué à la poupée, mais cette fois les poupées c'étaient elles… » me déclare Yohan, grand amoureux des femmes. À l'inverse, des femmes homosexuelles ont été des filles qui ne s'intéressaient guère aux activités masculines.

Cependant, l'identité sexuée est un facteur d'influence des préférences affectives et sexuelles futures, parmi d'autres.

Pour un garçon, être perçu ou désigné comme une fille, se croire fille, ou vouloir être fille pour pouvoir jouir des activités féminines, peut favoriser une identification aux désirs qu'ont les filles. Et notamment aux désirs hétérosexuels des filles pour les garçons. Ou bien favoriser pour ces garçons la recherche d'une altérité amoureuse chez un garçon.

Mais à l'inverse on peut supposer que si un garçon préssent, consciemment ou non, ses futures préférences amoureuses et sexuelles pour les garçons il pourra se croire fille et adopter des comportements et des centres d'intérêt définis comme féminins.

Voilà ce que nous dit Julien, 26 ans : « Je ne suis tombé amoureux dans ma vie que de garçons. Mon premier souvenir d'amour, je devais avoir 5 ans-6 ans. C'était un garçon roux de mon âge. Il n'y avait pas dans mon souvenir de désir sexuel. Mais je me souviens bien que pour moi c'était de l'amour. Je me rappelle l'avoir annoncé et on m'a alors traité de fille. Je n'ai alors plus jamais confié mes sentiments amoureux jusqu'à ce que je devienne adulte. »

10.

C'est la faute de la mère !

Quand on questionne les hommes homosexuels sur leurs souvenirs d'enfance, on trouve plus souvent que chez les hétérosexuels le sentiment de ne pas s'être senti suffisamment « garçon ». Ils se sentaient moins affirmés, moins « forts », moins sûrs d'eux en tant que garçons. Une étude américaine, quoique un peu datée, confirme [1] cette différence entre adultes homos et hétérosexuels sur l'image qu'ils avaient d'eux-mêmes. On trouverait plus souvent un père distant, absent ou désintéressé, et une mauvaise relation avec lui. Mais malheureusement l'absence des pères n'est pas rare dans l'histoire personnelle de beaucoup d'hommes de nos jours. Et elle n'a pas empêché leur orientation hétérosexuelle. La mesure de la présence affective du père dans l'éducation est difficile à prendre. Le vécu des personnes interrogées dans l'étude citée correspond-il à un véritable désinvestissement paternel ? Ou bien s'agit-il du rejet du père par l'enfant ? Ou encore de sa mise à l'écart par la mère ? Quoi qu'il en soit, si cette situation de moindre présence paternelle a bien une incidence sur l'orientation sexuelle, elle n'enlève en rien la dimension de choix de l'enfant.

---

1. Bell A.P., Weinberg M.S. et Hammersmith S.K., *Sexual Preference*, Indiana University Press, Bloomington, 1981.

La principale explication de l'homosexualité des garçons reste encore aujourd'hui un excès de mère (jugée trop présente, trop « forte » ou « castratrice ») et un père défaillant. Trop de présence féminine affaiblirait l'homme. Cette conception remonte à l'Antiquité, illustrée par le tableau que j'ai vu au Louvre d'Hercule filant la laine auprès de sa dulcinée. Cette explication sommaire [1] a le ton d'une accusation, rendant les parents responsables par défaut ou par excès de l'orientation homosexuelle de leurs enfants. On retrouve ce « trop » ou ce « trop peu » des théories anciennes. On oublie que si l'enfant se sent moins « garçon », c'est peut-être qu'il pressent déjà au milieu de la complexité de ses désirs sa future orientation homosexuelle. Et que confondant cela du fait de l'absence de modèle explicatif clarifiant la différence de l'identité sexuelle et de l'orientation sexuelle, il peut se croire moins garçon qu'il n'est. Cette prise de conscience pourrait précéder ce sentiment de n'être pas tout à fait de son sexe. De fait un père peut, pour diverses raisons, ne pas se retrouver tout à fait dans le garçon qu'est son fils et le laisser davantage dans le champ maternel.

Mais, tous les homosexuels n'ont pas eu ce ressenti de moindre virilité que pourtant des hommes hétéros ont connu.

Sullivan est un homme homosexuel qui n'a jamais douté de son identité masculine, et à qui on n'a jamais trouvé d'allure féminine. Il se souvient d'une phrase de son père quand il était enfant disant : si un de mes fils devient homosexuel il restera mon garçon. Sullivan ne savait pas alors qu'il le deviendrait mais il réalisa qu'homosexuel n'était pas le contraire d'être un garçon.

On a vu que le souhait d'être de l'autre sexe peut favoriser une homosexualité exclusive. Par conformisme on renonce à l'attirance pour les personnes du sexe auquel on

1. C'est le résumé de réponses apportées par des psychologues sollicités lors du débat sur le pacs au Sénat.

veut appartenir [1]. Mais il est des individus qui assument des façons d'être ou des centres d'intérêt de l'autre sexe tout en étant hétéros. D'autres, à l'inverse, se sentent précocement homos, et se croient de ce fait de l'autre sexe, et vont en adopter secondairement les allures.

1. Selon un raisonnement qui serait pour un garçon : « Si je veux être une fille, pour être conforme, je dois renoncer à désirer sexuellement une fille et je devrais privilégier mes attirances sexuelles pour les garçons. »

11.

Une mère en père ou une paire de mères

De tout temps il y a eu des parents homosexuels. Que ceux-ci se mettent en couple avec leur partenaire de même sexe ou continuent de vivre avec l'autre parent de leur enfant. C'est le cas d'Émile, 74 ans, qui n'a jamais connu son père. Il est né d'une rencontre sans lendemain de sa mère avec un homme. Il a été élevé par elle et celle qu'il appelait marraine. Il comprit plus tard que sa mère et sa marraine étaient un couple qui ont toujours vécu discrètement leur liaison. Elles sont enterrées dans le même cimetière où Émile leur rend régulièrement visite, accompagné parfois de ses petits-enfants.

Concernant le devenir de ces enfants il n'y a pas d'étude qui mette en évidence qu'ils présentaient davantage de troubles que les autres. Quelques études anglo-saxonnes [1] ne montrent pas de troubles spécifiques. En France, le pédopsychiatre Stéphane Nadaud, dans sa thèse [2],

1. Green R., *et al.*, « Lesbian mothers and their children : a comparaison with solo parent heterosexual mothers and their children », *Archives of sexual behavior*, 1986. Jawaid G., « The children of homosexual and heterosexual single mother », *Child psychiatry and human development*, 1993.

2. Thèse soutenue le 10 octobre 1999 à l'université de Bordeaux II et dont les résultats sont publiés dans son livre *Homoparentalité, une nouvelle chance pour la famille ?*, Fayard 2002. Il étudie 58 enfants (35 filles et 23 garçons) âgés de quatre à seize ans. 59 % sont nés dans un couple hétérosexuel. Plus des trois quarts ont été conçus lors d'un rapport sexuel et 22 % par insémination artificielle. 12 %

arrive aux mêmes conclusions. En fait sous le terme d'homoparentalité on est face à des situations très diverses. Et un enfant élevé par son père gay et sa mère lesbienne en garde alternée ne vit pas la même situation qu'un enfant élevé par deux femmes, né par insémination de l'une d'elles par un donneur anonyme. Dans le premier cas, l'enfant connaît ses parents, dans l'autre il ignorera toujours tout sur son père de naissance. Mais notre sujet n'est pas l'homoparentalité mais la construction de l'orientation sexuelle de chacun. Et de l'influence des orientations sexuelles des parents sur celles de l'individu. En termes d'identité sexuée, les quelques études anglo-saxonnes ne montrent pas de différences chez les enfants. Les parents homos sont sans doute aussi conformistes que les autres dans leurs comportements et soumis aux mêmes stéréotypes quant à leurs attitudes, leurs propos, leurs pensées face à un enfant fille ou garçon. Ils ne souhaitent consciemment pas davantage que les parents hétéros que leurs enfants soient homos compte tenu des difficultés sociales qu'ils ont pu rencontrer, mais ils sont certainement moins angoissés qu'ils le soient. L'orientation sexuelle des enfants n'est pas calquée sur celle des parents. La preuve : la large majorité des homosexuels ont des parents hétérosexuels. Mais une orientation homosexuelle assumée chez un parent va davantage autoriser un enfant à exprimer ses préférences homosexuelles s'il les ressent. Les désirs des parents l'un pour l'autre, on le verra, servent de modèle pour l'enfant dans le cadre du complexe d'Œdipe. Voici quelques situations résumées grossièrement pour illustrer comment des parents homos font des enfants hétéros :

Une fille élevée par deux hommes pourra faire le choix de modeler son désir d'un de ces deux hommes pour les hommes en général. Et devenir hétérosexuelle. Sans pour autant n'être attirée que par des hommes homos car son

des enfants étudiés ont été adoptés. Dans quatre cas sur cinq, les enfants sont élevés par un couple de femmes.

père ou son beau-père n'est pas attiré que par des hommes homos. Un garçon peut s'identifier aux désirs refoulés de son père homo pour les femmes, et désirer les femmes sexuellement là où son père ne les aime que chastement. Une femme qui aime une autre femme peut aimer chez cette femme ses côtés masculins. Sa fille peut faire le choix de se modeler sur ces goûts mais de les satisfaire auprès d'un homme.

12.

Pas folle la guêpe

Les « folles » sont présentées dans l'histoire de l'homosexualité et l'on a volontiers à partir du XIXe siècle confondu les deux. Les « folles » sont des hommes qui adoptent une façon d'être très précieuse, excentrique et théâtralisée. Est-ce de la féminité ? Oui, si on en juge sur l'emploi du féminin dont ces hommes se désignent eux-mêmes. Mais c'est alors un féminin d'ambition [1], de conquête, d'emphase, d'outrance, de violence parfois. Une féminité offensive et guerrière à l'image des « mignons » d'Henri III qui étaient de remarquables guerriers [2]. C'est cette outrance, cette extravagance, cet excentrisme, ce caractère hors norme dans la caricature de la féminité qui sont à l'origine du mot « folle ». Ils existent d'ailleurs chez des femmes comme la Castafiore chez Hergé. Certaines « folles » se sont contentées de s'identifier à leur mère ou grand-mère, qui forte d'une telle personnalité avait le rôle de leader dans la famille. Il y a parfois de l'histrionisme chez les « folles » dont l'origine n'a rien à voir avec celle de l'homosexualité et qui s'accompagne souvent de difficultés à s'investir sexuellement. Généralement, il s'agit

---

1. « L'ambition est l'affaire des hommes ; chez la femme cela tourne à la caricature ». Stefan Zweig, *Clarissa*.

2. Voir le film de Patrice Chéreau, *La Reine Margot*, 1994.

davantage de la représentation d'un personnage de théâtre, d'un type que de la représentation de la femme. Il y a du plaisir dans ce « je » surtout s'il y a un public d'amateurs. Mais c'est aussi un habit de protection dans lequel le jeune individu, incertain, s'est glissé pour paraître. À l'adolescence, quand il y a une volonté de s'affirmer, de se faire voir, mais que l'on manipule mal les codes virils, ou que l'on manque d'assurance dans ses autres ressources, on peut emprunter ceux du personnage de la « folle ». C'est devenu un personnage classique, largement médiatisé, et donc facilement adoptable pour qui se cherche une identité sociale. Ce fut longtemps la seule forme d'intégration sociale des homos au XXe siècle, car c'était la seule forme de visibilité de l'homosexualité masculine. C'est ainsi que les homosexuels se devaient d'être, car aisément repérables, et trop singuliers pour que les hommes hétéros ne risquent de se reconnaître dans cette forme d'homosexualité, et trop ridicules pour que les femmes les vivent comme une menace.

« Quand les choses nous dépassent, feignons d'en être les organisateurs », écrivait Cocteau. C'est un peu ce qui se passe chez la folle qui pourrait raisonner ainsi : « J'ai du mal à me situer dans la question du féminin et du masculin, dans ma définition de l'homme et de la femme parmi les choix qui me sont proposés, dans la définition de mon désir pour les hommes. Je me sens confus dans mon identité alors je prends les devants et je caricature. » Il s'agit aussi pour l'adolescent de prendre les devants, d'« organiser » son image face à un regard social qui veut le dénier dans sa sensibilité, qui veut le mettre entre parenthèses ou le réduire. C'est le vilain petit canard qui devient cygne en se mettant des plumes partout. C'est une façon de tenir la dragée haute aux railleurs tout en étant le premier à se moquer de son personnage. Pour le sociologue Michel Dorais, il s'agit de l'appropriation du stigmate. C'est-à-dire qu'à force de se faire dénigrer en tant qu'homme, de se faire traiter de caricature ou d'ersatz de femme, on cultive cela, et l'on en rajoute.

Les folles ont eu leurs heures de gloire dans les années 1950 et leur apogée avec *La Cage aux folles*. Mais leur étoile décline. Les homosexuels qui ont moins la nécessité de cacher leur sexualité n'aiment plus l'image qu'elles donneraient d'eux. Et les petites annonces sur Internet pullulent de « folles s'abstenir ». Pourtant, demander à une « folle » de s'abstenir, c'est un non-sens !

On a vu que les désirs des parents influencent notre devenir et en particulier notre devenir amoureux. On a vu que l'enfant fait aussi ses propres choix qui orienteront sa future façon d'être et donc aussi sa future façon d'aimer. On a vu enfin que l'identité sexuelle, c'est-à-dire notre façon de se sentir fille ou garçon, influence aussi notre façon d'aimer.

Voyons maintenant selon quel cheminement notre sexualité future s'organise.

VI

LA LIBIDO DU JEUNE ENFANT

Le développement psychosexuel n'est pas dissociable du développement de la personnalité. Nos caractères propres influenceront aussi notre façon d'aimer. L'amour comme l'intelligence se développent, s'élaborent, se structurent, et s'organisent. Que l'on devienne homo ou hétéro, on passe tous par différents stades. Et de ces passages, on gardera chacun des « souvenirs personnels ». Deux personnes qui font le même voyage n'en retiennent pas la même chose.

Freud a montré que la sexualité débutait à la naissance. Bien sûr, elle ne prend pas les formes de la sexualité adulte. Elle va ensuite évoluer par différents stades.

1.
La libido orale du nouveau-né

C'est quoi une pulsion ?

Le nouveau-né entre en résonance avec le monde qui l'entoure à partir de son corps. Ses parents vont permettre le développement et les apprentissages en médiatisant les propriétés innées de ce corps, et en accompagnant la découverte de ce monde. Ce corps a des fonctions physiologiques en correspondance avec des besoins : celui de manger, de dormir, d'être touché, d'uriner, de déféquer... Cet ensemble va entrer en relation avec des émotions et des affects. L'enfant va s'attacher affectivement aux personnes, parents et nourrices, qui répondent à ses besoins. La satisfaction des besoins va lui fournir un bien-être physiologique qui sera associé à des émotions agréables. À l'inverse, des manques, des insatisfactions vont être associés à des émotions négatives. L'enfant en effet se représente mentalement toutes ses expériences physiques, agréables ou non. Et ces représentations mentales, ces pensées deviennent à leur tour des sources de plaisirs ou de désagréments quand elles sont évoquées. Nous sommes des êtres de désirs. Désirs de prendre, d'apprendre, de conquête, d'avoirs, de savoirs, de possessions, d'être, de rencontres, d'échanges... Dès notre naissance, peut-être auparavant, notre psychisme est envahi de pulsions innées, brutes, que notre éducation va permettre de cultiver. Ces pulsions sont à considérer comme de l'énergie vitale, qui est la source de la croissance physique, cognitive et affective. Source d'énergie, une pulsion telle que Freud l'a définie, est un processus actif. Elle prend racine dans une région du corps chargée d'excitation. La satisfaction est son but, c'est-à-dire l'apaisement des tensions créées par l'excitation. L'ensemble de ces pulsions ont été qualifiées de sexuelles, même si elles n'ont pas toutes, loin s'en faut, la région génitale comme source d'excitation. Aux côtés de ces pulsions dites sexuelles, il existerait d'autres pulsions comme la pulsion de vie ou de mort. Freud a défini différents stades de développement psycho-affectif normal chez l'enfant, en fonction de la prévalence de telle ou telle pulsion au cours du développement. À chaque étape, l'enfant va organiser les pulsions mises en jeu. Notre façon d'aimer sera influencée par cette organisation.

La pulsion orale

Lors des deux premières années, c'est le stade oral qui est prévalent. La source corporelle d'excitation est une large région incluant les organes sensoriels, les organes de la parole, les organes respiratoires, le tube digestif et la zone buccale. La satisfaction de ces pulsions orales l'est au début par le lait maternel, puis rapidement la succion de la langue, la tétine, le pouce à sucer, le manger et le boire, la parole, les baisers, les odeurs, la musique, mais aussi plus tard une gomme à mâcher ou la cigarette. Le plaisir de téter, de sucer, d'avaler, d'abord lié au besoin physiologique de se nourrir, devient le lieu d'une activité autoérotique qui constitue le premier mode de satisfaction dite sexuelle.

Le stade oral est lié à la relation entre l'enfant et la personne qui le nourrit par l'intermédiaire du sein maternel ou son équivalent, le biberon. Cette personne est tantôt bonne, tantôt mauvaise, satisfaisante ou frustrante selon qu'elle le nourrit suffisamment ou non, et que la prise alimentaire se passe bien.

L'émergence d'une sexualité implique donc, dès le départ, non seulement une fonction vitale mais aussi une relation à autrui. Il y a d'emblée une dimension objectale et une dimension hétéro-érotique. L'objet, c'est la personne qui le nourrit. La dimension hétéro-érotique, c'est l'amour, la libido tournée vers autrui. C'est donc la région buccale, qui est alors le lieu principal et la source privilégiée du plaisir, d'où le nom de stade oral pour qualifier ce stade.

Cette transformation de la région buccale en zone érogène nous fournit un premier exemple du mécanisme fondamental de l'étayage. C'est en effet dans la mesure où la bouche accomplit une fonction nutritive primordiale pour la survie, qu'elle est le siège de stimulations qui vont aboutir à l'éveil d'un plaisir sexuel, lequel sera recherché ensuite pour lui-même. En fait la satisfaction liée à la réponse aux besoins physiologiques n'est pas uniquement associée au sein ou ou biberon, mais aussi à une façon d'être tenu, à une odeur (celle de la personne nourricière), à une voix, à un décor (la pièce où on le nourrit)...

Chez le nouveau-né, les représentations mentales, élaborées via la pulsion orale satisfaite, sont des images de succion, d'absorption, de stimulations sensorielles (caresses, parfums, visions agréables, voix). Elles lui permettent une satisfaction virtuelle, en l'absence de satisfactions réelles. L'enfant se satisfait, en pensées et en rêves, malgré l'absence de prises alimentaires réelles. C'est un cinéma privé que se crée le nouveau-né, et ces rêveries liées aux pulsions orales sont les premiers fantasmes qui servent de rez-de-chaussée à nos fantasmes adultes.

Les pulsions sont communes à tous, mais la façon de les satisfaire est propre à chacun. Bien sûr, il y a cet ensemble commun de satisfactions, mais les modalités, les spécificités, les types ou les intensités de chacun des éléments satisfaisants varient au cours du développement d'un même individu, et sont très variables d'une personne à une autre.

L'esprit de l'enfant va rapidement associer des représentations mentales et des émotions à ces pulsions, à leurs sources, à leurs buts et à leurs modes de satisfaction. L'enfant apprend à penser à partir du concret de son corps. Les rapports que l'enfant va entretenir avec son organisme, et ses différentes fonctions, vont lui servir de base pour se représenter mentalement ses relations avec autrui. Par exemple, l'enfant va se représenter mentalement le sein de sa mère qui l'allaite pour satisfaire sa pulsion orale. Cette pensée va s'associer à une sensation de plaisir qui deviendra une émotion particulière. En fait, au stade oral, les représentations mentales concernent toutes les prises d'informations. On avale des aliments comme on avale des concepts, comme plus tard on se gargarisera d'images, de musiques, ou on avalera des livres. L'enfant absorbe tout de ceux qui le nourrissent : les sons, la voix, les mimiques, les émotions, les désirs inconscients, et les éléments de leur personnalité communiqués par tout cela.

L'apparition des dents est contemporaine aux pulsions dites orales agressives. En tétant le biberon ou le sein, l'enfant peut le mordre à plaisir. Il voit disparaître en lui les aliments qu'il avale, et pense les détruire. Ces pulsions agressives orales, on les retrouvera dans ses envies de mordre ou dans son agressivité verbale.

L'oralité peut s'associer à d'autres plaisirs qu'oraux, ainsi le jeune enfant qui mange a du plaisir à triturer ses aliments, voire à les étaler sur lui.

Cette oralité est la première étape de l'initiation à l'amour. L'enfant acquiert un contrôle pulsionnel. L'enfant contrôle mieux la satisfaction de ses besoins et de ses désirs au-delà de six ans. Les pulsions sont sublimées, c'est-à-dire qu'elles ne sont pas uniquement liées à une satisfaction corporelle mais qu'elles sont mises au service d'activités socialement acceptables. Ainsi les pulsions orales sont largement mises à profit dans les acquisitions scolaires.

Oralité à l'adolescence

Ces pulsions sont communes à tous. Elles seront plus ou moins investies, et laisseront plus ou moins de traces chez chacun. Elles vont inspirer nos comportements érotiques (par exemple dans le plaisir des prises en bouche), nos façons d'aimer (par exemple dans des comportements de dépendance), mais pas spécifiquement notre orientation sexuelle.

Lors de la puberté, les pulsions sont réactivées. La réémergence de la pulsion orale se manifeste par des comportements subits de gloutonnerie ou de grignotage. On découvre des canettes de soda et des miettes de gâteaux près du lit, témoins de repas nocturnes. L'adolescent a toujours quelque chose dans la bouche : stylo à mâchonner, chewing-gum, cigarette... L'ado a soif de rencontres avec d'autres jeunes, et se gave de communication par Internet, ou mobile, se bâfre d'images de jeux vidéo ou de d-vix. Il a soif d'incorporer de nouveaux sentiments, émotions, modes de pensée et façons d'être. Il a faim de nouvelles identifications complétant celles de l'enfance vis-à-vis de ses parents. Les organes des sens, autres lieux de satisfactions de pulsions orales, sont mis à profit et l'ado se bourre les oreilles de musique. Source de plaisir, toute pulsion peut aussi devenir source d'angoisse. Dès le jeune âge, l'enfant peut craindre de se laisser déborder par une pulsion trop chargée de désir, et la censurer partiellement. C'est le cas d'enfants qui limitent leurs apports alimentaires avec un certain nombre de dégoûts portant sur des aliments. Quand l'enfant est en âge d'accéder à une forme de culpabilité, il peut associer de la culpabilité à ses pulsions de désirs. Cela explique que des fillettes délurées en famille peuvent ne plus oser parler en présence de personnes étrangères, des messieurs notamment, susceptibles de les intéresser. À l'adolescence les angoisses de satisfaction des désirs et des besoins, liées à la culpabilité que l'on peut avoir de les satisfaire, sont aussi réactivées. Cela explique certaines conduites ascèses par exemple dans le domaine alimentaire (pour ce qui est de la pulsion orale), source d'anorexie, qui s'associe souvent à une ascèse sexuelle.

Quand nous devenons pubères, cette oralité sera pleinement partie prenante de notre façon d'aimer. Il y a le plaisir d'entendre ou de dire les mots doux ou salés, de boire les paroles de l'être aimé, de le dévorer des yeux avant de croquer le fruit défendu. Le voyeurisme, par exemple, est un plaisir qui prend racine au stade oral. Il y a le plaisir de sentir l'odeur de l'autre ou de ne plus « la sentir » une fois que l'amour s'en va. Le plaisir à lire ses mails et écouter de la musique en pensant à lui ou elle. Et il y a tout ce que la bouche permet comme plaisir : embrasser, lécher, sucer, mordiller tout ce qui s'offre du corps de l'autre, fille ou garçon. La pulsion orale est à la source de toute la sexualité orale. La mise en bouche de parties du corps de l'autre : sa langue, ses doigts, son sexe, ses seins, ou toutes parcelles de son anatomie met en jeu cette pulsion orale que l'on soit dans une relation homo ou hétérosexuelle. Mais il y a aussi le plaisir visuel, olfactif, auditif, tactile (caresses superficielles) qui nourrissent la sexualité.

Une personne adulte qui serait fixée au stade oral dans la construction de sa personnalité cherchera à communier et à s'unir avec autrui de manière indissociable. En effet, classiquement, les personnalités dites « orales », celles qui sont marquées par ce stade, sont très dépendantes. D'autres traits se retrouvent comme : la peur de la solitude, l'impatience, le tout ou rien dans ses choix, le principe de plaisir dominant sur le principe de réalité avec en amour une certaine tyrannie de la demande, un investissement massif plaçant la sexualité au second plan par rapport à la présence et à la relation amoureuse, la recherche du grand amour, l'importance accordée aux expressions des sentiments amoureux et aux preuves d'amour, un rapport distancié avec l'argent (mauvaise gestion, dépense). La pathologie boulimique, la dépendance à l'alcool, au tabac, prennent racine à ce stade. Le caractère exigeant et égocentrique de l'adulte dominé par l'oralité peut le conduire à développer un fort sentiment de culpabilité, s'accompagnant parfois d'une forme de sadisme (en écho au plaisir de la morsure) se manifestant dans la tendance à vouloir imposer immédiatement aux autres sa volonté.

Certaines personnalités vont refouler leurs tendances orales. Cela se manifestera alors par un refus de tout plaisir oral pouvant conduire sur le plan érotique au dégoût par rapport aux baisers ou à la fellation. Ou simplement par la difficulté à échanger des mots d'amour. Ces pulsions orales sont également présentes quelle que soit l'orientation sexuelle de l'individu, homo ou hétéro. Ce qui varie, alors, c'est l'objet de la pulsion.

2.

La libido anale

Maîtrise et emprise, les deux mamelles de la pulsion anale

Le second stade défini par Freud est le stade anal. Il est ainsi désigné car les sources d'excitations physiques sont situées dans la région de l'intestin et du côlon jusqu'au rectum. C'est entre la première et la troisième année qu'il s'organise. Les pulsions qui le définissent sont dénommées pulsions d'emprise et de maîtrise. Ces pulsions invitent à garder en soi les aliments. Ce sont des pulsions conservatrices, qui poussent à préserver aussi ses pensées et ses sentiments, et plus tard ses affaires, son argent, son ou sa partenaire. Ces mêmes pulsions conduisent à évacuer les aliments une fois digérés, c'est-à-dire détruits et modelés. On modèle les aliments qu'on absorbe, comme les émotions, les sentiments, les représentations mentales que l'on a, jusqu'à en faire par exemple des écrits poétiques, des partitions ou des tableaux. Ce stade correspond selon la théorie psychanalytique à la prise de conscience de ce qui est soi par la pensée et ce que l'on n'est pas, le non soi. Les limites de son être et de ses avoirs. À la fin de cette période l'enfant sait se dessiner, et il se représente bien son corps et ses limites. Le plaisir physique ressenti lors de la rétention des selles due aux stimulations physiques des intestins va servir de support concret aux plaisirs mentaux de prendre, garder pour soi des choses ou des êtres, conserver, posséder. La notion de propriété date de cette période. À l'inverse, le plaisir provoqué par l'évacuation des selles servira de base concrète au plaisir d'offrir, de s'exprimer pour autrui, de faire des choses pour l'autre. Durant la période anale l'enfant est éduqué à la propreté. Il doit donc exercer sur lui un contrôle et une maîtrise. Il va vite s'apercevoir qu'il peut aussi, en faisant ou en ne faisant pas caca, faire plaisir ou ne pas faire plaisir à ceux qui l'éduquent à la propreté. Il exerce donc ainsi un certain contrôle sur son entourage.

Exercer une emprise et une maîtrise de ses selles grâce à l'apprentissage de la propreté se fait en correspondance avec l'apprentissage de l'emprise que l'enfant va expérimenter sur ses parents et son entourage à différents niveaux et pas seulement autour de l'apprentissage de la continence. Cela correspond à la fameuse période d'opposition des enfants de deux/trois ans, la période du non, où l'enfant expérimente la manipulation mentale, le pouvoir sur l'autre. L'agressivité va s'exprimer par des refus de rendre des objets pris, des actes physiques, les coups que l'on « donne », les objets que l'on jette (expulsion), des gros mots qui sont autant de « caca boudin » que l'enfant évacue avec plaisir mais aussi, secondairement, avec culpabilité. Elle s'exprime aussi par la rétention, forme d'agressivité passive : rétention de selles et au-delà du corps la bouderie, le silence, le refus de répondre, de se confier, de donner et de donner prise sur lui. La manière dont l'enfant gérera plus tard ses relations futures amicales, sociales ou amoureuses est influencée par cette période, et par les modalités de réponses de l'entourage à cette agressivité. On la retrouve dans le plaisir de garder quelqu'un sous son emprise comme dans celui de « jeter » quelqu'un ou de collectionner les partenaires.

Analité à l'adolescence

À l'adolescence, les réactivations de ces pulsions expliquent beaucoup des changements de comportements signalés à cet âge. Des conduites d'oppositions actives et passives sont habituelles. Mais ces pulsions sont utiles puisqu'elles favorisent, comme à deux-trois ans, un processus nécessaire de séparation vis-à-vis de ses parents. Hélas, cette opposition peut tourner à l'autoritarisme. Il arrive que l'agressivité née des pulsions anales se retourne contre soi-même avec une égale satisfaction. C'est à l'origine de conduites masochistes qui peuvent se retrouver dans les comportements sexuels ultérieurs si elles se fixent. Le langage est aussi inondé à l'adolescence de ces retours de pulsions. Le vocabulaire se débride, les expressions triviales et un néolangage apparaît. Le vocabulaire sexuel fleurit. À l'inverse, un investissement perfectionniste du langage peut s'observer. Son maniement se fait alors avec plaisir, les mots sont choisis, les expressions châtiées et l'ensemble peut être imprégné d'une certaine préciosité théâtrale qui n'empêche pas les maladresses ou encore une certaine rigidité (contrôle du langage pour éviter tout dérapage de mots licencieux). Les pulsions de maîtrise vont aussi s'exercer sur le corps avec à l'extrême des conduites d'ascétisme.

De l'influence des pulsions anales sur la façon d'aimer et la façon d'être

Les relations amoureuses sont largement nourries par ces pulsions de maîtrise et d'emprise. Il s'agit de tout ce qui concerne la dimension de possession en amour : « prendre », « s'éprendre », « posséder », « pénétrer », « conquérir », « s'attacher », « se donner », « créer des liens ». Les notions d'appartenance, de rejet (« je t'exècre »), de fidélité, de règles amoureuses, du devoir conjugal, de manipulation, de jalousie, prennent leurs racines à ce stade.

Les notions de don de soi, ou de dons d'objets. Les cadeaux que l'on offre, que l'on reprend ou que l'on rend. C'est autour du couple rétention/expulsion que s'articule l'ambivalence qui caractérise la personnalité anale. Le plaisir de conquérir, de s'approprier l'autre mais aussi de le quitter, de le renvoyer. Certains vont davantage prendre plaisir à la conquête, au collectionnisme (les don juans), et à la préservation (conserver un homme ou une femme pour soi seul). Les individus marqués par ce stade peuvent aussi manifester une fidélité et une loyauté sans faille bien qu'ils ou elles expriment peu leurs sentiments et paraissent froids. Mais des compositions mixtes existent. Ainsi tel homme exprimera une loyauté absolue vis-à-vis de ses amis hommes, mais collectionnera les femmes. Physiquement, c'est le plaisir de la prise en main, d'être pris, ou de prendre dans un but de possession. Le plaisir sexuel de contenir l'autre que ce soit manuellement, analement, vaginalement ou oralement prend également sa source à ce stade. La prise de contrôle du corps de l'autre ou inversement du sien par l'autre. Toutes les manipulations et les mobilisations corporelles. Toutes les formes de pénétrations, anales, orales ou vaginales sont concernées. Il s'agit ici du plaisir de la pénétration dans un but de conquête, de prise de pouvoir et non pas du plaisir génital conséquent à cette pénétration qui, lui, renvoie au stade suivant : le stade génital. Le plaisir de la pénétration ne concerne pas seulement, loin s'en faut, la pénétration par le pénis mais toutes les formes de pénétration, en particulier manuelle ou parfois linguale. Bien sûr, ce stade est aussi à la source des plaisirs purement anaux de la sexualité qui peuvent exister chez les hommes et les femmes, qu'ils soient homosexuels ou hétérosexuels. Le plaisir pour un homme de pénétrer analement une femme ou un homme. Le plaisir qu'a un homme à se laisser pénétrer analement par un autre. Mais aussi, tant est grande la variation possible des plaisirs sexuels, celui qu'a un homme (ou une femme) à être pénétré instrumentalement par une femme, et qu'a celle-ci à le faire.

Personnalité anale

La personnalité d'un individu très fixé psychologiquement au stade anal est marquée par l'obstination, l'ordre, la parcimonie, la méthode, l'organisation, la persévérance, le sens de l'équité, de la justice, le goût de l'avoir, le collectionnisme, le refus du gaspillage. Autant de traits de personnalité qui influent dans la relation amoureuse. L'adulte fixé au stade anal a le souci d'être indépendant d'autrui, d'avoir de la maîtrise sur tout, de vouloir soumettre tout (lui, les autres, les choses) à son autorité. Exigeant vis-à-vis de lui-même et d'autrui, il est enclin au perfectionnisme ainsi qu'à des attitudes de défi lancé à lui-même. Il aime les rapports de force dans tous types possibles de relation, notamment amoureuse. Les relations sont définies par lui avec un dominant qu'il envie, et un dominé, qu'il méprise. Cela peut aller jusqu'à faire le lit d'une relation sadomasochiste. L'argent est très investi et passe souvent devant les sentiments et la distraction. Mais il peut y avoir un plaisir à monnayer l'amour.

À l'inverse, il y a des personnalités anales relâchées. Ou bien des alternances de ces deux faces d'une même personnalité. Ces composantes de la personnalité anale associent un désordre, des pertes de temps, un idéalisme pour sauver le monde ou un idéalisme en amour (en pensée et en discours plus qu'en acte de tendresse), une critique de tous les systèmes ordonnés et contraignants (comme le mariage), et un refus du matérialisme (esprit baba cool).

Pour conclure sur ces deux stades, aimer « oralement », c'est vouloir être l'autre ; et aimer « analement », c'est vouloir posséder l'autre.

3.

Le stade génital

Durant cette période, à partir de trois ans (parfois un peu avant), les pulsions deviennent prévalentes au niveau des organes génitaux. Cela correspond à l'acquisition du contrôle mictionnel et des premières masturbations volontaires.

Ces différentes pulsions orales, anales ou génitales, ne sont pas des pulsions sexuelles au sens adulte du terme. Car ce n'est pas une jouissance orgasmique qui est recherchée. Ce sont des pulsions de création, d'animation et de vie qui participent à l'élan vital de l'enfant. Les enfants se savent, à cet âge, fille ou garçon. Ils commencent à percevoir la relation intime qui unit leurs parents, ou plus généralement les couples d'adultes entre eux. C'est le début de la curiosité sexuelle, d'une forme d'exhibitionnisme, de voyeurisme centrée sur ses organes génitaux, et des explorations mutuelles avec des touche-pipi. L'attachement qu'a l'enfant pour ses parents emprunte dorénavant le chemin de ces pulsions. Et l'enfant s'intéresse aux organes sacrés de ses deux parents, n'hésitant pas à y poser la main. Il devient curieux des mécanismes de la procréation, se demande comment on fait un bébé, aimerait se marier avec ses parents. Il élabore des théories sexuelles très personnelles qui correspondent à une lecture des faits supposés à partir des informations parcellaires qu'il reçoit, de son niveau de compréhension et de son vécu psycho-affectif personnel. Il peut imaginer la fécondation par ingestion d'aliments, une exhibition mutuelle, un baiser sur la bouche ou la naissance par les fesses ou l'ombilic. Il y a aussi peu à peu des représentations mentales de corps à corps sexuel. L'enfant peut s'imaginer avoir les mêmes organes que son parent de même sexe, mais aussi de l'autre sexe. Il peut rêver de corps à corps avec un parent de même sexe ou de sexe différent. Il peut imaginer tous les emboîtements, toutes les unions possibles entre deux corps humains. Toutes ces croyances ou fantaisies participeront à l'élaboration de ses fantasmes sexuels futurs.

À chaque nouvelle pulsion, se mettent en place des règles et des interdits. Comme celui de mordre ou de ne pas avaler n'importe quoi pour la pulsion orale. De faire caca n'importe où, de ne pas mettre n'importe quoi dans ses fesses ou bien de tout casser pour la pulsion anale. Pour les pulsions génitales, il s'agit de l'apprentissage des règles qui régissent les sexualités humaines. L'enfant apprend la pudeur et l'interdit de l'exhibitionnisme. (On ne se masturbe pas en public.) Mais il apprend surtout qu'on ne peut faire l'amour qu'avec un être humain, vivant, qui n'est pas de sa famille, qui n'est pas mineur, et qui est d'accord (interdit de l'inceste, de la pédomanie, du viol, de la zoophilie et de la nécrophilie). Ces règles lui sont plus ou moins bien transmises. Beaucoup d'enfants n'apprennent par exemple que tardivement qu'on ne doit pas faire l'amour avec son frère ou sa sœur. Beaucoup de garçons pensent qu'ils ne pourront pas se marier avec leur mère car elle est déjà mariée et non pas parce que c'est leur mère (sous-entendu cela sera possible si elle divorce). Et la plupart des filles croient qu'elles ne peuvent pas se marier avec leur mère, alors qu'elles peuvent le désirer, car c'est une fille et non pas parce que c'est leur mère, confondant l'interdit fondamental qu'est l'inceste et la restriction morale que peut être dans une famille le rejet de l'homosexualité. Ces enfants risquent de vivre plus tard le dégoût de l'homosexualité car elle sera considérée pour eux comme aussi grave que l'inceste : Si l'homosexualité est possible, si j'y prends du plaisir, cela pourrait m'autoriser à coucher avec ma mère, se dirait une fille. Aux côtés de ces interdits communs, chacun s'établit ses propres interdictions. Ainsi, concernant les pulsions génitales, certains enfants vont déjà mettre en place des limitations pour des désirs vers l'un ou l'autre sexe.

L'enfant apprend dans cette période beaucoup de règles sociales. L'ensemble des attentes et des interdits communiqués par les parents vont constituer dans son psychisme une instance morale nommée par Freud le Surmoi. Cet ensemble de règles et de lois, plus ou moins bien comprises, vont constituer pour lui un modèle idéal. C'est le Jiminy Cricket de Pinocchio. Et cela correspond à la naissance de la culpabilité. Ce sentiment, tant dénigré de nos jours, est cependant indispensable à une bonne intégration sociale. C'est ce qui permet que tout un chacun ne fasse pas n'importe quoi au détriment du bien-être d'autrui. L'accession à la culpabilité va se lier aussi aux pulsions sexuelles. Une éducation sexuelle mal conduite fera des individus qui réguleront mal leurs pulsions sexuelles ou qui vivront des types de désirs avec une culpabilité qui n'a pas lieu d'être.

Ces différentes pulsions (orale, anale, sadique, masochiste, phallique, voyeuriste, exhibitionniste) sont qualifiées de sexuelles, mais il ne faut pas pour autant les considérer comme de la sexualité de type adulte. C'est-à-dire celle qui correspond à une forme définitive, accomplie, de la sexualité qui s'accompagne d'orgasmes. Cependant, ces différentes pulsions et leur éducation vont nourrir la future sexualité adulte. Elles vont être mises en veilleuse entre six et onze ans, puis vont être réactivées à l'adolescence, mais cette fois dans un corps mature sexuellement. La masturbation volontaire reprend. De nombreux fantasmes envahissent les pensées de l'adolescent, éventuellement homosexuels. Réapparaissent des conduites masturbatoires, de la curiosité sexuelle (satisfaites en partie par Internet de nos jours), une forme d'exhibitionnisme avant les premières expériences sexuelles.

La façon dont chacun va organiser ses pulsions va déterminer le mode de jouissance, les fantasmes et la façon d'aimer. En limiter certaines, en cultiver d'autres. Il ne s'agit que des fondements, car cela évolue au cours de la vie avec en particulier lors des remaniements importants à l'adolescence, qui peuvent modifier en profondeur ces organisations. Si l'amour était un poème, l'organisation première de ces pulsions nous donne le style mais pas précisément à qui ce poème s'adresse.

4.

Les stades de l'orientation sexuelle

Les futur(e)s hétérosexuel-les, homosexuel-les et bisexuel-les passent par ces différents stades. Ce n'est pas le passage caduc ou le non passage d'un de ces stades qui rend homosexuel. Il n'y a pas non plus davantage de fixation sur un stade que sur un autre. Il y a autant d'homos et d'hétéros qui ont une personnalité marquée par le stade oral ou le stade anal. Mais le souvenir laissé par le passage dans ces différents stades n'est pas le même.

Notre façon d'aimer initie sa construction lors de ces premières années. La capacité aimante du jeune enfant s'organise à partir de ces différentes pulsions et des modalités de leur satisfaction comme de leur limitation (dégoût, culpabilité, angoisse). La future orientation sexuelle n'est pas inscrite alors. Elle s'acquiert peu à peu. La satisfaction orale, par exemple, est apportée par différentes personnes. Même si dans ses représentations mentales, l'enfant va mettre peu à peu en correspondance le plaisir ressenti avec des images, des odeurs, des façons d'être qui seront définies un peu plus tard pour lui comme plus ou moins féminines ou masculines.

L'apprentissage de la différenciation sexuelle va donner à l'enfant une représentation du monde très sexuée. La culture donne une vision du monde qui est sous l'influence de cette différenciation sexuelle. Tout se définit comme masculin, féminin ou neutre. Cette différenciation fondamentale est nette dans le langage sur lequel la pensée prend support. Les objets, les êtres vivants sont désignés comme féminins, masculins ou autres. Ainsi, soumis à cet ordonnancement séculaire, l'enfant va classer de lui-même, progressivement, les sources de ses ressentis selon ce mode. Il y a des ressentis qu'il va rattacher au genre masculin, d'autres au genre féminin, et d'autres aux deux genres ou bien au genre neutre. À noter qu'au Moyen Âge existait un genre mixte nommé épicène [1], c'est-à-dire féminin et masculin, différent du genre neutre qui, lui, n'est ni l'un ni l'autre. Et ce n'est pas parce qu'une femme va donner du plaisir à un enfant (par exemple le nourrir) qu'il va obligatoirement « féminiser » ce ressenti. Selon sa classification interne et personnelle, il peut considérer sa mère le nourrissant comme masculine, ou percevoir par exemple chez elle son désir de masculin pendant qu'elle le nourrit.

Ainsi pour chaque individu, la résultante des modes de satisfaction de ses différentes pulsions libidinales va être majoritairement appréhendée par lui comme féminine, masculine, mixte ou neutre. Cela va sous-tendre une orientation (selon nos critères occidentaux actuels) hétéro, homo, bi ou une asexuation.

1. Se dit d'un adjectif, d'un nom ou d'un pronom qui a un double genre (masculin et féminin) ou dont la forme ne varie pas avec le genre. Ex : une girafe mâle.

5.

Narcisse, homosexuel

Narcissisme primaire et secondaire

L'explication psychanalytique de l'homosexualité la plus courante a été de la présenter comme une fixation auto-érotique. C'est-à-dire que l'individu au cours de son développement psycho-affectif et sexuel s'est posé comme son propre objet sexuel. C'est-à-dire que l'homosexualité est une forme de narcissisme. Cette théorie circule encore de nos jours. Elle est inexacte. Les psychanalystes qui l'avancent s'arrêtent pour cela aux écrits de Freud en 1910 où l'auteur introduit le terme de narcissisme en prenant les hommes homosexuels comme modèles pour sa théorie. Il écrit dans *Trois essais sur la théorie de la sexualité* :

« Si la psychanalyse, jusqu'ici, n'a pas pu éclaicir complètement les origines de l'inversion, elle a du moins pu découvrir le mécanisme psychique de sa genèse. Dans tous les cas observés, nous avons pu constater que ceux qui seront plus tard des invertis passent pendant les premières années de l'enfance par une phase de courte durée où la pulsion sexuelle se fixe de façon intense sur la femme (la plupart du temps sur la mère) et qu'après avoir dépassé ce stade, ils s'identifient à la femme et deviennent leur propre objet sexuel, c'est-à-dire que, partant du narcissisme, ils recherchent des adolescents qui leur ressemblent et qu'ils veulent aimer comme leur mère les a aimés eux-même. »

Le narcissisme, dans la théorie psychanalytique, désigne un état où l'enfant investit sa libido sur lui-même. La libido, qui vient du latin « désir-envie », est à considérer comme une énergie psychique qui prend sa source dans l'excitation corporelle et notamment celles des zones érogènes. C'est l'énergie des pulsions d'amour. C'est la manifestation dynamique des pulsions sexuelles dans la vie psychique. Au cours du développement ordinaire il existe, selon Freud, une « libido du moi » et une « libido d'objet ». La première va prendre pour objet la personne propre, quand la seconde va prendre pour objet quelqu'un d'autre. Il existerait une sorte de balance énergétique entre ces deux types d'investissement. L'un se ferait au détriment de l'autre. Or la clinique actuelle a mis en évidence que ces deux types d'investissements ne sont pas toujours antinomiques, qu'ils peuvent coexister, et croître ou décroître de concert.

Selon Freud, dans le développement du nourrisson, la libido débute sur le moi. C'est ce qu'il nomme « Narcissisme Primaire ». Le sujet commence à se prendre soi-même, son propre corps, comme objet d'amour. Cela lui permet de regrouper ses différentes pulsions sexuelles, et participe de ce fait au sentiment de la cohérence de son identité. Un an plus tard, Freud part du cas d'un homme psychotique [1], le cas de M. Schreber, pour désigner un stade de l'évolution sexuelle qui serait intermédiaire entre l'auto-érotisme et l'amour d'objet c'est-à-dire l'amour de l'autre.

Dans la suite de ses recherches sur le narcissisme, il renonce à cette notion de stade pour expliquer le narcissisme comme un maintien, une stase de la libido qui ne parvient pas ou plus à investir autrui. Ce Narcissisme Secondaire est alors partie prenante de la structure psy-

1. Trouble grave de la personnalité avec fréquentes pertes de contact avec la réalité, associé souvent à du délire.

chique psychotique. Cet investissement narcissique de la libido est reconnu comme caractéristique de la personne psychotique. Freud l'introduit comme facteur commun à deux maladies mentales chroniques qui entrent dans le cadre des psychoses très invalidantes : la paranoïa (cas Schreber) et la schizophrénie. Il définit le narcissisme schizophrénique comme un retour sur soi-même des investissements d'objets, après que de multiples influences ont obscurci le Narcissisme Primaire. Ce retour sur soi de l'énergie dirigée vers les autres serait donc secondaire à une déperdition d'origines diverses de l'amour de soi. Cela n'empêche pas la personne psychotique d'avoir des relations avec des autres, mais souvent toute relation intersubjective est alors intériorisée vers soi. Au même titre que dans les états mélancoliques, suite à un deuil, il y a une identification narcissique à la personne décédée.

Melanie Klein[1], psychanalyste, qui a suivi beaucoup d'enfants psychotiques, rejette la notion de stade narcissique, mais observe des états narcissiques définis comme un retournement de la libido sur des objets intériorisés. C'est-à-dire que l'enfant va investir des aspects de lui-même.

L'homosexuel(le) est un autre pour l'homosexuel(le)

Mais les conceptions de Freud évoluent rapidement. Réalisant, comme le précurseur qu'il est, que le nouveau-né a des ouvertures perceptives sur l'environnement dès sa naissance, il développe sa notion de Narcissisme Primaire chez le nouveau-né normal. Il la relègue uniquement à la vie intra-utérine où le fœtus serait dans un état « anobjectal » ou du moins « indifférencié » ne faisant nulle distinction entre lui-même et le monde extérieur, ainsi qu'au sommeil. Les résultats des recherches actuelles en hapto-

1. 1882-1960.

nomie, et l'amélioration des connaissances sur la vie embryonnaire, grâce aux nouvelles techniques d'imageries qui montrent l'intense vitalité de l'embryon, lui auraient permis certainement de faire encore évoluer sa position sur cette question.

Les notions de narcissisme définies par Freud n'ont cessé d'évoluer avec lui. Que des psychanalystes en soient restés à ses toutes premières réflexions pour tenter d'expliquer l'origine de l'homosexualité est immature. Elles reviendraient à faire de l'homosexualité l'équivalent d'une psychose. Ce qui est une absurdité clinique. « S'aimer comme sa mère nous a aimé », pour reprendre la phrase de Freud, est le propre de chacun (que l'on ait une mère ou non, on s'aime comme on a été aimé) et permet une estime de soi valide ou non. Être l'objet sexuel de sa mère peut, en revanche, quand ce désir mène à des conduites incestueuses dans la réalité, conduire à la psychose. Il peut ne s'agir aussi que d'un climat incestuel entre la mère et le garçon. Il arrive que le renoncement pour le garçon d'être le partenaire amoureux de sa mère, et par extension des femmes, peut résulter d'un vécu suffisamment intense de menace incestueuse. Ce renoncement peut conduire à aimer les hommes, soit par défaut, soit positivement en trouvant chez l'homme tout ce qu'on a aimé chez sa mère, sauf ce qui signerait l'inceste (les organes génitaux féminins). Malheureusement, en tant qu'objet sexuel d'une mère incestueuse (c'est également vrai de la part d'un père incestueux) qui ne désirerait personne d'autre que son enfant, le garçon peut s'identifier à ce désir que sa mère exprime pour lui en tant qu'enfant. Il s'orientera alors plus tard sexuellement sur des enfants, mais non pas sur des hommes.

Enfin pour un garçon s'identifier au désir de sa mère pour le garçon qu'il est peut le conduire à s'identifier au désir de sa mère pour son mari et pour les hommes en général. Dans ces situations, où l'on en vient à aimer les personnes de son sexe parce que c'est ce que sa mère aime chez soi-même, ce n'est ni de la psychose ni du narcissisme. Au contraire, cela permet de s'en écarter.

Pour Claude Lochner[1] le narcissisme est aussi répandu chez les homosexuels que chez les hétérosexuels. Il y a, selon lui, deux façons de se regarder dans le miroir. Dans celle du narcissique se contempler est à l'origine d'une interrogation sur soi génératrice d'angoisse qui pourrait prendre la forme d'un désir homosexuel. Mais toujours selon cet auteur, l'homosexuel devant son miroir cherche ce qu'il y a au-delà de son homosexualité.

Les pathologies du narcissisme n'ont pas été corrélées statistiquement à une orientation sexuelle particulière. Ce qui leur est commun sont des difficultés sexuelles au sein de difficultés de relation à l'autre. Si la libido du narcissique est tournée vers lui-même, rien ne dit que son « je » n'est pas un autre pour lui, et n'est, pourquoi pas, d'un autre sexe que le sien désigné.

Les moins sérieux des psychanalystes ont confondu l'attachement amoureux et sexuel d'un individu à une personne de même sexe à un attachement narcissique. Comme si deux personnes de même sexe étaient la même personne ! Comme si seule la différence sexuelle désignait l'altérité entre les êtres ! Comme si également il existait davantage de différences entre hommes et femmes que de ressemblances. L'altérité existe entre deux jumeaux, elle existe a fortiori entre deux hommes ou deux femmes issus de familles différentes. L'altérité est un des déterminants du désir sexuel. Pour nous désirer mutuellement, il nous faut beaucoup de pareil (ce qui nous est commun comme humains) et un peu de pas pareil. Ce que confirme la neurobiologie. Ce « pas pareil » peut être la différence des sexes, mais pas toujours, et pas seulement. Chez les humains, l'altérité source de désir sexuel peut se trouver dans la différence physique, la différence culturelle et sociale, ou la différence de personnalité. Pourtant, la ressemblance est

1. Psychanalyste, auteur *Des sexualités et des hommes*.

généralement mise en avant pour expliquer une attirance entre deux personnes : « Chacun cherche son pareil ou sa pareille », « Qui se ressemble s'assemble ». Et les différences sont mises en avant pour justifier une séparation : « Nous étions trop différents pour rester ensemble », entend-on régulièrement à l'occasion de séparation. Il y a donc, chez beaucoup, quelle que soit l'orientation sexuelle, le désir de dépasser les différences et de ne faire qu'un avec l'être aimé. Certains, inquiets par l'altérité, vont chercher un double. Et l'on voit ces hommes s'unir à des femmes (et réciproquement) qui pourraient être, physiquement et dans leurs centres d'intérêt, leur sœur jumelle ou leur double féminine. Ailleurs, on verra des couples de même sexe, ayant donc des appétences sexuelles complémentaires, mais dont les membres ont des origines sociales, des nationalités, des professions, des caractères, ou des goûts différents, voire contraires. L'amour se nourrit de ces différences et de leur compréhension.

La pathologie narcissique est indépendante de l'orientation sexuelle. Et l'homosexualité n'est pas le réultat d'une fixation narcissique. Comme chez l'hétérosexuel, il y a chez l'homosexuel la recherche d'une altérité comme fondement aux désirs et aux plaisirs. L'homosexualité implique un détachement de soi et l'investissement d'un autre ayant certes des organes génitaux communs mais qui n'est pas son double pour autant.

6.

Tout ce que vous avez toujours voulu savoir sur l'œdipe sans jamais oser le demander

La fameuse histoire d'Œdipe et de son complexe est plus simple qu'on l'imagine mais bien plus complexe qu'on ne le croit.

Les parents cobayes de l'amour

L'attachement du petit d'homme à ceux qui lui fournissent des satisfactions diverses en s'occupant de lui, et en particulier ses parents, va s'exprimer différemment à mesure de son développement. Il va expérimenter avec eux toutes les nuances de l'art d'aimer. C'est à leur contact qu'il va apprendre à aimer en utilisant le maximum de couleurs qui lui sont proposées dans la palette d'expressions qu'on va lui tendre. Il va peu à peu organiser les différents sentiments qu'il éprouve vis-à-vis de ses parents : sentiments d'adoration, de passion, de dévotion, de tendresse, de jalousie, de colère, de haine parfois, de rivalité... L'enfant, durant la période œdipienne, va devoir apprendre à négocier avec ses sentiments parfois contradictoires. Il va devoir s'accommoder de ses diverses pulsions qu'il lui faudra contenir pour respecter les règles sociales et notamment les règles qui régentent la sexualité humaine.

Le complexe d'Œdipe est la mise en place de cet agencement dans le psychisme de l'enfant. La personnalité de l'enfant sera catéchisée par cette organisation, tout comme sa future façon d'aimer. Elle prend place, de façon perceptible, entre deux et sept ans. L'enfant n'attend bien sûr pas deux ans pour être lié amoureusement à ses parents et en particulier à sa mère quand c'est elle qui consacre le plus de temps au nourrissage. Mais ce n'est qu'à partir de deux-trois ans, quand l'enfant aborde le stade génital, qu'il se préoccupe intellectuellement de sa procréation, qu'il a l'autonomie physique et verbale pour exprimer facilement son désir et qu'il connaît la différence des sexes l'invitant à s'identifier aux individus de son sexe.

Garçons et filles vont vers deux-trois ans exprimer leur velléité d'indépendance, notamment vis-à-vis de leur mère, dans la fierté de grandir.

Le garçon est volontiers plus opposant que la fille, comme s'il voulait préserver par ce décollement son identité masculine dont il prend conscience. À distance de sa mère, fort de ses nouvelles capacités de jugement et de raisonnement, ses parents vont lui apparaître sous un jour nouveau. Il réalise grâce aux limites que lui donne son éducation qu'il n'est pas tout-puissant comme il pourrait le croire à cet âge dans l'allégresse de sa liberté motrice et langagière. Il enregistre aussi qu'il n'est pas tout pour ses parents et que ces derniers partagent un espace commun[1] dont il est évincé.

Le parent rival

La fille n'a pas moins de difficultés que le garçon à renoncer à la jouissance d'avoir sa mère tout à soi. Elle peut se sentir aussi la rivale du père. Fille et garçon peuvent repousser leur père, réclamer maman quand il vient les

1. Nous prenons l'exemple d'un couple de parents vivant ensemble et s'aimant.

border le soir, ou bien rêver qu'il a un accident. Mais ce n'est pas n'importe quel rival, car on lui doit la vie, et qu'il nous fait du bien en jouant avec nous et en nous donnant, transmettant, protégeant.

Le garçon est invité à prendre modèle sur lui pour ces raisons mais aussi parce que sa mère le désigne comme modèle volontairement ou simplement parce qu'elle l'aime, et que l'enfant va être tenté d'aimer ce que sa mère aime. C'est aussi parce que c'est un modèle masculin qui s'offre à lui. Mais s'identifier à lui va aussi permettre de prendre sa place dans le cœur de sa mère. Il va donc se modeler sur son père en tant que mari auprès de sa mère, n'hésitant pas parfois à s'adresser à elle de la même façon ou à vouloir l'embrasser sur la bouche comme lui.

La fillette généralement prend ses distances avec moins de violence vis-à-vis de sa mère qui reste son modèle en tant que femme à venir. Elle prend conscience comme le garçon de la relation singulière qui relie ses parents. Elle va toujours s'identifier à sa mère mais cette fois dans toutes les fonctions que sa mère occupe et tous les aspects de son mode de vie. Elle va s'identifier à la femme dans tout ce qui chez elle lui apparaît commun aux femmes et différent des hommes et en particulier de son père. Elle va s'identifier à la dame, c'est-à-dire à sa mère dans sa vie sociale, mais aussi à la compagne de son père dans son désir et dans ses attitudes d'« amoureuse de papa ». Elle va s'imaginer être la nouvelle femme de papa et la mère de sa poupée ou de son baigneur. La mère, de modèle, devient rivale.

Mais les désirs s'inversent aussi au cours de l'œdipe et différents sentiments se succèdent ou cohabitent.

Ainsi le garçon va avoir des élans amoureux de même nature à l'endroit de son père. Il va s'identifier à sa mère en tant que femme de papa : il va entourer son père de tendresse, l'aider à retirer son manteau, lui apporter son café, tenter de l'embrasser sur la bouche, l'enlacer ou se serrer contre lui comme le fait sa mère.

La fillette peut s'imaginer l'amoureuse de maman et s'identifier au père pour lui plaire.

La complexité de l'œdipe n'a d'égale que la complexité des sentiments humains. Un garçon peut s'identifier au désir de son père pour sa mère. Mais il peut aussi s'identifier au désir de sa mère pour son père. Sa mère peut désirer d'autres femmes même si ce désir n'est pas sexuel (amitié, respect profond, admiration). Le garçon peut désirer être cette femme que sa mère désire ou admire, ou bien désirer être avec cette femme, ou encore souhaiter être désiré par elle.

Garçon et fille vont situer leurs désirs à partir de ce qu'ils perçoivent des désirs conscients ou non de leurs parents, mais aussi à partir des personnes qui comptent affectivement pour eux. En fonction de ces différents liens, ils confectionneront leurs recettes amoureuses personnelles. De ces recettes naîtront plus tard des préférences amoureuses et sexuelles. C'est une période riche en tensions diverses. L'enfant va faire l'expérience de la frustration et on peut parler de premier grand chagrin d'amour. C'est un vrai parcours du combattant pour l'enfant qu'expriment très bien la plupart des films d'aventures type « Guerre des étoiles » emplis de défis à relever, de conquêtes et de rivaux, équivalents paternels.

Quand l'œdipe s'achève

Un achèvement harmonieux de l'organisation œdipienne suppose l'acceptation de l'interdit de l'inceste, la renonciation paisible à être le partenaire amoureux du père ou de la mère, et à tourner vers d'autres que les membres de la famille son attachement érotique et amoureux. Un complexe d'Œdipe réussi mène à un équilibre affectif, une acceptation des règles et donc à une bonne intégration sociale, à une curiosité et une fluidité intellectuelle, à des envies de rencontre et à une ouverture sur le monde.

Il ne conduit pas nécessairement sur la voie de l'hétérosexualité, ni de la monogamie.

En attendant ces futures rencontres, l'énergie libidinale mise en œuvre durant cette période va être mise au service des apprentissages divers et notamment scolaires, et au service des relations avec les autres. L'enfant va transposer dans sa vie sociale les règles et les interdits de la vie intrafamiliale nouvellement acquis.

Mais cela ne se fait pas toujours de façon aussi équilibrée. Une organisation œdipienne réussie serait comme une maison confortable. Chacun son type de maison, grande ou petite, sa décoration, la couleur de son papier peint (bleu ou rose) mais une maison où on se sent bien. Une organisation œdipienne mal établie serait une maison briguebalante, dépourvue de confort avec des fuites, des fissures, des pièces trop étroites ou mal agencées, une vue désagréable, une mauvaise circulation interne, une cave inaccessible ou un grenier trop empli. Ces constructions œdipiennes mal fichues peuvent concerner de futurs homos ou de futurs hétéros. Elles pourront avoir dans les deux cas des incidences négatives sur la vie amoureuse ou sexuelle.

7.

La castration angoissante

Selon la théorie freudienne, le garçon renonce à être le partenaire de sa mère sous la menace de la féminisation et de la castration. Ces deux menaces ne sont pas pour lui toujours équivalentes.

L'angoisse de castration est une théorie largement diffusée, mais souvent mal comprise. Elle doit se lire à la lueur du complexe d'Œdipe. On a vu que le garçon apprend, de par l'éducation qu'il reçoit, à renoncer à être le partenaire amoureux et sexuel de ses parents. Parmi les menaces qu'il imagine peser sur lui s'il y cédait, se trouve l'angoisse de castration.

Les enfants des deux sexes intègrent dès l'âge de trois ans, voire antérieurement, le caractère particulier, sacré, des organes génitaux. Ils le comprennent de par la place tenue par la sexualité dans le discours environnant, que ce discours soit verbal et non verbal. L'importance conférée à ces organes, socialement et familialement, participe à la crainte que l'enfant pourrait avoir de les perdre. De surcroît, l'organe sexuel, contrairement à d'autres parties du corps, est riche en sensations provoquées. L'innervation importante de ces organes génitaux leur donne une place non négligeable dans le schéma corporel et l'image inconsciente de son corps.

Les filles sont peu ou prou concernées par cette

menace imaginaire de castration du fait du caractère interne de ces organes. L'apparente autonomie du pénis lui octroie une particularité sans nulle autre pareille. C'est le seul organe qui peut tant se modifier, sans que la volonté ne le contrôle. Ce n'est donc pas surprenant que l'enfant puisse redouter du fait de cette autonomie qu'il ne s'envole de lui-même à l'image du petit oiseau auquel longtemps il a été associé métaphoriquement. L'angoisse de castration s'inscrit en écho à l'angoisse d'une possible perte de cet organe.

L'éducation des jeunes enfants aux XIXe et XXe siècles, qui réprouvait durement la masturbation, a généré des liens entre la masturbation et l'angoisse de castration. Les menaces qui pesaient dans la réalité sur l'enfant qui se masturbait étaient entendues par lui comme des menaces de castration. D'ailleurs cela lui était directement dit : « N'y mets pas les doigts sinon elle va tomber », ou « On va te la couper », comme me l'ont rapporté des hommes pas très âgés. Les psychanalystes d'alors maintenaient, hélas, la condamnation morale de la masturbation infantile en l'associant à la réalisation d'un désir incestueux, à une absence de « complexe de castration » et donc à une non résolution du « complexe d'Œdipe ». Comme si la masturbation infantile était obligatoirement l'expression d'un désir tourné vers un parent ! Et si c'était le cas, comme si elle ne pouvait pas être associée à un renoncement dans la réalité, ne devenant qu'un fantasme. Et surtout, comme si la disparition d'une masturbation consciente empêchait le maintien du fantasme incestueux.

Le bénéfice que l'enfant tire de son renoncement à être le partenaire amoureux et sexuel de ses parents est que les parents, ne devenant pas ses égaux en tant que partenaires, restent au-dessus de lui. Ils lui assurent leur protection, en attendant de l'élever au rang d'homme qui aura droit alors à sa propre vie sexuelle, hors de la famille. Un complexe d'Œdipe réussi implique que l'enfant renonce à sa toute-puissance, et accepte d'attendre avec, en échange à son allégeance, l'assurance qu'on l'aidera à grandir avec un pouvoir, une force, socialement acceptable. Renonçant à être roi, le petit garçon acquiert un statut de prince, à l'abri de trop lourdes responsabilités, mais aussi au statut de roi en devenir. Je ne te donne pas mon totem dirait le père à son fils mais je t'aiderai à dresser le tien en temps et en heure.

Un complexe d'Œdipe bâtard serait un renoncement sans acceptation, sans transaction. Un complexe d'Œdipe qui ne résulterait que d'un coup de force, un renoncement basé sur la seule crainte de l'angoisse de castration. Tu n'auras pas ce sceptre royal dirait ce père, moi seul pourrai en profiter. Cela conduirait à un homme mal dans sa peau et qui fonderait ses relations à l'autre sur des rapports de force sans aucune empathie.

De ce type de construction bâtarde, sans remaniements ultérieurs (à l'adolescence notamment) peut résulter par exemple une hétérosexualité marquée par l'esprit de compétition, où l'amour se prend à l'autre (objet ou rival) plus qu'il ne se donne. Elle peut occasionner aussi la présence d'une angoisse de soumission vis-à-vis des autres hommes dans tous les types de rapports. Entraînant notamment des difficultés à accepter de recevoir des hommes tout enseignement ou transmission. Si c'est une homosexualité qui s'établit, elle peut être de même type. C'est-à-dire qu'elle s'installerait sur le mode d'une sexualité d'emprise. Dans ce contexte, l'homosexualité peut, par ailleurs, être le fruit d'une soumission érotisée au père, perçu comme le seul détenteur du pouvoir phallique. « Le seul moyen de me sentir un homme est de me soumettre à un autre », nous confie Cyril.

L'angoisse de castration traduit donc la menace imaginaire qui pèse sur l'enfant. Elle pousse l'enfant à entrer dans l'ordre œdipien, c'est-à-dire à renoncer à ses parents comme partenaires et à sa toute-puissance. L'intensité de cette angoisse est un facteur parmi d'autres de la façon dont on organise ses renoncements. On verra par exemple qu'il y a des renoncements à la mère comme partenaire si massif qu'il s'accompagne d'un renoncement à toutes les femmes.

Mais quand on parle d'angoisse de castration, ce sont les hommes qui semblent concernés. Qu'en est-il des femmes ? La théorie psychanalytique en ce qui concerne les femmes mérite d'être réactualisée.

8.

Œdipe au féminin

De l'envie du pénis chez la fillette à l'envie d'un enfant : de l'histoire ancienne ?

Dans une première époque, Freud considérait que le garçon enviait la femme, vue comme inaccessible et autosuffisante. Il écrit : « Il n'apparaît dans aucun de ses travaux [1] que la femme soit différente de l'homme – je ne dis pas inférieure, car ce serait plutôt le contraire. » Puis, il changea d'optique. Et il considéra que ce qui fait entrer la fillette dans l'œdipe, c'est la frustration de ne pas posséder de phallus, exprimée physiquement par l'absence de pénis. Elle désirera en conséquence ce prolongement possible avec un enfant imaginaire du père, comme substitut à ce manque. Quand elle prend conscience qu'elle est du côté des femmes, elle cesse de se conduire comme un « petit garçon » avec sa mère. Elle déplace alors son investissement libidinal du clitoris, attribut masculin, vers le vagin, passant sur un plan pulsionnel du caractère actif au caractère passif. Elle se détournerait de sa mère, car celle-ci serait également dépossédée. Et elle se tournerait vers le père avec le projet d'enfant pour réparer sa castration imaginaire. Comparant son clitoris au pénis, elle le jugerait

1. de J.S. Mill.

inférieur, à l'image d'elle-même. La découverte du sexe masculin par la fillette bouleverserait son image de soi. La certitude de sa « castration » provoquerait l'immédiate envie du pénis.

« D'emblée, elle a jugé et décidé, elle a vu cela, sait qu'elle ne l'a pas et veut l'avoir [1] », écrit Freud. Elle entre alors « dans l'œdipe comme dans un port », acquérant une tranquillité psychique. De ce complexe peuvent naître selon lui des femmes qui resteront envieuses des hommes ou qui seront dans une revendication permanente, un complexe de masculinité pour compenser ce phallus manquant et convoité.

L'envie d'enfants serait un moyen de compenser cette absence. La fille se tournant vers le père comme fournisseur potentiel d'un enfant qui compensera le phallus absent. Comme un moyen aussi d'autonomie vis-à-vis d'une mère toute-puissante.

Le père a ici un rôle d'intermédiaire qui peut être délaissé une fois l'enfant obtenu, enfant décrit comme mode principal de jouissance.

Selon la théorie freudienne, on pourrait comprendre que dans l'œdipe d'une future homosexuelle, l'envie de pénis n'impliquerait pas un retournement vers le père et la féminité, mais à l'inverse un refus du féminin. Il y aurait avant tout un refus de la passivité par rapport à la mère et un échec de l'entrée en féminité derrière cette revendication masculine.

De nos jours, si ce modèle correspond au fonctionnement psycho-affectif de certaines femmes, il est loin d'être généralisable. La jouissance féminine, ce « dark continent [2] », ainsi que la place du vagin dans l'imaginaire des fillettes sont peu étudiées par Freud qui écrira [3] à son ami

1. *De quelques conséquences psychiques de la différence anatomique entre les sexes*, 1925.
2. Selon l'expression de Freud.
3. 8 décembre 1924.

K. Abraham : « Je ne sais absolument rien à ce sujet. Aussi bien, j'avoue en général volontiers que l'aspect féminin du problème est pour moi extrêmement obscur ! »

La primauté du masculin, autrement dit l'inégalité sociale des sexes particulièrement marquée dans l'Occident du XIXe siècle, explique aisément que les filles pouvaient alors envier les garçons ! On remarquera que de nos jours, c'est bien moins le cas. D'ailleurs, statistiquement, les parents ne veulent pas plus de garçons que de filles, alors que le désir d'avoir une descendance masculine était largement dominant du temps de Freud. On comprend avec cet éclairage que Freud ait pu constater l'envie du pénis chez la plupart des fillettes et femmes dont il a eu à s'occuper jusqu'à en faire le « complexe » spécifique à leur sexe. Ce désir peut apparaître encore de nos jours chez des fillettes qui évoluent dans un milieu où le masculin leur apparaît privilégié. À la source de cette envie peut exister une méconnaissance sur l'existence d'organes génitaux à l'intérieur d'elle-même, à laquelle l'entourage n'aurait pas répondu dans l'enfance. L'éducation à la sexualité n'était guère coutumière en ces temps puritains. Les garçons du temps de Freud, et avant, influencés par leurs préoccupations personnelles, imaginaient que la différence entre filles et garçons était liée à la présence ou à l'absence d'un pénis. Les garçons en avaient, et les filles étaient celles qui n'en avaient pas. Les garçons raisonnant à partir d'eux-mêmes, et de leurs inquiétudes, pensaient qu'elles l'avaient perdu, qu'on le leur avait ôté pour les punir (coupables d'aimer leur père ou leur mère ?). Ou bien ils imaginaient plus sereinement que ce pénis n'avait jamais poussé et assimilaient les filles à des garçons qui n'auraient pas évolué, c'est-à-dire à des bébés. Et c'est pourquoi les garçons se défiaient des filles. Car peut-être que leur fréquentation allait avoir sur eux les mêmes conséquences dramatiques… Ou bien, ils les méprisaient, comme des êtres inférieurs. D'où leur angoisse si les femmes cherchaient à les dominer sur le terrain du masculin car si des inférieures les dominent c'est qu'ils sont des moins-que-rien. Ces croyances infantiles n'ont pas disparu de nos jours mais sont moins généralisées, car l'éducation ne les entretient plus autant.

Notons que, dans le dégoût que certains hommes généralement homosexuels ont vis-à-vis du vagin, il y a sans doute de l'angoisse de castration. La crainte en s'en approchant de trop près de voir ses organes finir comme ce vagin, et de devenir soi-même « une fendue », avec (dans leur fantasme) une plaie béante par où on risquerait de se vider.

Dans l'évolution présentée comme « normale » selon la théorie freudienne, les filles déplacent secondairement leur désir de pénis sur son équivalent symbolique qui est le désir d'avoir un enfant. C'est cela qui pousserait la fille à choisir le père, et par extension l'homme comme objet d'amour[1]. Quand le complexe de castration est mal résolu chez la fille, persiste alors, toujours selon la théorie freudienne, l'envie du pénis. Cette envie persistante est un facteur de rivalité avec les hommes, de névroses hystériques et de dépressions. Le fait de se sentir moindre que l'ensemble des hommes, le fait de vivre sa féminité comme du masculin amputé ne facilitent pas le bien-être. Cette vision freudienne de la construction de l'hétérosexualité féminine avait le mérite d'exister car jusqu'à présent si les femmes désiraient les hommes c'était parce que la nature, ou Dieu, les avaient ainsi programmées. Mais résumer l'hétérosexualité des femmes à l'envie de pénis transformée en envie d'être enceinte serait faire peu de cas de la richesse et de la complexité du désir humain. Elle résumerait la perception que les femmes auraient des hommes à de simples géniteurs. Et comment expliquerait-on alors que les femmes contemporaines, ravies d'être filles, fières de leurs attributs sexuels, qui pourraient avoir des enfants par insémination artificielle, continuent de désirer sexuellement des hommes ?

La place des femmes dans la société ayant évolué, il

1. *Sur la sexualité féminine*, 1931.

n'est pas certain que de nos jours Freud n'aurait pas révisé sa vision du complexe d'Œdipe chez la femme. Même si elle existe parfois, la constance d'une envie du pénis chez la fillette n'est plus une réalité clinique de nos jours en pédopsychanalyse. Et le désir de maternité, qui est présent chez la grande majorité des fillettes, ne se résume pas à l'équivalent symbolique de l'envie du pénis. Même si cette construction psychique peut s'observer. Elle explique d'ailleurs, je pense que certaines femmes ne désirent plus leur mari sitôt la naissance du premier enfant.

Si la fillette, dans ses fantasmes[1], peut être la partenaire de son père, elle peut le vouloir par attachement à l'égard d'un homme qui s'occupe d'elle et qui est source de bien-être au même titre qu'un garçonnet s'attache à sa mère s'occupant de lui. Elle peut aussi tourner son désir amoureux vers lui en identification au désir de sa mère. Dans le désir de maternité, il y a le désir d'être aussi puissant que maman, qui nous a fabriqué. Il y a aussi celui d'être à l'origine de la vie à défaut d'avoir pu être à l'origine de la sienne propre, dans un désir d'auto-engendrement. Ces désirs-là sont au moins aussi puissants que le désir du pénis…

Qu'en est-il alors, de nos jours, de l'œdipe féminin ?

En premier lieu, il est dommage que la dénomination de ce complexe n'ait pas pour l'illustrer également un personnage féminin de la mythologie. Pourquoi pas le nommer complexe de Pelopia[2] ?

1. Désirs inconscients.

2. Fille de *Thyeste*. De ses relations incestueuses avec son père naît un fils, *Égisthe*, qu'elle abandonne. Devenue l'épouse d'*Atrée*, elle accueille *Égisthe* et le fait élever avec *Agamemnon* et *Ménélas*. *Atrée* ayant demandé à *Égisthe* de tuer *Thyeste* qui lui dispute le pouvoir, *Égisthe* tue à sa place son père adoptif. *Pélopia* se donne la mort quand elle apprend que Thyeste est son père.

Le phallus féminin

La prise de conscience anatomique de la différence des sexes par la fillette s'accompagne d'une curiosité et d'un intérêt pour cette différence. Elle est contemporaine de la prise de conscience de la capacité d'enfanter. La fillette perçoit, et est fière de détenir ce que je propose de nommer le phallus féminin. Celui-ci a comme traduction cette compétence d'engendrement. Si le pénis est la traduction anatomique du phallus masculin, le phallus féminin a également le sien. Il s'agit, pour la fillette, de la poussée annoncée des seins ainsi que de la puissance vaginale considérée comme une puissance d'absorption et de contenance. Cette prise de conscience de la puissance vaginale, et son investissement libidinal pourraient correspondre au stade génital de la fillette que je propose de nommer stade vaginal.

La prise de conscience de la différence des sexes s'accompagne rapidement de la prise de conscience de leur complémentarité anatomique. Celle-ci s'ajoute et sert de mode explicatif aux yeux de l'enfant à la dimension culturelle de cette complémentarité dans la distribution des rôles sexués dans la famille et dans la société environnantes. C'est la complémentarité de formes qui est facilement perceptible par l'enfant, du dedans et du dehors, du pénétrant et du contenant. La prise de conscience de cette complémentarité est en soi attrayante et un facteur de désir pour beaucoup d'entre elles. C'est une des sources du désir hétérosexuel. D'autant que cette complémentarité nourrit l'attraction de beaucoup de couples à l'entour de la fillette, en particulier celui de ses parents. Et que cette attirance hétérosexuelle est précocement repérée par l'enfant. La prise de conscience que l'origine de son existence est le fruit de cette complémentarité anatomique (et par extension en terme de gamètes, petite graine du père et de la mère) est un moteur indéniable de cette attirance. L'attraction pour l'autre sexe chez la fillette, et pour le père comme représentant mais surtout à ses yeux leader de cet autre sexe, est motivée non pas[1] par l'envie du pénis pour compenser une absence, mais par l'envie d'une complétude, notamment celle d'un pénétrant et d'un contenant.

La féminité du père

Selon Freud, si la fille prend modèle sur sa mère comme future femme, c'est par dépit ! C'est la conséquence de la prise de conscience qu'elle n'est pas et ne sera pas un garçon. Cent ans après, on peut élargir cette théorie, quitte à la modifier. Le bébé fille s'est dans un premier temps identifié à sa mère sans connaître la différence des sexes. C'est une identification narcissique. C'est une identification à la mère en tant qu'individu non sexué, à un individu non pas neutre mais épicène (à la fois féminin et masculin). Mais le bébé fille s'identifie aussi à son père, dans ce qu'il a de commun avec sa mère et de différent. Elle sexualisera peu à peu ce qu'elle perçoit chez lui. Elle va ainsi peu à peu classer dans des catégories sexuées ce qu'elle perçoit chez son père ou chez sa mère. Elle repérera des éléments purement masculins (attributs physiques, traits de personnalité ou savoir-faire désignés familialement ou culturellement comme masculins), des éléments féminins, neutres ou épicènes. La fillette dans sa quête d'identification à la féminité s'appuiera aussi sur la féminité de son père. En retour, le père soutiendra ses propres éléments féminins qu'il retrouvera chez sa fille valorisant ainsi la partie de sa féminité issue de lui ou au contraire l'invalidera s'il la refuse. C. Couvreur[2] insiste sur la féminité acquise par identification à l'objet œdipien du père, ou aux femmes aimées par

---

1. Ou non pas seulement.
2. Couvreur C, « Filiations nostalgiques », *Revue française de Psychanalyse*, 1994.

lui (mère du père, sœurs, épouse). Il importe aussi que la mère reconnaisse la féminité de sa fille.

L'amour de la mère comme femme

Selon Freud, il y a donc chez la fillette un changement d'objet, de la mère au père. La mère est délaissée comme objet de désir libidinal du fait de la déception dûe à la perception de sa « castration ». Le père est alors désiré par identification au désir de la mère pour lui. Il y a introjection de ce désir pour l'objet tiers qu'est le père présent chez la mère. Dans les faits, contrairement à ce que Freud laisse entendre à l'époque, la mère n'est pas pour autant abandonnée. Le lien d'amour de sa fille est maintenu avec elle mais conflictualisé. L'amour vis-à-vis de la mère se diversifie en différents courants. Parmi ceux-là se distingue un amour pour la femme qu'est la mère. Une dynamique homosexuelle du désir infantile chez la fillette prend corps. Cette dynamique peut voir le jour aussi du fait d'une identification au désir de son père pour sa mère lors de la fameuse « déception » afin de conserver le désir de sa mère.

Il existe donc chez la fillette un désir pour l'objet mère, et pour la femme qui est chez la mère. Chez certaines, l'amour d'objet pour la femme est une façon de s'identifier à elle, ou de répondre à une identification difficile. À défaut de pouvoir s'identifier à la mère, car elle est rejetante par exemple, on déplace secondairement son identification via un amour objectal pour la femme qu'est la mère. C'est un chemin possible vers une homosexualité féminine.

Une dualité s'opère entre désir et rivalité par rapport à la mère, devenue l'autre femme, qui organise la sexualité psychique. Il n'y a donc pas de radical changement d'objet mais un élargissement du désir, pourvu que la mère désigne le père. Mais même si la mère ne le désigne pas. L'attachement au père ne dépend pas uniquement de ce que la mère admette que le père puisse la compléter. S'identifier à une mère qui n'est plus toute-puissante, mais désirante à l'égard de son mari, permet à la fille de se tourner vers le père. Mais on ne signale pas suffisamment qu'il y a des amours pour le père qui font l'impasse du désir de la mère. Des filles qui vont désigner leur père comme parent maternant sentent insuffisamment l'affection maternelle pour bien se construire narcissiquement.

Vagin et clitoris cohabitent

Il n'est donc pas nécessaire, contrairement à l'hypothèse freudienne, que la fillette « change de sexe », délaisse l'investissement du clitoris comme support d'une identité mâle fantasmée, en faveur du vagin. Les deux investissements cohabitent. Chez la femme adulte, ces deux régions sont d'ailleurs intriquées dans l'orgasme féminin. Il n'y a pas nécessité du désinvestissement psychique du clitoris pour accéder à la maturité psychique de l'être femme. Il n'y a pas nécessité de castration clitoridienne chez la majorité des femmes selon l'idée que seule une castration autoriserait la jouissance. Cette idée, ce « fantasme », a eu et a encore son substratum dans la réalité comportementale des actions contre les femmes. On a vu dans la partie historique que la masturbation des fillettes pouvait être « traitée » par la cautérisation du clitoris. De nos jours l'excision traduit une volonté similaire aussi désastreuse.

L'œdipe féminin est donc bien plus complexe et moins passif qu'on ne l'imagine. La diversité des façons d'être femme est plus grande qu'on veut le faire croire. Le devenir d'être femme est donc moins prédéfini qu'on le pensait.

9.

Passif comme une femme ?

La peur de la féminisation chez l'homme

Freud décrit les pulsions génitales de la future femme comme passives, les opposant aux pulsions actives du garçon. De nos jours, cette distinction continue d'être appliquée dans la théorie psychanalytique. Elle entre en correspondance, du fait de l'emploi de ces mots, avec l'image sociale d'une femme passive et lascive face à un homme actif et entreprenant. De plus, son corrolaire, le lien entre féminité et masochisme, est ancien. La sexualité féminine apparaît comme une sexualité subie aux yeux de Freud. Sans doute l'était-elle davantage chez les femmes qui le consultaient (et qui devaient également enfanter dans la douleur) qu'aujourdhui. Mais pourquoi de nos jours continue-t-on d'associer strictement le féminin à la passivité et d'assimiler le caractère actif de la sexualité au masculin ?

L'angoisse de la passivité chez certains hommes renvoie à l'angoisse d'être féminisés. La psychanalyse à ses débuts s'est fait et se fait encore l'écho de ces conceptions : « Étant donné la bisexualité, ce qui est dit "masculin" et "féminin" se réduit à l'activité et à la passivité qui ne sont pas des propriétés de pulsions, mais de leurs buts, ce qui ne recouvre pas la différence des sexes, ceux-ci n'ayant aucune caractéristique particulière », écrit Freud en 1913.

Freud note ensuite non sans humour : « Lorsqu'on veut inciter les femmes à abandonner leur désir de pénis comme irréalisable et que l'on voudrait convaincre les hommes qu'une position passive envers l'homme n'a pas toujours la signification d'une castration et qu'elle est indispensable dans de nombreuses relations de l'existence, on prêche aux poissons. » Le refus de la position passive des hommes, à entendre sur un plan affectif et moral, est assimilable pour Freud à la crainte de la féminisation. Cette crainte porterait selon lui atteinte à leur créativité et à la qualité de leurs relations humaines. À l'extrême de ce refus, il décrit des personnalités psychorigides.

Plus communément, le terme de passivité a pris dans le langage courant de nos jours le sens sexuel de se laisser prendre physiquement. Pour la plupart des hommes interrogés par Christophe Gentaz [1], se faire sodomiser ou simplement imaginer cette pratique provoque la peur d'être assimilé à l'autre sexe, de se retrouver du côté de la féminité. Chez les homosexuels masculins, on différencie les actifs, qui seraient ceux qui sodomisent (les pénétrants), des passifs qui sont ceux qui se font sodomiser. Les petites annonces homosexuelles sur Internet reprennent cette distinction pour se présenter à un éventuel partenaire de bagatelle. Le passif renvoit au féminin et l'actif au masculin. Aussi, beaucoup d'hommes vont avoir des relations sexuelles « actives » avec d'autres hommes sans se considérer comme homosexuels mais en considérant que leur partenaire l'est. Ils associent homosexualité à féminité du fait d'une passivité commune. Cette angoisse masculine de la passivité n'est pas nouvelle. On a vu dans la partie histo-

1. Christophe Gentaz, *L'homophobie masculine, douanière de la virilité*, mémoire principal de DEA de sciences sociales, 1993, Université Paris-V. *Essai d'épistémologie de l'homophobie*, Mémoire secondaire de DEA de sciences sociales, 1993, en Sorbonne Université Paris-V.

rique de ce livre que les Romains considéraient aussi peu viril de faire une fellation à un homme qu'un cunnilingus à une femme, activités aussi passives l'une que l'autre à leurs yeux. On peut se demander si, dans la volonté d'exciser les femmes propre à certaines cultures, il n'y a pas une angoisse similaire. En transformant l'appareil génital de la femme en un simple orifice, n'est-ce pas la volonté de mettre à bas le représentant du phallus féminin face auquel l'homme se sentirait tout petit et passif ?

Mise en question de la passivité originelle

Alors que pour Freud, le bébé fille se vivait comme un petit garçon, pour le psychanalyste Jacques André, comme auparavant chez Melanie Klein, il y a une passivité première assimilable à une féminité qui concerne les deux sexes.

Quel que soit le sexe du bébé dont on s'occupe, le plaisir qu'il prend aux soins de son corps est une jouissance libidinale. Freud évoquait le plaisir de l'enfant dans son « commerce », « avec celui qui le soigne », objet d'amour et de jouissance. Le psychanalyste J. Laplanche utilise pour décrire cela les termes de séduction originaire. Que le bébé prenne du plaisir avec l'adulte qui s'en occupe on l'admet volontiers, mais pourquoi, diable, cette jouissance est-elle considérée chaque fois uniquement comme une jouissance passive ?

Ma pratique clinique comme celles de bien d'autres professionnels de l'enfance ne plaide pas en faveur de la théorie « féminine passive » de la sexualité originelle. Le nourrisson n'est pas un objet inerte recevant, sans initiative, différents stimuli de paroles, de caresses, de portage ou de bisous. C'est un partenaire actif. On l'a vu dans le chapitre consacré aux différents stades des pulsions. Certes, ses manques d'autonomies langagière ou motrice le rendent dépendant du bon vouloir des adultes qui s'occupent de lui.

Cependant ses capacités de préhension manuelle ou buccale, sa succion, sa tension musculaire, ses vocalises, son érection sont autant d'exemples de manifestations de pulsions actives. Il a par ailleurs toute une activité de fantasmatisation. Cette dépendance n'en fait pas, selon l'expression de J. André, un « être-pénétré de la féminité », ou alors à rester dans une définition archaïque et caricaturale du féminin.

La femme aussi prend l'homme

Chez l'adulte, les pulsions actives et passives génitales concernent les hommes comme les femmes. Pour ce qui serait des pulsions passives dites féminines, l'homme hétérosexuel ou homosexuel continue comme le nouveau-né qu'il était à prendre plaisir qu'on s'occupe de lui, qu'on le caresse ou le masse. Il continue de jouir du contact peau à peau, de prendre en main ou de mobiliser sa bouche, ses lèvres et sa langue. La différence entre homos et hétéros est le sexe du partenaire désiré pour cet échange.

Quant à la notion de pulsions passives chez la femme, elle n'est pas plénière. Loin s'en faut. Elles existent bien sûr et participent largement à la jouissance féminine, mais le vagin n'est pas vécu fantasmatiquement par la femme comme un simple réceptacle. Il est le porte-voix de pulsions actives. Ces pulsions se traduisent par la capture, la détention, la prise de corps. Tenir, retenir, posséder, saisir, s'attacher, cueillir, ravir, confisquer, enlever, sont autant de verbes exprimant symboliquement la puissance vaginale sous-tendue par des pulsions actives. Sexuellement si l'homme prend la femme, la femme prend aussi bien l'homme. Et dès l'enfance on constate qu'il en est de même affectivement et que le cœur de l'homme comme celui de la femme peuvent être « pris » ou « pénétrés ». La place respective dans ce corps à corps fantasmé de la dimension active ou passive des pulsions vaginales situe les femmes différemment dans leur mode de jouissance. Mais, globalement, l'œdipe féminin naît de la recherche d'une complétude sous-tendue éventuellement par le désir de procréation. Ce n'est pas le phallus détenu par le père auquel la fillette aspire, mais la complétude des demi-phallus, des deux moitiés de médaillon détenues respectivement par le pouvoir maternel et paternel, de la femme et de l'homme, dont l'union est phallus dans son socle ou son étui. C'est plantés dans la terre que les menhirs peuvent tendre vers le ciel.

Si les fillettes ont envie, plus qu'elles n'envient, de la dimension masculine du phallus, l'inverse est aussi vrai. Les garçons ont envie de la dimension féminine du phallus. On le voit chez le garçon qui joue à porter lui aussi un bébé dans le ventre. Déjà Melanie Klein répondait à l'envie de pénis chez la fillette définie par Freud par l'envie de maternité chez le garçon. Cette puissance d'engendrement est reconnue et souvent désirée par le garçon. La puissance exprimée par les seins l'est également. D'ailleurs les hommes, culturistes ou non, aiment développer leurs pectoraux. Enfin il en est aussi qui envient la puissance vaginale et sans doute autant que des femmes envient la puissance pénienne. Et je pense que cette envie trouve sa traduction dans le désir de certains hommes d'être sodomisés. Un déplacement de la puissance vaginale sur l'orifice anal est opéré. Passivité réceptrice mais aussi activité réceptrice. Sont intégrés ici les deux sens du mot recevoir : sens passif du présent qu'un autre nous donne et sens actif de l'hôte qui accepte de recevoir chez lui ; ou encore le bien que l'on « tire » de l'autre. Le désir d'être sodomisé concerne des homosexuels [1] masculins, mais aussi des hétérosexuels

1. Ce désir ne serait que parcellaire dans les pratiques homosexuelles, ne concernant qu'un peu plus d'un quart des échanges homosexuels. Selon l'enquête ACSF, seuls 28 % des homosexuels se sont fait prendre lors de leur dernier rapport sexuel. Pour les femmes hétérosexuelles à partenaires multiples, 24 % l'ont déjà accepté au moins une fois dans leur vie, et 8 % lors de leur dernier rapport sexuel (3 % chez les monopartenaires).

masculins. Ces derniers peuvent souhaiter d'ailleurs l'être par des femmes via des instruments adaptés à cet usage.

Mais le désir d'être sodomisé ne se comprend pas uniquement comme un déplacement du désir de puissance vaginale sur l'anus (stade génital). C'est aussi bien sur une jouissance qui trouve largement sa source au stade anal. Le stade oral est potentiellement aussi mobilisé, en déplacement métaphorique sur la « bouche anale », mais il concerne davantage le plaisir à faire une fellation.

Pulsions réceptrices et émettrices

C'est pourquoi on pourrait plus judicieusement parler de pulsions réceptrices et émettrices. Les notions de pulsions réceptrices et émettrices ne sont pas de labiles nouveautés puisqu'elles font partie du corpus théorique de l'œuvre de la psychiatre F. Dolto. Bien qu'elle ne les ait pas appliquées spécifiquement à cette dimension de la sexualité humaine [1].

Les pulsions réceptrices concernent largement la femme qui bénéficie du coït intravaginal, de la pénétration intravaginale non coïtale (rapports homosexuels manuels ou instrumentalisés), de la pénétration intrarectale, ou bien qui pratique la fellation.

Les pulsions réceptrices sont mises en jeu par l'homme homosexuel qui, dans un commerce avec un autre homme, lui fait une fellation ou se fait sodomiser. Mais elles sont aussi mises en branle par l'homme hétérosexuel qui, dans son commerce avec une femme, reçoit son sein en bouche ou lui prodigue un cunnilingus.

Les pulsions émettrices concernent l'homme pénétrant (lors de rapport homo ou hétérosexuel) dans le coït, la sodomie ou la fellation. Elles ne concernent pas que son

1. On retrouve aussi la notion de réceptivité utilisée sur d'autres terrains chez des auteurs comme W. Bion ou D. Anzieu.

pénis, il tend aussi ses doigts, son nez, sa langue, ses mamelons aux orifices de son ou sa partenaire.

Les pulsions émettrices de la femme sont largement mises en jeu quand elle donne son sein à son ou à sa partenaire dans le cadre d'une relation mamelo-orale. Le sein est un organe émetteur, bien connu par l'enfant qui tète. Les mamelons sont d'ailleurs érectiles comme le pénis et le clitoris, autres organes investis de pulsions émettrices. Le langage valide cette puissance émettrice mammaire dans le cadre sexuel par exemple quand on parle de « seins qui pointent » ou d'« obus » chez une femme « canon ». Ces pulsions émettrices sous-tendent également les pénétrations intravaginales manuelles ou instrumentalisées (godemichet) entre femmes. Enfin, quelques femmes hétérosexuelles prennent également plaisir à pénétrer instrumentalement ou manuellement avec doigté le fondement de leur partenaire masculin.

Pulsions émettrices et réceptrices, à des degrés variables, concernent donc hommes et femmes, homo et hétérosexuels. Ces deux types de pulsions se mêlent au cours d'une même relation sexuelle. Cette mixité est particulièrement significative dans le baiser profond où il y a association des pulsions émettrices et réceptrices pour guider la langue de chacun des partenaires dans leurs plaisants démêlés.

Les femmes hétérosexuelles ne sont pas moins « actives » que les femmes homosexuelles. Elles le sont avec les hommes. À l'inverse, il y a des femmes homos qui privilégient les pulsions réceptrices ou les pulsions « passives » comme des femmes hétéros, simplement elles le sont avec des femmes. Une femme bisexuelle pourra par exemple être très « active », favorisant les pulsions émettrices avec un homme et plus passive, réceptrice avec une femme.

10.

Comment les filles sont-elles castrées ?

Existe-t-il une angoisse de castration féminine ? Pour Freud, il n'y a pas d'angoisse de castration puisque la castration chez la fille paraît « déjà réalisée ». Il y aurait uniquement un complexe de castration. Aussi, selon Freud, n'est-elle pas efficace pour « sortir de l'œdipe » ; ce qui entraînerait l'absence de Surmoi [1] œdipien chez la fille ! Le Surmoi œdipien concernerait essentiellement le garçon !

Pour M. Cournut, l'angoisse de castration s'appliquerait à l'homme que la fille pourrait craindre de châtrer par sa jouissance. Pour F. Duparc [2], une angoisse de castration est possible chez la femme. L'issue en serait du côté du père qui, outre son rôle séparateur, offrirait à sa fille, dans les cas heureux, la possibilité de s'identifier à la féminité de son père.

Je considère avec d'autres que l'angoisse de castration ne se résume pas à la description freudienne de complexe de masculinité. Freud de nos jours l'aurait probablement élargi. Il y a chez la fillette sans doute le dépit de ne pouvoir compléter sa mère, et l'absence de complémentarité anato-

---

1. Dans la description freudienne des instances psychiques, le surmoi propose un modèle au moi, et exerce à son égard le rôle de juge et de censeur. Il se constitue au déclin de l'œdipe par l'intériorisation des interdits et l'identification à l'instance de l'autorité parentale (détenue par le père au temps de Freud).

2. 1992.

mique est la réalité anatomique qui permet de justifier cette impossibilité. Mais s'y ajoute l'angoisse de pénétration, de viol, par le représentant paternel aussi fréquemment présente dans l'analyse des rêves féminins que ne l'est l'angoisse de castration dans les rêves masculins. Le garçon renonce à ses parents, et intègre l'interdit de l'inceste comme socle fondamental de l'entrée dans le monde des lois. L'un des moteurs de cette intégration est l'angoisse de castration. La castration n'est pas seulement génitale. Elle est aussi antérieurement orale et anale[1]. C'est l'intégration des règles et des lois qui viennent contrôler les désirs pulsionnels en référence à ces stades. Ainsi, quand l'enfant accepte de renoncer à se contenter de téter pour se nourrir, et qu'il intègre la règle de ne pas mordre et l'interdit de l'anthropophagie : il s'agit de la castration orale. L'angoisse de castration génitale renvoie notamment à l'interdit de l'inceste et à d'autres interdictions annexes ou connexes.

Du côté de la fille, le risque imaginaire serait je pense :

– soit celui d'une pénétration traumatisante,

– soit celui d'une perte du contenu fantasmé en intravaginal,

– soit celui d'une grossesse destructrice du fait d'une immaturité.

L'angoisse d'une pénétration traumatisante pourrait aussi s'entendre comme la rétorsion de son désir pour son père. Concernant le risque fantasmé d'une perte de contenu, cela correspondrait à l'angoisse de la perte de la puissance vaginale. Et par extension de la puissance intra-utérine, celle de ne pouvoir procréer. Je rejoins ici Melanie Klein pour qui l'angoisse de castration se traduit chez la fille par la crainte d'être détruite à l'intérieur en perdant sa capacité à faire des bébés, en rétorsion de ses propres agressions du

1. F. Dolto l'a montré.

corps maternel[1]. Auxquelles j'ajouterais ses propres agressions (réelles ou fantasmées) contre le corps paternel. On peut noter que, à l'occasion des fausses couches ou des hystérectomies, la douleur morale ressentie est en partie nourrie par cette angoisse de perte. La douleur d'une rupture amoureuse inclut parfois le réveil de ces angoisses. Freud considérait aussi que la perte d'amour est, pour la femme, l'équivalent de la castration chez l'homme. Les femmes lisent parfois avec la même compulsion et la même culpabilité des romans d'amour que les hommes des livres porno. Chez l'homme, la perte de l'autre et la remise en question de son estime de soi équivalent à une castration symbolique. Chez la femme, le détachement de l'autre est symboliquement vécu comme un arrachement, une échappée du contenu détenu en elle.

Ces angoisses de pénétration ou de perte peuvent ultérieurement sous-tendre une répulsion vis-à-vis des organes génitaux masculins, comme c'est le cas chez des femmes homosexuelles et à un degré moindre chez des femmes hétérosexuelles (la répulsion pour ces organes n'empêchant pas le désir de l'homme pour ses autres aspects).

L'angoisse de perte chez la fille influence son orientation sexuelle future comme l'angoisse de castration oriente celle du garçon. Parmi différentes possibilités, elle peut favoriser une orientation homosexuelle dominante. Déjà Jones, qui contestait la position jugée trop phallocentrique de Freud, soutenait que la fillette pouvait intégrer une attaque au sein de son corps par la « mauvaise » mère. C'est vis-à-vis d'elle, plutôt que vis-à-vis de son père, que se posaient alors ses angoisses de perte ou de pénétration.

En résumé, chez le garçonnet attaché au personnage féminin qu'est sa mère, et qui est l'initiatrice de ses premiers émois physiques, on voit logiquement qu'il recherche

1. On parle ici d'agressions fantasmées par l'enfant qui imagine blesser sa mère de par ses pulsions d'agressivité anales ou orales.

auprès d'une autre femme le plaisir qu'une première lui a procuré dans une vision très pavlovienne du désir ; après avoir renoncé à sa mère du fait de l'angoisse de castration. Mais comment, avec ce regard, comprendre le passage à l'hétérosexualité des filles ?

Selon Freud et les post-freudiens, la fille découvrant à l'heure de la compréhension de la différence des sexes que sa mère n'a pas le « phallus », sa déception est telle que son amour peut virer à la haine. Cette haine, ajoute Freud [1], peut persister toute la vie. La constatation de la castration maternelle pousse la fille à chercher ailleurs la référence phallique. C'est-à-dire à emprunter la voie de l'œdipe, de l'amour du père, pour obtenir de lui un enfant, équivalent phallique. Mais l'angoisse de perte ou de pénétration lui fait renoncer à ce projet.

Nous verrons avec quel vécu singulier la future homosexuelle parcourt ce chemin œdipien.

---

1. « De la féminité », *33e Conférence d'introduction à la psychanalyse*, Gallimard.

11.

Sus au phallus !

Cette menace de castration qui pèse dans l'imaginaire du garçon, ou bien la menace de perte de substance chez la fillette sont bien sûr non pas réelles, mais symboliques [1]. Les psychotiques, qui ont une frontière peu étanche entre le monde réel et l'univers symbolique, peuvent imaginer par moments qu'il s'agit de la même chose. Le phallus est imaginaire. C'est le représentant non pas seulement du pouvoir paternel, mais plus largement du pouvoir parental. Ce phallus, fille et garçon le désirent. Ce désir participe pleinement à leur désir de grandir. Filles et garçons le veulent, et/ou veulent l'être. Ce désir est sous-tendu également par le désir de combler le parent maternant, la mère généralement, avec. C'est-à-dire qu'après que sa mère [2] a été tout pour lui, l'enfant veut à son tour combler tous les manques de sa mère, être tout pour elle. Cela devient une de ses raisons d'être. L'éducation, la société, l'autre parent, la famille le poussent à renoncer à ce projet. Ce renoncement progressif se fait en parallèle à l'introduction de la notion de loi, présentée par Lacan comme la « loi du père ». Cette terminologie qui semblait inscrire le patriarcat comme

1. On pourrait considérer que la circoncision vers cinq ans des garçons dans la religion musulmane traduit dans une réalité cette castration symbolique.
2. Ou son représentant qui peut être par exemple le couple parental.

intrinsèque au bon développement psycho-affectif de l'enfant a été attaquée, notamment par les féministes. Mais il faut lire la loi de celui qui fait la paire avec la mère (ou le parent maternant). Ce peut être le père, mais d'autres tiers y compris des gens qui ne sont pas de la famille peuvent jouer totalement ou partiellement cette loi du « paire ». Cette « loi du père » peut être représentée par la mère, quand le père est désigné par l'enfant comme parent maternant.

En fait cette loi « castre » autant l'enfant, fille ou garçon, que parfois la mère [1] qui, comblée par son enfant fusionné à elle, pourrait parfois être tentée, inconsciemment, de bloquer le développement de ce dernier.

L'enfant renonce à être ce phallus. Il s'agirait alors pour lui d'être en mesure de le devenir ou de l'avoir. Dans ce but il s'identifie à celui ou à celle qui semble l'être pour la mère, ou qui semble compléter celui de la mère. Se tourner vers l'homme, qui est le manque à être ou le complément de sa mère, est le moyen pour cette fille de trouver ce fameux phallus freudien puis lacanien. Pour le garçon, s'identifier au père serait le moyen d'en avoir un. De cette prise de conscience, et de ce renoncement à être tout pour sa mère, de cette « castration symbolique » va naître un sentiment d'incomplétude. D'où la recherche d'un (e) partenaire, d'un objet phallique, pour être complet. On rejoint ici la théorie platonicienne : 2 500 ans pour en arriver là... Jouir psychologiquement d'un autre corps procède de ce désir de complétude, avec la répétition du manque qui naît de l'impossible fusion. « Tu es mon autre » dit une chanson d'amour de Morane et de Lara Fabian [2]. Un complexe d'Œdipe bien conduit mène donc à un désir de l'autre qui s'éloigne d'une simple soumission à l'idéal paternel.

De cette lecture lacanienne, comment comprendre la mise en place d'une homosexualité future ? Je dis, future,

1. Ou le parent maternant.
2. 2004.

car il ne faut pas confondre sexualité infantile et sexualité adulte. Les désirs des enfants pour d'autres enfants de même sexe ne doivent pas être considérés comme de l'homosexualité (ou de l'hétérosexualité pour les désirs mixés). L'enfant est polymorphe dans ses désirs, et ceux-ci ne sont pas concordants avec une maturité génitale ni avec la définition d'une préférence sexuelle établie. Des personnes homosexuelles ont certes des souvenirs d'attirance pour des enfants de même sexe, mais ils en ont aussi pour des enfants de sexes différents, souvenirs qui sont plus ou moins refoulés [1]. Il en est de même pour les personnes hétérosexuelles. Je reviens à ma question : comment comprendre la mise en place d'une homosexualité future ? Sur un plan psychanalytique bien sûr. Pour y répondre, il faut vous présenter des modalités particulières des organisations œdipiennes des futurs gays et des lesbiennes. Tout cela est au pluriel. Car, contrairement à ce que certains écrits psychanalytiques ont pu laisser croire, les types d'organisations œdipiennes qui conduisent à un devenir hétérosexuel ou homosexuel sont pluriels. Rappelons qu'une organisation œdipienne « réussie » ne mène pas nécessairement à une hétérosexualité monogame. Et si on parlait de cuisine, l'œdipe d'un homo ne serait pas un gâteau trop cuit ou pas assez cuit. Il peut être bien sûr raté comme l'œdipe d'un hétéro, mais il peut être aussi réussi tout en n'ayant ni le même goût, ni la même présentation.

---

1. Refoulés donc oubliés mais que l'on peut retrouver par l'analyse des rêves, des lapsus ou par l'hypnose.

12.

L'œdipe des gays

L'adulte homosexuel est « passé » aussi bien que l'adulte hétérosexuel par la castration symbolique. Le renoncement d'être tout pour le parent, ou d'être le parent de son parent se fait plus ou moins bien. Mais ni plus, ni moins, si le futur individu devient homosexuel ou hétérosexuel. Cependant, des variantes sont observables quant à la manière dont l'enfant va se situer dans cette triangulation. Je vous propose ici un catalogue de situations modélisées. Il n'est pas exhaustif. Il témoigne de la diversité des constructions œdipiennes menant à un choix d'objet ultérieur homosexuel ou hétérosexuel, et bat en brèche l'explication sommaire d'un simple « œdipe inversé ». Ce ne sont que des prototypes qui ne s'opposent pas toujours entre eux. Des combinaisons existent et différentes données nées de la dynamique libidinale peuvent s'y greffer. Ils sont nombreux et parfois tortueux les chemins qui mènent au normal.

Surestimation de l'organe mâle

Pour Freud[1], il y a dans le choix homosexuel « la haute estimation de l'organe mâle et l'incapacité à renoncer à sa présence dans l'objet d'amour ». « Moi c'est clair, nous dit Marc Antoine, modèle de virilité, macho, et fonctionnaire de police, si les filles ne m'intéressent pas c'est qu'elles n'ont pas de bite ! »

Sans doute, mais pourquoi cette surestimation ? Et pourquoi n'y aurait-il pas aussi surestimation de l'organe femelle dans le choix hétérosexuel ?

Il s'agit donc d'une possibilité qui existe chez les hétéros également mais qui ne résume pas, loin s'en faut, la racine des désirs sexuels.

Homosexualité primaire

Pour Melanie Klein, les pulsions génitales s'activent précocement, chez le nourrisson, dès la fin du sevrage. Ces pulsions sont réceptrices dans les deux sexes. Quoique déjà génitales, elles restent empreintes d'oralité et le « pénis du père » prend alors la suite du « sein de la mère ». C'est une forme orale de coït qui est fantasmée et concerne tant le garçon que la fille. M. Klein y voit pour le garçon une « phase féminine » car à l'époque le féminin reste défini par le désir pour les attributs masculins (ici le pénis du père). C'est alors une période de rivalité orale et anale avec la mère, nourrie de sadisme oral et anal. Toujours selon M. Klein, c'est une phase d'homosexualité primaire pour le garçon pour qui l'incorporation orale fantasmée du pénis paternel est imaginairement un équivalent identificatoire au père le détachant du sein maternel. Il y aurait donc si on

1. *Névrose, psychose et perversion.*

extrapole sa théorie, pour expliquer le désir homosexuel, une forme de fixation à cette phase anteœdipienne[1].

Fabrice, célibataire, enseignant, 37 ans, s'est senti homosexuel depuis l'âge de 6-7 ans. « Les autres enfants me remettaient en cause. Je me savais garçon, mais on me traitait de fille et je trouvais ça bizarre. Je savais qu'il y avait un truc. Je n'étais pas comme les autres. Ce sont les autres qui m'ont aidé à voir plus clair. À 9 ans, j'ai eu une expérience de touche-pipi avec un garçon du même âge : on s'était touché mutuellement le sexe avec des allumettes (éteintes) et ce fut un plaisir intense. Au collège, vers 13 ans, j'avais des fantasmes de viol avec des garçons de ma classe. J'avais aussi des fantasmes que je croyais incestueux. Je m'imaginais deux frères, l'un plus âgé qui m'initiait et un plus jeune que j'initiais. En fait j'ai compris grâce à ma psychanalyste qu'il s'agissait de deux désirs complémentaires. Ma première relation sexuelle poussée (fellation) a été à l'âge de 18 ans dans un cinéma porno avec un homme d'une trentaine d'années que j'étais allé chercher. Ma première vraie relation sexuelle a été un an plus tard avec un ami d'enfance dont j'étais amoureux (qui s'est marié depuis). Je pense être devenu homosexuel à cause de l'absence de mon père idéal. En effet, avant 2 ans, j'étais placé chez une nourrice avec qui c'était très fort. Elle était en couple et ses trois enfants étaient comme des frères et sœurs pour moi. Étaient-ce eux mes frères imaginaires ? Mais mes parents ont déménagé. La séparation a été douloureuse, je me souviens de la scène où je pleurais en les quittant. Un jour, le mari de la nourrice est repassé à la maison, et je l'ai appelé papa en me jetant dans ses bras. Pour moi, c'est l'absence de cet homme qui me donne l'envie des hommes. »

1. Melanie Klein situe son « œdipe » antérieurement à la période décrite par Freud.

Œdipe inversé

Le garçon peut désirer être non pas tout pour sa mère mais être tout pour son père, quelle que soit la façon dont ce dernier s'occupe de lui. Dans ce contexte l'enfant peut d'emblée se positionner dans un désir œdipien marqué pour son père. Et cet amour oblatif, absolu pour son père sera le lit naturel d'une homosexualité future. Et cela dans le même type de mouvement qu'un désir œdipien d'un garçon pour sa mère qui ferait le lit de son hétérosexualité future. Cet amour oblatif pour son père n'implique pas qu'il prenne modèle sur sa mère, ou sur les femmes en général dans sa façon d'être. Il peut s'attacher amoureusement à son père tout en gardant comme modèle d'identification sexuée cet homme.

Cependant, cet amour « homosexuel » lors de l'œdipe peut, secondairement, se muer en amitié masculine par intégration de l'interdit de l'inceste et ne laisser présente chez l'adulte qu'il sera que l'hétérosexualité. À l'inverse au même titre, un amour œdipien puissant pour sa mère auquel l'enfant renonce en même temps que l'hétérosexualité peut mener à une homosexualité. Dans cet Œdipe « inversé », le garçon peut fantasmer porter un enfant du père mais aussi, faire un enfant à son père.

Aimer comme sa mère

L'amour des hommes peut aussi être le fruit, chez le garçon comme chez la fille, d'une identification au désir de la mère pour les hommes. La mère est modèle à plus d'un titre pour ses enfants. Au-delà de sa personnalité, de ses manières, de son caractère, ses désirs sont aussi pour l'enfant des modèles. Et l'enfant fille, c'est connu, mais aussi le garçon peuvent se modeler sur ce désir pour élaborer le leur. Aimer comme sa mère va, pour lui et elle, dans le sens d'être comme sa mère. Combler le désir de la mère peut s'entendre de diverses manières par l'enfant. Il interprète, avec ses propres critères, ce qu'il perçoit des désirs conscients et inconscients de celle-ci.

Si l'enfant s'identifie totalement à sa mère comme femme, et s'identifie à son désir pour les hommes il pourra devenir un homme efféminé (si sa mère est féminine) et homosexuel.

Mais il faut noter que le manque à être de la mère n'est pas toujours le père-en-tant-qu'homme. Ce manque à être peut être une femme. Quand bien même la mère aurait trouvé en son mari cette femme. Ce n'est pas physiquement (quoique un homme peut ressembler à une femme sur des critères physiques communs aux deux sexes), ni obligatoirement dans une personnalité dite « féminine », mais aussi parce que cet homme, tout viril qu'il puisse être, va être pour cette femme par exemple le représentant de sa propre mère [1], premier objet d'amour pour elle à laquelle elle n'aurait su renoncer. Contrairement à une idée reçue, une femme ne recherche pas toujours son père dans le compagnon qu'elle choisit. Elle peut aussi être en quête de sa mère, ou d'un autre personnage féminin de son histoire. Si le manque à être d'une mère est une autre femme, sa fille peut se tourner à son tour vers ce manque à être, et le trouver plus tard éventuellement chez un homme, mais aussi plus aisément chez une femme. Enfin un garçon qui aime comme sa mère peut aimer des femmes comme elle-même. Il sera donc officiellement hétérosexuel, alors qu'en fait il aimera les femmes d'un amour lesbien.

Faire la paire avec son père pour combler sa mère

Un garçon peut, pour combler sa mère, chercher à devenir comme son père pour être détenteur de ce phallus

1. De par un ensemble de signifiants communs suffisant pour susciter le désir de cette femme pour lui.

qui manque à sa mère. Il va s'identifier à lui comme homme et comme homme désirant les femmes. Mais il peut aussi, en même temps ou à la place, rêver de s'unir à cet homme pour obtenir ce phallus. Ce qui pourrait se résumer en simplifiant par : faire la paire avec son père pour combler sa mère.

Soumission homosexuelle au père

Le garçon peut aussi, tout comme la fille, se tourner « passivement » vers ce père, car il ne souhaiterait pas ou il ne se sentirait pas autorisé à être comme lui. C'est le cas de garçons qui ne se sentiraient pas assez soutenus par leur père pour devenir son égal. Ou de garçons qui idéalisent leur père. Cela peut provenir aussi d'une carence d'investissement paternel vis-à-vis de son fils. Cela peut venir aussi d'une crainte inconsciente du père d'être « déboulonné » par son fils. On pourrait nommer cela le complexe de Cronos à l'image du père de Zeus qui dévorait ses garçons de crainte qu'ils ne lui prennent sa place. Face à ce type de père, le garçon peut réagir par une opposition frontale avec lui (c'est ce que Zeus a fait) et plus tard avec les hommes en général, notamment dans la conquête féminine. Mais il peut aussi renoncer au combat et se positionner en complément plutôt qu'en opposant, faisant le lit d'une homosexualité future en érotisant peu à peu ce rôle. Ce type de situation ne conduit pas systématiquement à l'homosexualité.

« Quand j'étais enfant j'étais très inhibé, nous dit Alexis. Je pensais que mon père ne n'aimait pas ; qu'il préférait mon frère. J'étais complexé par rapport à mon père et à mon frère que je voyais comme très forts. Je me sentais inférieur. Je trouvais aussi que j'avais un petit zizi. À l'adolescence j'avais des fantasmes homosexuels. J'imaginais des relations sexuelles avec mon meilleur ami qui avait beaucoup de succès avec les filles où il me sodomisait.

Mais j'imaginais aussi que j'assistais à ses relations sexuelles avec des femmes et que j'éjaculais en même temps que lui. Devenu adulte, après la mort de mon père, j'ai pris confiance en moi. J'ai commencé à avoir également des fantasmes hétérosexuels. Depuis je me suis marié et j'ai avec ma femme des relations sexuelles rares mais satisfaisantes. Je continue à avoir des fantasmes homosexuels mais je n'ai jamais voulu avoir de relations homosexuelles véritables. »

Voici un autre témoignage, celui d'Emmanuel, 48 ans, fonctionnaire territorial :

« Enfant, mon père était absent pour cause de guerre d'Algérie. J'ai été élevé par ma mère et ma tante. Quand mon père est rentré de la guerre ma sœur est née et son vrai premier enfant, c'était elle. J'étais l'enfant de ma mère, mais elle n'était pas toujours tendre avec moi. Elle a pu se montrer très dure. Mon père était distant mais bon. J'étais souvent amoureux de petits copains et de petites copines en primaire. Et de Thierry la Fronde et de Mehdi dans le jeune Fabre. Au collège, j'ai été malmené par les autres garçons. À l'adolescence, entre 14 et 16 ans, j'ai pris conscience de mon homosexualité sans savoir ce que c'était. C'était flou. Savoir si c'était naturel ? Je prenais ça comme c'était. À 16 ans, c'était clair, mais je n'avais personne autour de moi à qui en parler. Chez nous, dans le milieu ouvrier, on ne parlait pas de ces choses-là. Ce n'était pas identifié. Des histoires platoniques ont précédé ma première relation sexuelle. Je ne fréquentais aucun lieu de rencontre. La première relation était une histoire d'amour avec un garçon, à 22 ans, avec qui je suis resté plusieurs années, rencontré dans le cadre de mon travail. Je n'ai pas la moindre idée de l'origine de mon homosexualité. Je ne vois pas de raison, ni d'événement déterminant. C'est comme ça. »

De cette soumission homosexuelle à l'image paternelle qui sera secondairement érotisée, pourra naître une structuration du désir amoureux et sexuel sur un mode homosexuel. En parallèle, se développe un renoncement au désir hétérosexuel, qui peut aller jusqu'au dégoût apparent. (Comme un désir hétérosexuel peut s'associer à un renoncement au désir homosexuel.)

Le père comme support ou « claudette »

Mais le « complexe de castration » peut aussi laisser à désirer. C'est-à-dire que le garçon peut au cours de son développement ne pas renoncer à être le phallus de sa mère. Il ne se tournera vers personne d'autre, si ce n'est des hommes. Mais il ne cherchera chez ces hommes non pas la complétude de son manque à être, mais uniquement le support de ce phallus qu'il « est-ce père » être. Cette modalité de développement conduit à des relations futures homosexuelles, mais en l'absence hélas de sentiment de complétude et à une insatisfaction amoureuse permanente.

Cependant ce processus n'est pas le propre des personnes homosexuelles. Le garçon ne renonçant pas à être le phallus de sa mère peut aussi plus tard prendre compagnie de femmes. Celles-ci ne sont pas désirées comme étant complémentaires de lui. Elle servent à soutenir le phallus qu'il croit être. Beaucoup de don Juans ont ce type de construction. Ces femmes, car le plus souvent il les collectionne (ou elles se lassent vite), sont comme les « claudettes [1] » de ce phallus. Elles le mettent en valeur.

Ce défaut de castration peut donc conduire certes à une forme d'homosexualité, mais aussi à une forme d'hétérosexualité. Dans les deux cas, elles ne permettent pas un véritable sentiment de complétude dans l'union amoureuse et sexuelle.

1. Allusion métaphorique aux danseuses qui accompagnaient le chanteur Claude François, idole des femmes en France dans les années 1970.

La mise hors père

Le futur homosexuel peut fixer érotiquement sa volonté de séduire le père pour le mettre « hors-père ». Il s'agit d'une démarche de conquête. De plus cette position économise l'angoisse de castration. Devenir l'objet de désir de son père pour lui faire quitter sa place de père et laisser libre le champ de la mère. Séduire l'homme, en étant pour lui la petite femme ou le petit mari (si le père est fantasmé homosexuel), afin de lui faire quitter la femme-mère. L'objet d'amour est hétérosexuel, et l'homosexualité est le moyen fantasmatique de le rendre libre pour soi.

Hervé nous raconte qu'il a du plaisir à séduire et à coucher avec des hommes et en particulier des hommes mariés. Mais ses meilleures amies, avec lesquelles il partage une véritable complicité affective d'amitié amoureuse sont toutes des femmes. Il n'a pas ou prou de vrais amis hommes.

Le père imaginé homosexuel

Dans le cadre de conflit œdipien, le souhait inconscient chez le garçon de l'impuissance du père est possible. Le souhait de son homosexualité aussi. Elle arrangerait bien les affaires du garçonnet qui perdrait un rival et gagnerait un prétendant ou un partenaire potentiel.

Mais une fois son père imaginé homosexuel, il n'est pas impossible que ce fantasme serve de modèle identificatoire pour le garçon. Le garçon va s'identifier à son père comme homme mais aussi à son désir pour les hommes que l'enfant imagine être sien. Il est aussi possible qu'il s'imagine partenaire potentiel du père (imaginé homo) comme de la mère se structurant alors sur un mode bisexuel.

C'est le cas de Moussa, 25 ans, qui trouve du plaisir à donner du plaisir autant aux hommes qu'aux femmes : « J'ai toujours pensé que mon père était homosexuel. Je n'ai aucune preuve de cela, il n'est pas efféminé mais je ne sais pourquoi je l'ai toujours cru. Peut-être à sa façon de regarder les hommes. » Jean Cocteau, dans son livre Blanc imagine également son père homosexuel.

Père violent. Mère trop tendre

Une mère « abusive » peut mettre son garçon à la place du phallus qui lui manque. L'enfant peut fantasmer que si elle agit ainsi c'est qu'elle a été « castrée » par un père imaginé violent. Mais il arrive aussi que ce père le soit dans la réalité (si le garçon assiste à des violences conjugales). Dans les deux cas, le garçon, pour échapper au sort de sa mère qu'il croit avoir été « castrée », peut se positionner en soumission passive à ce père. La haine du père peut pousser aussi à renoncer à toute identification à l'hétérosexualité de celui-ci et à s'inscrire par défaut dans une homosexualité masochiste, en s'identifiant à ce qu'il imagine de sa mère sur un plan libidinal. Cependant, à l'inverse, le garçon peut faire le choix de se modeler sur ce père et s'inscrire dans une hétérosexualité fantasmée comme violente voire sadique. Homo maso ou hétéro sado, c'est au choix !

Protection incestueuse

Être placé, avec son identité masculine, en phallus de sa mère dès la petite enfance, met le garçon en situation de menace incestueuse ou en situation réelle incestuelle. Pour se protéger de cette menace, deux positionnements peuvent se rencontrer. Certains garçons renoncent à une identité masculine pour devenir un morceau de mère avec un investissement sexuel essentiellement narcissique ou fétichique. Ils auront dès lors un comportement immature, maladroitement efféminé, et une vie sexuelle pauvre. D'autres conservent leur identification au modèle masculin mais renoncent précocement à tous désirs hétérosexuels. Il va y avoir chez eux un véritable dégoût pour le vagin comme représentant de ce phallus maternel dévorant.

Marc, enseignant dans le supérieur, 45 ans, en couple depuis dix ans :

« À 6-7 ans, je matais les photos d'homme adultes et j'avais envie de leur ressembler. Quelques touche-pipi avec des garçons avant 16 ans. Ma première expérience sexuelle ce fut dans une chambre de bonne avec un homme rencontré dans la rue à 16 ans. J'aime les garçons depuis toujours. Je suis attiré par eux depuis que mon sexe était capable de faire des érections dont j'avais conscience. À 11 ans, j'étais amoureux d'un voyou avec de longs cheveux blonds de deux ans de plus que moi. Je savais ce que c'était l'homosexualité car on en parlait, j'ai été élevé à une époque où Jean-Louis Bory et Roger Peyrefitte parlaient à la télé de leur homosexualité. Je pensais que c'était un passage obligé, que cela n'allait pas durer, je l'avais lu. Après j'ai dû me rendre à l'évidence. Avant rien. Je n'avais jamais vu de filles nues. Élevé par trois frères. J'ai essayé de bifurquer à 15-16 ans avec une belle fille nature, mais je n'ai jamais pu. On s'embrassait, je n'arrivais pas à l'inviter car je craignais que cela ne déclenche pas la même chose. Ma mère très très aimante est très castratrice très protectrice très mère juive mais elle a élevé mes deux frères comme moi et ils ne le sont pas. Ma mère était mon idole et j'étais la sienne. Je n'avais pas de copains autres qu'elle quand j'étais enfant et adolescent. Elle m'appelait et m'appelle encore “ma vie”. Aucun signe de tendresse de mon père, seulement à l'adolescence et cela me dégoûtait. Je me suis souvent posé la question de l'origine de mon homosexualité, mais je n'ai pas trouvé de raison. Pas d'événement déclenchant. Ce qui m'excite c'est me faire un mec, c'est la conquête, l'inaccessible m'attire, les situations cocasses. Peut-être à force d'avoir eu envie en cachette. »

Machisme homosexuel

La surestimation de l'organe mâle dont parlait Freud peut trouver sa place dans le phallocentrisme de certaines constructions homosexuelles. Dans le cadre de l'œdipe, la mère-femme peut être jugée méprisable eu égard à la puissance masculine supposée du père.

François se souvient. Son père autoritaire avec lequel il était en conflit durant toute sa jeunesse et duquel il a aujourd'hui la même rigidité de pensée. Sa mère, handicapée, il se souvient l'avoir méprisée, enfant : « Quand mon père rentrait, elle lui rapportait tout ce qu'on avait fait de mal. Elle n'était pas capable de régler cela elle-même. »

Un père objet d'amour de la mère, et un fils qui se mettrait en rivalité avec elle pour obtenir l'amour du père est une construction classique d'une homosexualité masculine. La construction homosexuelle peut s'établir en parallèle avec un mépris du féminin, un mépris du corps de la femme, et une surestimation du masculin et une survalorisation du corps masculin. La misogynie n'est pas l'apanage des hétérosexuels.

Surmoi encombrant

Le renoncement à la mère par le garçonnet du fait de la loi du père, de l'angoisse de castration, ou parce que l'enfant craint que son père ne s'interpose entre lui et toutes les femmes peut sans doute conduire au renoncement à la femme sur le plan sexuel. Il s'agit là d'une intégration trop fortement marquée de l'interdit œdipien. C'est une théorie analytique souvent avancée pour « expliquer » l'homosexualité. Mais elle mérite d'être réévaluée.

Si dans la pratique clinique cette construction existe, et n'est pas rare, elle se traduit essentiellement par une inhibition d'hétérosexualité et non par un véritable désir homosexuel. L'homosexualité, c'est le placement du désir chez une personne de son sexe et non le rejet de l'autre sexe. Cette censure hétérosexuelle peut faire le lit d'une homosexualité de compensation. Car l'angoisse de castration est plus forte alors que l'interdit social de l'homosexualité à ce stade de développement. L'homosexualité apparaît alors comme la seule sexualité accomplie possible, bien que socialement dévalorisée voire condamnée, car moins prohibée psychiquement. C'est une homosexualité initialement par défaut. Mais avec le temps et la pratique, elle peut mobiliser suffisamment les affects et les sens pour devenir épanouissante. Avec le temps également, des levées d'inhibition ou de refoulement sont possibles, du fait du développement personnel de l'individu, rendant possible secondairement une hétérosexualité qui s'imposerait car elle reste favorisée par la reconnaissance sociale.

Mais le devenir de cette situation de renoncement à la femme peut être tout autre qu'une homosexualité selon les personnes et les situations. Elle peut mener par exemple à des sexualités inaccomplies telles que le fétichisme ou l'exhibitionnisme. Ce renoncement à la femme n'empêche en rien la prise de modèle du garçonnet sur son père, ni la construction de son identité masculine. D'ailleurs, il peut considérer que les filles ont été « castrées » du fait de leur proximité avec leur mère, ce qui justifie plus encore à ses yeux la nécessité d'une prise de distance salutaire vis-à-vis d'elle et des femmes en général.

Il existe en parallèle des renoncements à des désirs homosexuels qui apparaîtraient menaçants dans l'imaginaire de l'enfant, dans un fantasme par exemple d'être blessé ou féminisé par le père. Ce renoncement peut s'exprimer par un certain dégoût pour les organes masculins.

Retournement d'amour

Le renoncement à la mère n'est pas toujours idéalement perçu par le garçon comme le résultat d'une loi fondamentale qui interdit l'inceste. Il l'est souvent comme le résultat de la perte d'un combat imaginaire avec son père. C'est la différence entre défense et interdit. L'interdit est un dit entre deux individus, ici le père et le fils. Le père dit la loi qui n'est pas la sienne, qui est commune à l'espèce. C'est la loi qui est dite entre eux. La défense, c'est celle d'un père qui se sentirait personnellement menacé par son fils. Ce n'est plus une question de loi au-dessus de chacun mais une lutte entre deux individus qui veulent se défendre et s'imposer. Dans ce dernier cas le père est alors vécu comme un rival et comme le responsable de la douloureuse prise de conscience par l'enfant qu'il ne peut combler sa mère.

Se tournant vers ce père, pour en faire un modèle, il peut, tout en s'identifiant à lui, tourner vers cet homme sa libido. C'est un retournement d'amour.

À l'inverse on peut relever que l'hétérosexualité d'un garçon peut être le résultat du refoulement de son homosexualité primaire à l'endroit de son père (ou de son équivalent), de son renoncement d'avoir un enfant de lui. Il désirera en une femme ce qu'il aurait rêvé d'être pour son père.

D'autres hétérosexualités sont élaborées à partir d'une angoisse de féminisation par le père. D'ailleurs l'homophobie est souvent nourrie par cette crainte archaïque. L'homosexuel est alors vécu non pas comme un ersatz de femme mais comme un homme qui risquerait de faire de nous un « passif », une « femme passive » si on avait avec lui une relation. La fameuse blague des vestiaires où les hommes se gardent de ramasser le savon tombé à terre pour ne pas attirer les homosexuels montre que l'homo fantasmé est celui qui « prend », et non pas celui qui se fait « prendre ».

Le fantasme hétérosexuel masculin si fréquent de voir deux femmes copulant ensemble correspond souvent à la projection de sa propre féminité. C'est la femme qu'il a failli être quand il se fantasmait la femme de son père, que l'homme imagine être en voyant une femme copuler avec une autre femme. Façon pour le petit garçon qui est en lui de ne pas perdre la mère, de rester le mari-femme de la mère, en étant la femme de son père.

Syndrome de Stockholm[1]

Une autre possibilité dans ce contexte de rivalité pouvant participer à de futurs désirs homosexuels est une inversion du sentiment œdipien de haine à l'endroit du père (ou du partenaire de la mère) en sentiment d'amour. Cela via un processus psychique baptisé formation réactionnelle. La formation réactionnelle, c'est un mécanisme psychologique qui transforme des tendances prohibées en tendances socialement acceptables. La passion pour la saleté ou du désordre du petit enfant va se muter en manie du rangement ou en passion du ménage et du nettoyage. Le caractère transgressif d'un petit diable peut devenir respect du droit et de la loi (beaucoup de policiers étaient de vrais petits diables enfants). À défaut de devenir voleur on devient gendarme... Le dégoût pour la sexualité chez l'enfant de sept-dix ans est une formation réactionnelle à un intérêt marqué pour la question dans les années précédentes et qui reviendra avec la puberté.

Selon le même schéma réactionnel, la haine dirigée contre le père, haine qui peut être meurtrière à l'abri de l'inconscient, pourrait se transformer en amour, du fait de la culpabilité. Et d'amour œdipien, en futur désir homosexuel.

Loyauté paternelle

Certains garçons ont été placés par leur mère, ou se sont vécus comme tels, à la place de l'homme qui pourrait

1. Allusion à cet attachement parfois amoureux des personnes enlevées pour leurs agresseurs.

lui donner à elle le pénis (c'est-à-dire à la place du mari). Souvent cela favorise chez ces garçons la construction d'une personnalité obsessionnelle caractérisée en particulier par une prise de distance avec les affects, une volonté de maîtrise sur l'environnement et les êtres, et une tendance marquée aux doutes. Dans ce schéma, c'est donc la mère qui aux yeux de l'enfant élimine le père. D'où un doute, chez l'enfant, sur la réalité de la paternité de ce dernier. Le futur obsessionnel ressent une dette d'amour, de vie, à l'endroit de son père. L'enfant veut défendre la place du mari car il veut défendre la place de son père. C'est d'abord comme mari qu'il est perçu, et c'est vers lui comme mari délaissé que se tourne l'amour du fils.

L'inhibition sexuelle de l'obsessionnel est présentée classiquement par les psychanalystes comme une homosexualité latente. Or, on peut opposer à cela que dans les faits l'existence d'une homosexualité bien vécue ne réduit pas l'obsessionnalité d'une personne obsessionnelle. C'est davantage la peur du lâcher prise dans la sexualité, qui est à l'origine de l'inhibition chez les obsessionnels. À laquelle s'ajoute la difficile hiérarchisation du polymorphisme des désirs. Accepter de lâcher les chiens de son désir pourrait, s'angoisse l'obsessionnel, le rendre incontrôlable et le conduire à transgresser tous les interdits dont l'homosexualité (si son éducation la lui a présentée comme un interdit) mais aussi l'hétérosexualité (chez les homos obsessionnels qui ont refoulé l'hétérosexualité éventuellement comme porte ouverte à l'inceste). Les autres interdits qu'ils peuvent craindre de transgresser s'ils se lâchaient sont différents comportements liés à des pulsions fétichistes, sadiques, masochistes, gérontophiles… mais surtout aux tabous fondamentaux (inceste, zoophilie, pédophilie, viol).

La quête d'un amour paternel

Enfin, Freud dans ses premiers écrits notait que l'homosexuel aimait un autre homme comme il a été aimé lui-même par sa mère. On peut élargir le champ de cette vision en notant qu'il peut aussi aimer un autre comme il a été aimé ou comme il aimerait être aimé par son père.

On le voit, chez les hommes il existe plusieurs manières d'organiser son œdipe et en conséquence d'orienter davantage son désir vers les hommes, ou les femmes. Voyons ce qu'il en est de l'organisation œdipienne chez les futures lesbiennes.

13.

L'œdipe lesbien

La variabilité des préférences sexuelles, chère aux neurobiologistes, se retrouve dans les dynamiques psycho-affectives qui selon les théories psychanalytiques conduisent à des choix d'objet homo ou hétéro. Pour une femme, en venir à tirer davantage de jouissances dans le cadre d'amours homosexuelles qu'hétérosexuelles, ou du moins suffisamment pour ne pas s'en priver, est l'aboutissement de voies diverses. Il n'y a pas lieu d'établir des hiérarchies de normalité entre chacune de ces voies dont la fréquence relative n'est pas définie. Bien sûr l'homosexualité peut concerner des femmes ayant une structure psychotique avec un œdipe destructuré, mais l'hétérosexualité également. Les modalités de développement des désirs lesbiens n'excluent pas toujours le développement concomitant de goûts hétérosexuels. L'inventaire que nous en ferons ne s'affirmera pas exhaustif, et aura pour objet de montrer la diversité des modes d'élaboration des homosexualités féminines à partir du modèle de compréhension psychanalytique. Cette diversité n'a sans doute d'égale que celle des modes d'élaboration des hétérosexualités féminines.

Trahie par son père : défi ou con-promis

À tout seigneur, tout honneur, débutons ce catalogue de processus œdipiens possibles, parmi ceux menant vers une orientation homosexuelle préférentielle, par le cas de Freud. Rappelons que Freud a établi l'existence du plaisir et du désir féminin dans un univers social et culturel très phallocratique. Freud a écrit un seul cas d'analyse d'une jeune homosexuelle en 1919 [1]. Lacan en a repris l'étude. Pour Lacan, cette jeune femme a été déçue par la grossesse de sa mère du don symbolique qu'elle attendait de son père. Elle a alors régressé au rang de la frustration. Elle a maintenu son désir sur la voie de la relation imaginaire à la femme. Le père, à ses yeux d'enfant, a perdu le pouvoir de lui donner le phallus symboliquement puisqu'il l'a donné réellement en faisant à sa femme un enfant. Le phallus symbolique qu'elle attendait du père s'est trouvé réduit au phallus imaginaire. Ce phallus, au lieu de le symboliser, elle l'a imaginé et en fait un attribut de sa mère. Son défi sera de montrer au père ce qu'est le véritable amour. Elle saura d'autant mieux aimer une femme qu'elle n'est pas un homme. Ce que l'on pourrait résumer par cette phrase : « Sans pénis, je suis d'autant plus susceptible de te donner le véritable phallus que tu attends. » Elle montre aux femmes ce qu'est le véritable amour et ce qu'elle excelle à faire pour ce qui lui a manqué [2].

On le voit, c'est ici une vision de l'homosexualité féminine limitée au défi et à la quête imaginaire. Une autre lecture est possible. Si son père perd son phallus en donnant cet enfant à la mère, c'est surtout qu'il valide la détention préalable par sa mère du phallus imaginaire. Et cette fillette, dans son inconscient, n'a pu obtenir de son père d'être écartée du phallus imaginaire qu'elle revendiquait à

1. S. Freud, « Psychogénèse d'un cas d'homosexualité féminine », in *Névrose, psychose et perversions*, PUF.

2. Lacan, *Écrits*, Le Seuil.

sa mère. Depuis lors, c'est auprès d'une femme qu'elle rechercherait ce que son père, un homme, n'a pu lui fournir : à savoir des échanges et de la transmission susceptibles de soutenir la construction de sa sexualité et de sa féminité. Il ne s'agirait donc pas d'un défi phallique mais bien d'une recherche du « con-promis ».

Cette jeune femme exprimait par ailleurs un désir de grossesse. Il s'agissait pour Freud non pas d'un vrai désir d'enfant, plutôt du désir de tromper son analyste, ou pour Lacan d'interroger son désir à tromper. On le voit désir de procréation et désir homosexuel chez cette jeune femme ne leur paraissaient pas compatibles, et relevaient pour eux d'une tromperie sur la marchandise.

Retour dans le giron maternel

En fait, Freud, au cours de sa vie, a évolué quant à sa conception de l'œdipe lesbien.

Dans un premier temps il a considéré qu'il s'agissait du maintien en une homosexualité primaire avec la mère [1]. Cette première théorie a été et est encore présentée par beaucoup d'analystes comme modèle principal, voire unique, de la construction homosexuelle chez la femme.

Puis [2], Freud a considéré que le choix d'objet homosexuel de la femme procédait d'un retour à cette position antérieure d'homosexualité primaire qui est fantasmée par la fille, et cela secondairement, dans la suite d'une déception par le père de sa demande d'amour œdipien. Car « les petites filles, écrit Freud, prennent un temps leur père pour objet et se mettent dans la situation œdipienne. Mais ensuite elles sont poussées du fait des déceptions inévitables causées par leur père, à régresser vers leur masculinité précoce. » Car le père, ou son représentant, n'aurait pas été à la

1. 1919.
2. 1932.

hauteur de ce qu'il était supposé être au regard de sa demande d'amour œdipien. Ce retour en arrière chez la fille aurait une fonction de réparation dans un après-coup de la déception. Il n'est donc plus question de la « continuation directe non modifiée, d'une fixation infantile à la mère », « dans une identification à la mère phallique [1] » mais d'un retour en arrière.

Lacan tient à peu près ce langage. Il y a eu du côté du père un « défaut de promesse pour quoi déjà tout a été renoncé [2] ».

Mais comme le note Freud lui-même toute déception œdipienne ne conduit pas obligatoirement une jeune fille vers l'homosexualité. Il est d'autres voies possibles comme il y a d'autres situations qui favorisent un choix d'objet homosexuel futur. Il est intéressant de noter que, dans les *a priori* populaires, la notion de déception reste très présente pour expliquer l'homosexualité féminine qui serait le fait de femmes ayant été déçues par des hommes.

L'homosexualité primaire, et sa suite

Cette notion freudienne d'homosexualité primaire est très présente en psychanalyse pour comprendre l'homosexualité féminine et lui donner un « air » de fixation régressive. Le bébé, fille ou garçon, reçoit, par les soins corporels, des projections du désir de sa mère pour lui qu'il va donc éprouver physiquement et sensoriellement. Ce faisant, vont s'érogénéiser des zones corporelles de satisfaction chez le bébé. Certaines régions de son corps vont devenir sensuelles, au gré des plaisirs de la mère à prendre soin de telle partie du corps et de la sensibilité particulière de telle région chez le bébé. L'enfant est comblé de désir

1. S. Freud, « La féminité », in *Nouvelles conférences d'introduction à la psychanalyse*, Gallimard.
2. J. Lacan, Le séminaire, livre VIII, *Le transfert*, Le Seuil.

par sa mère et pense combler ceux de sa mère. La fillette comblée de bien-être par une mère attentionnée pourra rechercher adulte auprès de femmes un égal bien-être. Même si elle pourra aussi le retrouver chez un homme qui aurait les qualités morales ou physiques, dans sa rondeur ou dans sa sécheresse par exemple de cette mère initiatrice des premiers plaisirs du corps. Jones Mc Douglas, et à sa suite les psychanalystes de l'école anglaise, considèrent cette homosexualité primaire mère/fille comme le moyen d'une féminisation libidinale. C'est-à-dire que ce désir serait nécessaire et permettrait la disposition à la féminité : « Les désirs des enfants des deux sexes ont toujours une double visée : l'une de posséder sexuellement le parent de même sexe et d'être le parent de sexe opposé, afin d'obtenir tous les privilèges et prérogatives dont chaque parent est supposé être doté » écrit J. Mc Dougall[1]. R.J. Stoller reprend également[2] cette notion d'homosexualité primaire et F. Perrier évoque une homosexualité de naissance[3].

Mais ces positions doivent être relativisées car en fait, dans l'esprit de l'enfant, ces désirs tournés vers le père ou la mère, ou d'autres de son entourage, ne sont ni homosexuels ni hétérosexuels, ils sont purs affects. Car l'homosexualité n'existe pas chez l'enfant à l'heure où l'enfant n'établit pas d'emblée de différence des sexes. La mère pour le bébé fille ou garçon n'est pas considérée spécifiquement comme une femme mais comme un tout, tout-puissant : elle est avant tout phallique à ce titre. Il s'agit d'être tout pour ses parents, et tout en eux. Avant d'opérer des choix, l'enfant va se reconnaître davantage vers tel ou tel parent avec lesquels il s'accouple. C'est très net, surtout dans les fratries de deux où il y a un partage de parents entre frère et sœur et en parallèle un « partage » des enfants par les parents. Chaque enfant va s'identifier à l'un des parents

1. *Éros aux mille et un visages*, Paris, Gallimard, 1996.
2. R.J. Stoller, *Recherche sur l'identité sexuelle*, Paris, Gallimard.
3. *La Chaussée d'Antin*, Albin Michel, 1994.

et faire couple avec le parent modèle ou avec l'autre. À la place d'homosexualité primaire on pourrait évoquer avec Claude Noëlle Pickmann [1] l'identification à un idéal que la mère représente pour la fillette, et l'identification au phallus imaginaire de sa mère.

La notion d'homosexualité primaire qui lierait mère et fille les premiers temps a été reprise notamment dans le courant de pensée féministe, comme mythe fondateur de la transmission de la féminité de mère à fille par ce biais du corps à corps. Mais on oublie avec ce parti pris que pour devenir femme il importe de se décoller de sa mère. Sinon on ne reste qu'un morceau de femme. On voit des relations mère fille au climat incestuel, sans pudeur, dormant ensemble, se lavant ensemble durant des années. Les femmes issues de ce type de relation présentent souvent des troubles de la personnalité de type hystérique. Elles ne deviennent pas spécifiquement homosexuelles, ni hétérosexuelles véritablement. Si elles le deviennent, l'une ou l'autre, c'est qu'elles sont parvenues à se dégager en partie de cette emprise.

Rester au service de sa majesté

Comme certains garçons renoncent à toute rivalité œdipienne avec le père, certaines filles se soumettent de même à la mère qui restera la seule vraie femme du noyau familial. Blanche Neige, malgré ses airs de sainte-nitouche, est clairement entrée en compétition avec sa belle-mère (équivalent maternel) qui voulait rester la plus belle (sous-entendu, en ces temps de Perrault où la beauté faisait la femme, la plus femme). Blanche Neige s'est donc décollée d'elle (comme la petite fille se décolle de sa mère lors de la période d'opposition au début de l'œdipe), a fait son

1. Féminité et homosexualité féminine : la reprise de l'amour, in « Les homosexualités », *La clinique lacanienne*, n° 4, 2000, Paris, Eres.

apprentissage en différents domaines (autant que de nains), ce qui correspond à la période de latence, avant de connaître l'amour et la sexualité. Mais toutes les filles ne réagissent pas comme Blanche Neige. Et certaines se désistent, et laissent le pouvoir sur les hommes à leur mère. Par peur ou par culpabilité, réalisant la plupart du temps le vœu de leur mère, étant le plus souvent insuffisamment soutenues en tant que futures femmes par le père, elles renoncent à fantasmatiquement le séduire ou à être séduites par lui et par les hommes. Elles restent au service de leur reine-mère, qui occupe le terrain du pouvoir féminin, et qui verrait comme une menace insupportable la féminité de leur fille. Cette malveillance maternelle [1] cherchant à bloquer l'émancipation féminine de sa fille, et dans une certaine mesure son hétérosexualité, Freud en avait fait l'hypothèse pour le cas de la jeune homosexuelle. Melanie Klein notait que la peur de la mère pouvait chez la fillette induire une position de défense vis-à-vis de la féminité. Elle pensait, et je la rejoins, que ce n'est pas d'être privé de pénis qui suscitait la colère chez elle à l'endroit de sa mère, mais la rivalité vis-à-vis des attributs paternels. Plus proche de nous, Marie-Jo Bonnet [2] fait l'hypothèse, à partir des résultats de son enquête pour son travail sociologique et historique, que la maltraitance maternelle serait très présente dans l'anamnèse des homosexuelles. La sexualité de la petite fille est dévouée à la satisfaction de la demande maternelle. La mère n'a pas toujours été satisfaisante. Elle a même pu se montrer maltraitante. La fillette en devenant autonome a pu faire naître chez sa mère une attitude de rejet ou de lien haineux. Pour le psychanalyste H. Deutsch [3], l'orientation homosexuelle est à comprendre comme une réconciliation

1. Qui est très présente dans les contes de fées : *Cendrillon* via la belle-mère, *La Belle au bois dormant* via les marraines.

2. Marie-Jo Bonnet, *Qu'est-ce qu'une femme désire quand elle désire une femme ?*, Paris, Odile Jacob, 2004.

3. Deutsch H., 1932, « L'homosexualité chez les femmes », in *La psychanalyse des névroses et autres essais*, Payot, 1970.

d'avec la bonne mère d'avant les conflits, prévalence de la maternité comme achèvement de la féminité.

Accès au pouvoir d'être femme

La femme homosexuelle est parfois prisonnière du préalable (qu'elle avait dans ses fantasmes) de devoir posséder sa mère pour avoir le droit au pouvoir d'être une femme. Car ce pouvoir d'être une femme ne lui a pas été donné par sa mère. Ou parce qu'elle n'a pas été soutenue pour pouvoir le prendre sans l'accord de sa mère. Interdite de jouir de son sexe sans l'attente d'en recevoir de sa mère des signifiants qui n'existent pas. Là où elle est, d'où elle aime, elle n'est ni femme ni homme. En l'aimant, une autre femme lui donnera l'accès à des signifiants de désirs qui la sépareront du regard d'une mère condamnant jusqu'alors sa sexualité de femme.

Marise, 44 ans, avocate :

« Enfant, j'étais un garçon manqué. Je me suis toujours prise pour un garçon, c'est normal que je tombe amoureuse de filles. Mais peut-être que je me suis prise pour un garçon car j'étais amoureuse de filles et que je n'avais pas d'autre choix pour rendre ce désir réalisable. Mon père m'a élevée comme un garçon. Il m'emmenait au sport. En fait il voulait une fille. Je ne sais pas pourquoi je dis qu'il m'a élevée comme un garçon. Peut-être que c'est moi qui voulais lui ressembler. Je me vois belle petite fille à 6 ans et petit garçon à 8 ans avec des cheveux courts. Jusqu'à 12 ans, j'étais assez solitaire, j'avais des copains surtout. J'ai eu des copines à partir de 12 ans. Je ne jouais pas à la poupée. Si, une fois, à 12 ans avec une copine en vacances. Je jouais à être Zorro, Lagardère et Tarzan. Sur ma cape, j'avais écrit : "Lagardère aime Anne-Marie." Ma première amoureuse : j'avais 8 ans. Mais je n'ai pas de souvenir avant 6 ans. Si ce n'est que je jouais au docteur avec filles ou garçons. Je regardais la série "Chapeau melon et bottes de cuir" et, vers 9-10 ans, j'étais amoureuse de Tara King, l'espionne aux cheveux courts. Je disais que je voulais l'épouser. Ma famille riait. À 12 ans, j'ai dit à une copine de sport que j'étais amoureuse d'elle. Elle n'a rien répondu. J'ai compris plus tard qu'elle aurait bien voulu. À 13 et 14 ans, j'ai eu quelques réflexions de filles qui me traitaient de "gouigouine", ayant bien repéré que je regardais les filles avec désir. J'ai eu à nouveau les cheveux longs à 14 ans. Ce qui m'a protégée, c'est le sport. J'ai fait du hand à haut niveau. Les autres joueuses me ressemblaient. Je n'ai jamais été amoureuse que de filles. Je suis sortie avec un garçon à 14 et à 16 ans pour faire comme tout le monde. Le second, c'était pour que sa sœur qui me plaisait beaucoup me regarde. J'ai couché avec un copain à 20 ans uniquement pour ne pas mourir idiote. Il était d'accord pour l'expérience. Ça s'est bien passé. J'ai eu du plaisir sexuel. Mais je n'aime pas le corps d'un homme, je n'ai aucune envie de me réveiller à côté d'un homme le matin et je n'ai pas de sentiment amoureux pour un homme. Avec un homme, c'est de l'amitié ou du sexe mais l'amour, c'est avec une femme. C'est à 18 ans que j'ai eu ma première relation sexuelle avec une femme. Si je suis homosexuelle, c'est parce que c'est ma nature. S'il y avait une raison psy ce serait sans doute l'absence de ma mère. Ce n'était pas quelqu'un de tendre. On se voyait peu. Elle a toujours été là physiquement mais pas présente. Elle devait être déprimée. Je crois qu'elle ne voulait pas d'enfant. Mes copines homos, c'est la même chose : l'absence de la mère. C'est mon père qui était maternant. »

Peur de la passivité

Le psychanalyse Douglas Mac Jones, on l'a vu, évoquait les angoisses de perte ou de pénétration vis-à-vis de la mère vécue comme « mauvaise ». Certaines femmes homosexuelles répugnent à être passives, à être touchées par une femme, et se dévouent à donner du plaisir aux femmes. Elles craignent, inconsciemment, d'être endommagées dans leur corps. Comme petites elles ont pu craindre l'être par la mère (ou la nourrice comme équivalent maternel).

Pour ne plus être un bout de femme

Il est des mères qui n'investissent ni père, ni aucun autre homme ou partenaire, ni personne d'autre que leurs enfants. Ces derniers sont considérés comme des prolongements d'elles-mêmes, sans reconnaissance de leur existence propre. Il s'agit ici de reports sur l'enfant de désirs narcissiques de la part de la mère. Dans les pathologies narcissiques la personne, ici la mère, est handicapée pour tout investissement affectif d'autrui. Elle n'est guère apte à l'empathie, ne pouvant se mettre à la place de l'autre, jouir du plaisir d'autrui, ni jouir d'aimer autrui. Devenue mère, leur enfant en tant qu'autre n'est donc pas aimable. Et elle n'a d'autres possibilités que de l'aimer comme elle-même. Le devenir de ces enfants est variable, et aussi fonction de la place prise par le père notamment. Une évolution fréquente est une absence de structuration œdipienne suffisante. Pour reprendre l'image de la maison, ce n'est pas une demeure confortable. Si ces enfants sont des filles, elles deviennent des femmes qui investissent peu le fonctionnement psychique, qui est alors appauvri en fantasmes et en rêves. L'action étant privilégiée par rapport à la réflexion pour ces femmes. Cela peut aller jusqu'à la psychose. Cette structuration œdipienne ne conduit pas nécessairement à une homosexualité. Mais quand celle-ci s'installe, elle peut être liée à la carence paternelle, ou à celle d'un autre tiers. Le père peut venir occuper une place marginale dans le psychisme de ces futures femmes. L'image dépréciée du père peut conduire à une image dépréciée des hommes en général et à l'absence de croissance d'un désir hétérosexuel.

Si l'investissement de la mère pour sa fille est imprégné d'érotisme, la future femme peut répondre en miroir à ces attentes. Si l'investissement maternel n'est que narcissique, la fillette pour protéger son indépendance psychique, pour se détacher de sa mère et devenir quelqu'un d'autre qu'un prolongement de celle-ci, peut se persuader que sa mère la désire non pas comme une partie d'elle-même mais comme la future femme qu'elle se découvre être en grandissant. Dans ces deux cas, par des voies différentes, l'orientation homosexuelle est une réponse.

Hétérosexualité avortée

Le renoncement au désir du père, ou le renoncement à désirer le père, et les hommes en général, peut débuter non pas par une rivalité mère-fille, mais par une complicité mère-fille qui exclurait les hommes. La fusion mère-fille repose alors sur une dépréciation du père, des hommes, voire du masculin. Le père est présenté comme réduit, soit parce qu'il est désigné comme faible ou minable, soit parce qu'il est réduit à un trait qui le déconsidère : par exemple, il prend le statut d'homme violent. La relation hétérosexuelle serait alors aux yeux de l'enfant avilissante ou périlleuse.

L'orientation homosexuelle qui donne suite à ce modèle, qu'elle soit consommée ou non (et qui n'empêche pas le mariage avec un homme comme mode d'intégration sociale avec désir de maternité), s'explique par le fait qu'elle s'appuie sur l'idiome qu'on aime ce que l'on sait aimer. Si l'amour ou l'estime de l'homme n'ont jamais été inspirés, ils ne peuvent se révéler.

Anna, 45 ans, manager, en couple depuis un an : « Jusqu'à mes 26 ans, cela ne m'a pas effleuré l'esprit que je pouvais être homosexuelle. Mais depuis, cela ne m'a jamais posé de problème de l'être. Si j'ai découvert cela tardivement, c'est sans doute que j'ai grandi dans un milieu où il n'avait jamais été question de ça. Je ne dirais pas que je ne connaissais pas mais on n'en parlait pas. Si on m'avait présenté cela comme une possibilité, j'aurais compris plus tôt ma façon d'être. Cette professeur d'espagnol quand j'étais en prépa, à 19 ans, je la trouvais bien sexy. J'ai encore en tête la silhouette de son buste, de ses seins. J'étais très motivée et très bonne élève dans cette matière. Mais l'idée d'autre chose avec elle ne m'a jamais effleurée. J'ai été en pensionnat religieux de filles, de la 6e à la terminale, mais jamais il n'y a eu la moindre équivoque dans mes relations avec les autres pensionnaires. Et quand à 14 ans, après m'être tordu la cheville dans l'escalier, une des sœurs s'est proposée de me faire un massage, j'ai refusé bien nettement, me souvenant d'avoir trouvé sa proposition bien indécente. Je me suis découverte homosexuelle à 26 ans lors d'une soirée où était présente une fille bisexuelle et j'ai eu un flash pour elle, ce fut une révélation. Et bien qu'il n'y eût jamais de relation avec elle, j'avais la joie de m'être découverte. Ensuite je me suis mise en couple avec une fille. Ce mode de vie s'est installé chez moi sans heurts, sans violence. Mais ma mère en a été informée, il y a seulement trois ans, et elle ne s'en est toujours pas remise. J'ai connu mon premier garçon à 18 ans et je suis restée en couple pendant cinq ans. Sans vivre avec lui. Je l'aimais vraiment. C'est le seul garçon que j'ai aimé. Mais je n'ai jamais eu d'orgasme sexuel avec lui, juste de l'excitation. Nous nous sommes séparés définitivement huit jours après nous être installés ensemble. J'ai réalisé que je ne pouvais pas vivre avec lui. Il m'a proposé de rester sa maîtresse, mais j'ai refusé car tout allait bien entre nous sauf la sexualité. Alors il m'a quittée. Je ne l'ai plus jamais revu. Comment suis-je devenue homo ? je ne sais pas. Ma mère avait une forte personnalité. C'est d'ailleurs ce genre de femme que j'aime. Mon père n'était pas très viril. Je ne vois pas d'explication particulière. »

Ne plus être le phallus de sa mère

La mère qui s'occupe de sa fille a des représentations inconscientes. Si sa fille est en position de phallus imaginaire pour elle[1], ses représentations véhiculent les signifiants de ses désirs pour sa fille en position de phallus. L'enfant apprend à se connaître en tant que fille dans le regard de sa mère. Il est possible que cela soit :

- comme phallus imaginaire plus ou moins exclusif (prolongement de la mère ne souffrant d'aucune séparation),
- comme objet de jouissance,
- ou comme représentant imaginaire du phallus symbolique.

L'enfant doit renoncer à être l'objet « a » de sa mère au sens lacanien du terme[2]. Quitte à se forger des symptômes pour cela. Quand la jouissance de la mère prend le corps féminin sexué de sa fille comme support, la fillette ne peut pas renoncer à être l'objet de la jouissance de sa mère sans renoncer à aimer la femme qu'est sa mère pour en devenir une autre. Dans ce cas, l'homosexualité lui permet d'aimer sa mère comme objet sexuel, et donc de se détacher de sa mère et de pouvoir l'aimer en tant que femme, non en tant que mère. Pour cela elle va s'identifier à un homme qui aime sa mère.

Jouir et faire jouir grâce au phallus maternel

Il y aurait chez certaines fillettes une identification au phallus maternel. C'est-à-dire à la puissance maternelle. C'est une identification à une maternité primordiale, non sexuée.

Certaines femmes vont désirer les femmes à l'image de certains hommes, c'est-à-dire en les réduisant d'abord à

1. C'est-à-dire qu'elle lui donne un sentiment de complétude.
2. Formalisation de l'objet du désir de la mère. Manque à être.

des objets de jouissance, en n'y associant l'amour qu'après-coup. Ces femmes, selon la théorie lacanienne [1], veulent avoir le phallus, c'est-à-dire signifier à la femme qu'elles peuvent, sinon satisfaire, du moins répondre à son désir et lui offrir la jouissance. Or, c'est précisément sur ce mode de l'avoir qu'elles entendent rivaliser avec les hommes. Aussi font-elles volontiers affaire (*love affair*) avec celles qui ont discrédité depuis longtemps le désir pour les hommes, comme incapable de satisfaire leur désir féminin infini. Il y a eu chez elles une identification à la mère phallique primordiale. C'est-à-dire à la « mère-femme » qui sur le plan du fantasme dépossède les hommes de leur phallus, métaphoriquement les châtre, et les exclut partiellement de leur univers. L'image du père n'est pas forclose (elles seraient psychotiques), elles peuvent s'identifier à lui sur des pans de sa personnalité mais il est perçu comme « déphallisé ». Les hommes n'ont pas les moyens qu'elles possèdent pour combler une femme. Les hommes ne sont pas rejetés en tant qu'hommes. Il n'y a pas les hommes mauvais objets d'un côté et les femmes bons objets de l'autre. Mais l'homme n'est pas un objet de jouissance comme le sont les autres femmes pour elles. Parfois il y a non pas un dégoût mais une répugnance méprisante vis-à-vis des organes génitaux masculins. Elles se vivent comme détentrices du phallus maternel grâce auquel elles peuvent donner la jouissance aux autres femmes.

Pour beaucoup de ces femmes homosexuelles, le refus de l'homme comme objet de désir n'implique pas le refus de la position féminine. Pour résumer grossièrement, le refus du pénis n'est pas le refus du phallus par rapport auquel elles se positionnent, qu'elles revendiquent comme mode d'accès à la jouissance de l'autre femme. Cette femme homosexuelle ne s'identifie pas au modèle masculin dans son désir de la femme. Et son positionnement par rapport au phallus n'était pas dans le désir d'être le père pour le

1. Que décrit bien Serge André dans *L'Imposture perverse*, Seuil, 1993.

posséder. Le phallus à ses yeux n'est pas la possession d'un sexe et d'un seul. Cette femme homosexuelle va donner à l'autre femme ce qu'elle n'a pas, ce qui est la définition même d'aimer pour Lacan. Cette jouissance de l'autre femme qu'elle permet lui confirme d'ailleurs que la féminité dont cette jouissance est le cri peut naître en l'absence de l'homme.

La jouissance homosexuelle n'est pas toujours une jouissance phallique. Mais les effets d'une jouissance maternelle qui disjoint le phallus et le pénis comme objet de valence érotique. Il n'existe alors pas de dégoût pour les attributs sexuels masculins mais simplement un désintérêt.

Aimer sans concevoir

Chez la femme, le fétiche se ramène à sa progéniture, disait Lacan. Chez certaines femmes, le désir d'être mère n'est pas le moteur de faire de l'homme un objet de désir. Car le projet n'est pas d'être enceinte. Elles se sentent fortes de l'enfant-fétiche qu'elles ont en elles imaginairement et qu'elles ne céderont jamais. Le pouvoir de la matrice maternelle auquel elles s'identifient est d'une puissance supérieure à celle de l'homme, comme en constante érection interne. Cela n'oriente pas obligatoirement vers l'homosexualité mais cela lève un des moteurs du désir hétérosexuel.

Chez d'autres, lors de la construction œdipienne, le fantasme d'avoir un enfant du père est source d'angoisse, celle d'être détruite par ce bébé imaginaire dans un ventre qu'elle perçoit comme immature. Ce fantasme comme celui de la pénétration peuvent rebuter la future femme, et lui rendre indésirable une future union hétérosexuelle.

Aimer sa mère comme son père

Il existe chez la fillette une homosexualité infantile primaire vis-à-vis de la mère qui peut persister de ce fait. Elle peut s'accompagner du fantasme de porter un enfant de la mère. Ou de le faire seule et d'élever un enfant avec sa mère. Car certaines fillettes imaginent que l'enfantement se fait sans participation masculine, que l'enfant est un produit de la mère, né par parthénogénèse ou créé par elle comme elle-même créé des selles.

Il existe aussi une homosexualité infantile secondaire dans l'identification au désir du père pour sa mère, et par extension pour les femmes en général. Ainsi telle future femme va s'identifier à l'objet de la jouissance maternelle. C'est-à-dire qu'elle va chercher à combler sa mère en s'identifiant à son père comme partenaire de sa mère. « La petite fille, écrit Freud, après avoir dû renoncer au père comme objet d'amour, sort alors sa masculinité et s'identifie non pas à la mère, mais au père, donc à l'objet perdu. » C'est Dora, patiente hystérique, qui lui a révélé qu'une femme pouvait s'identifier au père dans son désir pour une autre femme. Cette identification à son père la protège d'ailleurs de la jouissance de sa mère avec elle, qui pourrait être angoissante. Car en s'identifiant à son père, elle prend de la distance avec le modèle de sa mère. Elle évite ainsi une relation trop fusionnelle dans laquelle elle risque de perdre son identité si l'amour est trop exclusif. Devenue adulte, elle retrouvera cette jouissance auprès d'une autre, comme son père jouissait de sa femme. Cette identification au père ne concerne pas obligatoirement tous les champs de la personnalité de cet homme. Et cette identification n'est pas antinomique avec un rejet conscient de cet homme. Soit parce qu'il est perçu comme rival, soit pour se protéger d'un désir pour lui ou de lui, soit pour des raisons autres, qui ne relèvent pas de ces questionnements œdipiens. Les homosexuelles reconnaissent d'ailleurs plus fréquemment que les hétérosexuelles s'être identifiées à leur père.

Violence paternelle et accès à la mère

La violence conjugale a une influence majeure dans la construction œdipienne du garçon comme de la fille. Cette violence se mêle dans l'esprit de l'enfant avec la nature des désirs sexuels qui unissent les parents. Aux yeux de l'enfant la sexualité et la violence se confondent alors. Elle fait quitter à la mère son statut de parent pour l'infantiliser, la rendant donc plus accessible aux fantasmes incestueux du garçonnet comme de la fillette. Et elle donne de la sexualité masculine une image meurtrière. Associée à la libération du désir homosexuel pour la mère, il peut y avoir un rejet de l'homme avec une aversion vis-à-vis de leur sexe. Aucune étude ne démontre qu'elle favoriserait des constructions homosexuelles. Cependant, elle est mise en avant dans le témoignage de femmes lesbiennes pour justifier une vision très péjorative des hommes, le rejet d'un ordre phallique et le mythe protecteur de l'union en gynécée.

L'homosexualité romantique

Éloïse, 27 ans : « Je vais avec des femmes car les hommes ne savent pas aimer. Ils ne savent que jouir. » Il y a au cours du développement libidinal la question sur la nature du désir sexuel et amoureux de la mère et par extension des femmes en général. Qu'est-ce qu'une femme attend d'un homme dans ce domaine ? Certaines futures femmes imaginent ou constatent, dans leur environnement familial, que l'homme attribue aux femmes le rôle d'objet de jouissance dans leur fantasme. Or, elles refusent d'être simple objet de jouissance mais désirent être objet d'amour, d'adoration. Sans doute comme elles se sentaient aimées bébés par leur mère. L'homme a été discrédité dans sa capacité de satisfaire leur désir qu'elles pensent féminin dans son au-delà qui se confond avec leur attente d'un amour oblatif. C'est pourquoi elles auront recours à l'autre femme espérant y trouver ce qui manquerait dans la façon d'aimer des hommes. Elles imaginent presque narcissiquement que seule une femme peut comprendre les attentes d'une femme. L'homme reste désirable mais ne peut être que décevant. La femme est moins désirable mais plus comblante. Cependant la déception est aussi possible de ce côté-ci quand il apparaît évident qu'elle soit prise par une femme comme objet de jouissance et non d'amour.

Pas déçue par l'amour des femmes

Certaines filles ont pu voir leur attachement au père ou à son représentant masculin (un beau-père, un grand frère), déçu. Cet homme vécu comme absent, ou insuffisamment aimant, a laissé sa fille dans la désillusion de son amour. C'est comme s'il s'était montré vis-à-vis d'elle impuissant à l'aimer. Ce peut être le cas chez Natacha du fait d'une déception occasionnée par le père. Faire le deuil d'un père décevant est un passage obligé avant de pouvoir lever l'obstacle du désir des hommes. Le lien à la mère et l'identification au phallus peuvent permetre un repli, du fait de cette déception œdipienne. C'est-à-dire que la fillette va retrourner à ses premières amours maternelles interprétées à la lueur de la féminité de cette mère dorénavant.

Cet homme impuissant sera aisément remplaçable par une femme qui, elle, saura être présente avec constance et qui exprimera de façon active et virile son désir. Il n'y a pas de rejet du père. Il n'y a pas non plus de rejet des hommes en terme de jouissance commune possible. Mais une femme, ou des femmes ont su, après sa mère (ou son équivalent telle une nourrice), offrir un contenant fiable à ses désirs.

Natacha, 42 ans, réalisatrice, en couple depuis un an : « Enfant, j'ai eu des jeux du docteur avec des cousins. Ce n'était pas désagréable dans mon souvenir. À l'école, à

12 ans, j'éprouvais du désir pour des profs femmes en tout cas un trouble, une gêne, mais je ne mettais pas de nom sur cela. Au lycée, une fille sortait avec une autre fille, cela me choquait beaucoup, je la regardais comme si elle était malade. Ma première relation sexuelle avec un homme a eu lieu à 18 ans. Je ne pouvais pas tomber amoureuse d'un homme bien que j'aie toujours eu des aventures avec eux. À 21 ans, j'ai eu une attirance forte pour une femme du même âge qui s'affichait comme bi. Avant je n'en avais pas conscience. J'ai commencé à faire des rêves érotiques avec des femmes et je réalisais que mon désir était plus fort qu'avec des hommes. À 22 ans, j'ai eu ma première relation avec une fille rencontrée dans une boîte. J'ai découvert pendant l'acte que j'éprouvais beaucoup plus de plaisir qu'avec un homme. Ce n'est qu'à 23 ans que j'ai eu mon premier orgasme avec une femme et je n'ai commencé à me caresser qu'à partir de cet âge. J'ai eu mon premier orgasme avec un homme à 32 ans, mais cela ne m'a pas bouleversée. Pour moi, si je suis homo c'est parce que j'ai perdu ma mère à 6 ans et que j'ai eu une belle-mère vraiment méchante qui me maltraitait. Depuis je recherche de la douceur chez une femme. Mon père, j'ai cessé de l'appeler papa depuis la mort de ma mère. Je l'appelais par un autre petit nom. J'ai eu une rupture affective avec mon père qui était devenu comme absent. Remarié avec une femme jalouse de moi, c'est comme s'il s'était détaché de moi. Je l'ai ressenti comme une trahison. D'ailleurs dans les faits, il avait spolié l'argent de l'assurance vie de ma mère, qui m'était destiné et quand, adulte, je l'ai découvert, je lui ai fait un procès que j'ai gagné, perdant définitivement tout lien avec lui. Je suis sans doute devenue indifférente amoureusement aux hommes pour ne pas souffrir d'un nouvel abandon. »

Aimer une femme comme on aimerait être aimée d'un homme

L'attachement à un père impuissant sexuellement ou affectivement à satisfaire la mère peut aussi inviter la future femme à s'imaginer jouir avec un autre sans pénis, et donc éventuellement avec une femme. Surtout si sa mère semble jouir davantage de la présence de ses amies que de son compagnon.

Ameline confie qu'elle se comporte avec les femmes qu'elle aime comme un homme devrait se comporter. Elle a le sentiment que sa mère n'a pas été aimée comme elle aurait dû l'être par son père. Mais elle finit par reconnaître qu'elle ne l'a pas été comme une fille aurait dû l'être par un père. Cette déception, ce deuil du père décevant et par extension des hommes décevants, elle en a fait une force désirante au service d'autres femmes qu'elle se garde de décevoir. Sa jouissance est dans l'identification à un père idéalisé en tant qu'homme mais est aussi sans doute dans la projection de son désir sur sa partenaire. C'est-à-dire qu'elle jouit en se mettant mentalement à la place de sa partenaire, elle jouit de la jouissance qu'elle donne mais aussi, par procuration, de celle que sa partenaire ressent.

Mais si certaines femmes homosexuelles sont davantage en quête du plaisir de leur partenaire que de leur sien propre, ce n'est pas uniquement par défi en l'endroit du père et par extension des hommes. Ce peut être parce qu'elles ne sont pas aptes à jouir de leur sexe en tant que sexe féminin. De par le sexe d'une autre, elles vont sauver par ailleurs la valeur narcissique du leur. Au cours de leur développement ces femmes ont sans doute peu ou prou investi narcissiquement leur région génitale et leur appareil reproductif en rapport probablement avec un manque d'investissement par leur mère de ces capacités spécifiques. Si le regard de la mère désapprouve le sexe de sa fille, cela porte atteinte à son image narcissique sexuée. La réceptivité et la capacité de contenir, marquées de passivité, sont pour cela refusées et souvent consciemment. Si c'est une hétérosexualité qui naît, il y a soumission au phallus imaginaire, et souvent une difficulté à la procréation.

Un père chez sa femme

Mais la fillette peut aussi imaginer son père comme étant une femme. La mère étant vécue comme détentrice du phallus. C'est ce père qu'elle peut imaginairement retrouver auprès d'une femme.

L'homme lesbien

L'amour d'un homme pour une femme qui aime les femmes, peut permettre à cette femme d'aimer cet homme. Car elle refusait jusqu'alors de se donner à un homme-père qui la couperait de ses premiers liens d'attachement à la femme-mère. Il est également des hommes qui aiment les femmes comme s'ils étaient lesbiennes. Ils se sentent femmes quand ils jouissent d'une femme qu'ils aiment. Sans doute parce qu'enfants, ils ont imaginé que c'était leur côté féminin que leur mère aimait en eux. « Ma mère me rejetait quand je m'affirmais. Elle me voulait doux et obéissant comme ma petite sœur. Quand je l'étais, elle débordait de câlins pour moi », me confie Victor. L'amour d'un tel homme peut répondre au désir d'une femme qui aime les femmes.

Aimer la femme dans le père

Il y a aussi des situations où l'identification à une mère refusant sa propre féminité va inviter une fillette à s'identifier à la féminité de son père. Il y a chez tout homme une part de féminité (pas dans le sens caricatural de ce qui est défini comme féminin par la culture), ne serait-ce que dans ses identifications à sa propre mère. Elle se construit bien comme femme. Ce faisant, elle peut s'identifier secondairement et de surcroît au désir de son père pour une femme, et notamment pour une femme qui, comme sa mère, refuse sa féminité.

C'est le cas d'Axelle dont les parents correspondent à ce portrait. « Ma mère, bien que n'ayant pas spécialement une allure masculine, a toujours regretté d'être une femme. Ses parents n'avaient d'yeux que pour ses frères et elle s'est toujours sentie déconsidérée comme fille dans sa famille. C'est pourquoi elle ne se sentait pas bien dans sa peau de femme. Mon père s'est toujours bien occupé de moi et je lui ressemble beaucoup. » Axelle se présente comme très féminine. Elle a eu quelques relations avec des hommes au début de sa vie sexuelle, mais elle éprouve bien davantage de désirs pour des femmes au profil très masculin. « Mon type, ce sont les butchs », dit-elle.

Tuez ou tu es ma sœur

Le complexe d'Œdipe est habituellement présenté comme centré sur le couple parental. Dans la réalité clinique il implique l'ensemble des personnes qui participent au développement affectif de l'enfant. Je trouve que la place de la fratrie est insuffisamment étudiée eu égard à son rôle dans la construction œdipienne des individus. Dans le sujet qui est soulevé ici de l'œdipe lesbien, je vais vous citer un exemple parmi d'autres d'un facteur favorisant une orientation homosexuelle. C'est le cas d'une fille aînée dont l'existence va être marquée par la naissance d'une puînée alors qu'elle est âgée de trois ans. La réaction est très vive face à cette petite fille qui lui prend l'attention de sa mère mais aussi de son père. Cependant ses réactions d'envie, de jalousie et de haine, inacceptables pour la famille et pour elle-même, vont être par formations réactionnelles transformées en un amour sororal exclusif qui fera le lit d'une future orientation saphique.

Dans une autre situation, Angélina me confie : « Je pense avoir retrouvé en Bérénice avec qui je vis la jeune sœur que j'adorais et qui m'a été volée, tuée dans un accident de voiture. »

L'œdipe dit inversé

Last but no least, la rivalité œdipienne vis-à-vis du père existe aussi chez la fillette. Et bien plus souvent qu'on ne le pensait. La mère, comme premier objet d'amour, l'est tout autant pour le garçon que pour la fille. Et la rivalité avec le père, ou les hommes en général, n'est pas rare. En pratique, les mères font le constat que leurs filles en bas âge préfèrent habituellement que ce soit elles qui les couchent ou plus largement s'occupent d'elle, et rejettent leur père quand il se propose. Cette rivalité peut persister à l'âge adulte, et s'associer au déplacement de la fixation amoureuse sur la mère à l'endroit d'autres femmes. Il est des femmes qui en viennent à aimer amoureusement et sexuellement les femmes, et jalousent les hommes selon le même chemin que des hommes. Ce peut être moins intense, et en lieu d'amour il est question d'amitié mais la jalousie vis-à-vis des hommes reste vive. En terme d'identité sexuée, leur modèle reste féminin. C'est en tant que fille qu'elle se place en rivale avec le père.

Mais il n'est pas impossible qu'elle décide de revêtir des habits d'homme. C'est-à-dire qu'elle va s'identifier au rival dans sa composante masculine, pour mieux le combattre.

« Je n'ai jamais aimé mon père. Il m'a toujours déplu. Son métier, ses propos ne m'ont jamais intéressée. Je me suis toujours demandé ce que ma mère lui trouvait », nous confie Virginie, très masculine, qui finit par livrer au fil de l'entretien les nombreux points communs qu'elle a avec lui.

On le voit, la prise de l'homme comme modèle d'identification ne témoigne pas toujours d'un attachement amoureux.

Mais comme chez certains futurs garçons homosexuels cités plus haut, des fillettes peuvent, une fois devenues nubiles, aimer des hommes par des formations réactionnelles qui auront transformé leur haine rivale de leur père en amour oblatif. En effet, l'amour hétérosexuel, comme l'amour homosexuel, peuvent être le fruit d'une formation réactionnelle.

On le voit, les modalités de l'œdipe lesbien ne manquent pas. L'hétérosexualité et l'homosexualité se nourrissent des mêmes ingrédients. C'est la façon de les agencer qui varie. Un œdipe menant au désir lesbien n'est pas mieux ni moins bien agencé que l'œdipe menant à des desirs hétérosexuels. Il y a des œdipes favorisant des orientations homosexuelles comme il y a des œdipes favorisant l'orientation hétérosexuelle. C'est pourquoi on peut parler au pluriel des homosexualités et des hétérosexualités.

L'élaboration de notre façon d'aimer, de nos préférences amoureuses et sexuelles est donc progressive. Les étapes du stade oral au complexe d'Œdipe sont schématiques. Il y a une intrication permanente. Cependant l'être amoureux et sexuel que vous êtes, que je suis, dans sa singularité, l'est devenu après une odyssée qui comme celle d'Ulysse connut plusieurs escales.

Restant sur des rails chronologiques, je vais vous parler de la période de latence. Celle qui correspond aux âges situés entre six et onze ans environ.

Mais auparavant, il faut aborder la question des traumatismes que l'on peut subir et qui vont perturber le bon déroulement de la construction de la sexualité comme de la personnalité. Ils induisent un déraillement qui va bouleverser et interrompre le chemin évolutif de la construction de l'identité amoureuse et sexuelle. Avec une récupération possible, complète ou non.

14.

Traumatisme

Dans les psychanalyses des personnes homosexuelles au XXe siècle, le psychothérapeute se devait de retrouver les traumatismes vécus dans l'enfance pouvant empêcher l'individu d'emprunter la voie unique de la normalité. Et des traumatismes, on en trouva, comme chez nombre de consultants. Furent établis alors des liens déterminiques entre ces traumatismes, réels ou fantasmés, et l'homosexualité des personnes.

Karim, 25 ans, en couple depuis un an, a été prostitué occasionnel : « J'ai grandi au Maroc, mon pays natal. J'ai su à 8 ans que je n'étais attiré que par les garçons. Je n'ai jamais été attiré par les filles. Juste pour l'amitié. À 12 ans, j'ai eu un peu de relations sexuelles avec un cousin. À 15 ans, j'ai été violé par deux copains de mon âge. Mais ça ne vient pas de là. Je l'ai toujours été. J'ai deux frères et deux sœurs. Je suis le dernier garçon, le préféré de ma mère. »

Un traumatisme peut infléchir le développement d'un individu et pourquoi pas son orientation sexuelle. Mais il peut l'infléchir dans tous les sens et peut également orienter vers l'hérérosexualité un individu qui avait pour choix inconscient d'être homosexuel avec toutes les conséquences possibles de ce renoncement traumatique. Plus sûrement le traumatisme va influencer sur la façon de vivre sa sexualité ou sur son incapacité à la vivre harmonieusement.

Parmi les traumatismes vécus dans la réalité, on peut trouver des agressions pédomaniaques par des adultes ou des adolescents. On sait désormais que ce type d'agression était moins rare que le silence sur ces drames pouvait le laisser croire. Les conséquences sur le devenir sexuel de la victime s'inscrivent plus largement dans les conséquences de son devenir psycho-affectif.

Jossua, 30 ans, célibataire, est cadre dans une compagnie d'assurances : « Quand j'avais 4-5 ans, j'étais placé dans une famille d'accueil. Mon père vivait à l'étranger et ma mère avait des problèmes pour m'élever. Le fils de ma nounou qui avait une quinzaine d'années me tripotait régulièrement. Il me demandait de le toucher, je m'exécutais mais tout cela sans aucun plaisir dans mon souvenir. Je me suis senti attiré par les garçons à 12 ans, mais je ne me questionnais pas là-dessus. Je me masturbais en pensant à des garçons, je trouvais cela bizarre mais sans plus. J'ai su que j'étais homo à 14 ans. Je savais alors ce que cela voulait dire. Avant tu ne te poses pas de question. À 15 ans, j'ai eu ma première relation avec un adulte de 25 ans rencontré en boîte homo. Si je suis homo, c'est selon moi lié à ce contexte familial, au divorce de mes parents, à ces attouchements mais aussi à ce que l'on disait sur moi (que j'avais des yeux de fille) parmi sans doute d'autres facteurs. »

Kim, 34 ans, met sur le compte de viols répétés par son beau-père quand elle entrait dans l'adolescence son dégoût de la sexualité avec les hommes et sa préférence pour les femmes.

On a vu dans le chapitre sur la neurobiologie que la dimension émotionnelle influençait le devenir du comportement érotique. Un traumatisme de ce type a un fort impact émotionnel. Ce devenir est variable selon divers facteurs parmi lesquels l'âge, la personnalité de l'enfant, les circonstances, la nature de l'agression, son éventuelle répétition, les liens de parenté de l'agresseur et les modalités de prise en charge. Certains hommes ou femmes homosexuels, victimes alors qu'ils étaient enfants d'hommes ou de femmes pédomanes, pensent trouver là, ou des psychologues ont pu penser pour eux, l'explication de leur orientation sexuelle. Telle femme y comprendra un rejet de l'homme abuseur. Tel homme homosexuel pourrait y voir un rejet de la femme abuseuse ou, à l'inverse, y verrait une initiation ou une initialisation perverse par l'homme absuseur. Le traumatisme de l'agression sexuelle porte atteinte à la structure de la personnalité, plus gravement encore quand il s'agit d'actes incestueux. L'orientation sexuelle future en est l'une des résultantes. Des sexualités apparaissent comme un retour au traumatisme. D'autres s'élaborent par des évitements ou des censures de comportements érotiques qui auraient pu être choisi si le traumatisme n'avait pas eu lieu. La sexualité après des traumatismes de ce type est d'orientation variable et est malheureusement souvent, au début de la vie sexuelle en tout cas, altérée ou gravement tourmentée.

15.

L'âge de raison

Pulsions sexuelles mises au pas

Après la période de turbulence œdipienne, les pulsions sexuelles se replient. C'est, selon la théorie psychanalytique, la période de latence.

À la fin de la période œdipienne, vers 6 ans, grâce à l'éducation, les pulsions sexuelles vont être mises sous clé ou vont être encadrées. En parallèle, il y a une maturation du système nerveux [1] et donc un développement cognitif. L'organisation œdipienne restera stable jusqu'à la puberté sauf événement majeur. Les comportements de l'enfant, ses propos, ses productions, ses centres d'intérêt se désexualisent. Ces pulsions réémergeront à la puberté. En attendant, le psychisme entre dans les ordres et consacre son énergie aux apprentissages de toutes sortes.

La période de latence ne signifie pas la disparition des désirs sexuels mais leur nécessaire mise en veille. Les anthropologues Ford et Beach [2] ont montré que, dans certaines sociétés primitives où on laissait les enfants avoir des relations sexuelles précoces entre eux, ils pouvaient acquérir tout le répertoire comportemental sexuel adulte avant la

1. Spécialisation des hémisphères, myélinisation neuronale.
2. *Patterns of sexual behavior* (*op. cit.*).

puberté. Mais la période de latence est une nécessité par la disponibilité qu'elle donne aux apprentissages. Elle est rendue possible grâce à l'éducation familiale et sociale.

La période de latence est une période très morale. La sexualité de la petite enfance est refoulée, et l'on n'en gardera pratiquement pas de souvenirs. Mais tous ces désirs ne sont pas refoulés ou censurés. En effet une partie va subir des transformations. Le désir et le plaisir d'apprendre, des rencontres, la curiosité intellectuelle, le plaisir aux activités diverses de loisirs ou sportives, les activités religieuses, ludiques, les activités sociales et l'amitié avec un grand A se nourrissent de cette énergie de désir antérieurement désignée comme libidinale. Il y a renoncement à la satisfaction érotique au profit de l'amour oblatif, la tendresse, l'amitié, la dévotion mais aussi la colère, la bagarre, la jalousie et l'envie qui accompagnent les amitiés.

Ce mécanisme de transformation des buts de cette énergie se nomme, en psychanalyse, sublimation. Si le refoulement est un barrage, la sublimation est une multitude de canaux qui partent dans mille et une directions et qui dérivent ainsi le fleuve du désir.

La socialisation est un autre mécanisme de contrôle des pulsions. La pulsion n'est pas censurée mais est transposée vers des buts socialement acceptables. Les pulsions agressives sont dérivées dans les sports ou dans la compétition scolaire. Les conduites masturbatoires de Léopoldine deviennent rares. Léopoldine trouve d'autres stimulations corporelles dans ses cours de danse. L'amitié prend le pas sur l'amour. C'est la période du meilleur copain et de la meilleure copine. Tout ce qui est commun à l'amitié et à l'amour est expérimenté : la fidélité, la jalousie, la passion, le partage avec d'autres, le dévouement, la communion, la dévotion, la ferveur, l'ardeur, la force que donne le lien… Quand vient la puberté, les liens si chastes de ces amitiés pures ne résistent pas toujours à la naissance de désirs sexuels, et on s'écarte alors de ses amitiés d'enfance comme on prend ses distances avec sa famille. Et on noue de nouveaux liens amicaux tout en regardant d'un autre œil ceux ou celles du sexe qui nous trouble.

Lisa, 27 ans : « Quand je suis entrée en sixième, ma meilleure amie s'est éloignée de moi. Elle s'est fait d'autres copines, s'est intéressée à la mode et aux garçons, moi je ne m'y retrouvais plus. Je lui ai fait des scènes et notre amitié s'en est allée. On s'est retrouvées après nos études mais elle n'était pas à l'aise d'apprendre que j'étais lesbienne. »

C'est l'âge où les règles sociales s'intègrent. D'autres mécanismes de contrôle sont mis en œuvre pour cultiver ou embrigader les pulsions sexuelles.

Parmi elles, les formations réactionnelles. Il s'agit d'une transformation en son contraire d'un désir pour devenir un trait socialement valorisé. L'énergie de la pulsion reste la même. L'expression est présente. Mais c'est l'autre face de la pièce qui est montrée. Ainsi un petit enfant très grossier devient très poli et courtois, les pulsions exhibitionnistes du petit enfant deviennent pudeur, l'intérêt pour le pipi devient dégoût, la curiosité sexuelle devient désintérêt pour tout ce qui concerne le sexe. Ces formations durent le temps de la période de latence.

« Quand j'étais enfant, nous confie une femme, les baisers me dégoûtaient vraiment, maintenant c'est ce que j'aime le plus en amour. »

Avec les remaniements de la puberté, ces formations réactionnelles peuvent s'assouplir, voire se dissiper : l'enfant pudique redevient un peu « exhib », l'enfant poli redevient grossier à l'adolescence, quitte à redevenir pudique ou poli au début de l'âge adulte. Mais des formations réactionnelles nouvelles peuvent s'élaborer à l'occasion de la puberté. Bon nombre d'entre elles persistent à l'âge adulte. J'ai observé des formations réactionnelles qui s'illustraient par des dégoûts des organes génitaux de l'autre sexe.

Lili, 40 ans : « J'ai longtemps été dégoûtée par les sexes d'hommes. C'est apparu vers 12/13 ans. Ça m'est passé, adulte, quand je me suis souvenue que toute petite, j'avais du plaisir à jouer au docteur avec mes cousins. Mais je ne couche pas avec les hommes pour autant. Je suis amoureuse des femmes. » Parmi les pulsions sexuelles, certaines considérées comme taboues par l'éducation peuvent faire les frais de formations réactionnelles. Citons le cas de Mickaella qui s'est mise, à son insu, à l'abri de ses désirs lesbiens. C'est en effet une femme qui est très à l'aise avec les hommes mais qui ne supporte pas la proximité des autres femmes. « Je choisis, me dit-elle, uniquement des coiffeurs hommes, mon médecin est un homme et la simple idée de me faire masser par une femme me dégoûterait. »

Le refuge dans la rêverie est un mécanisme à part car il favorise moins l'intégration sociale que les précédents. L'enfant adopte des attitudes socialement acceptables. Mais il se replie dans son monde intérieur où il est à l'abri des règles qui s'imposent à lui. Ces rêveries sont nourries par ses différentes pulsions sexuelles notamment.

Arthur : « Quand j'étais enfant, je m'imaginais plein d'histoires dont j'étais le héros avant de m'endormir dans l'espoir qu'elles deviennent le scénario de mes rêves. Dans celle que je préférais j'étais chef de pirates. Les corsaires nous combattaient. Je me battais à l'épée avec leur chef (moi je me représentais avec mon âge mais lui était un homme), je résistais mais il était plus fort que moi et me blessait. Cependant, touché par ma vaillance, il m'emmenait dans la cabine de son bateau pour me soigner. Il me gardait prisonnier avec lui sur son bateau, nous devenions amis et je vivais dans sa cabine. »

Les pulsions sexuelles sont latentes mais n'ont pas disparu

Durant cette période, les désirs sexuels sont latents, mais ils n'ont pas disparu pour autant, qu'ils soient à dominante hétérosexuelle ou homosexuelle. C'est le cas de Clément qui prenait du plaisir en lisant des annonces et qui n'a pas attendu sa puberté pour avoir des jeux sexuels avancés :

Clément, journaliste :

« Mes premiers émois sont venus des petites annonces du *Nouvel Observateur*. À l'âge de l'école primaire, dès 7 ans, je dévorais la presse. Je cherchais les annonces de mecs qui cherchaient des mecs. Je me souviens d'un *Obs.* dont la couverture était deux garçons face à la tour Eiffel se tenant par la taille, sans doute un sujet sur une Gay Pride. Je devais avoir 10 ans. Cette photo-là, comme j'ai pu rêver dessus ! La première fois que j'ai fait des choses avec un garçon, j'avais 10 ans. C'était en vacances avec un copain de vacances, un petit Suisse chez qui j'allais regarder la télé. Une fois, lors de la diffusion de *Coco boy*[1] il s'est allongé sur moi. Moi je pensais déjà à ça. Dans la cabane, chez lui, on se touchait, j'adorais le sucer et lui non car il était dégoûté par le pipi et il avait peur qu'il reste une goutte. Ça passait par des jeux drôles : on devait s'entraîner à s'embrasser pour quand nous aurions des petites copines. Je me souviens du goût que cela avait. C'était très sucré et laiteux quand je l'embrassais. C'était sensuel et sexuel. Ce n'était pas amoureux. Je n'ai jamais eu de touche-pipi avec des filles. En CP, j'avais une grande amoureuse. C'est au CM1 que je commençais à regarder les garçons et j'avais proposé à un copain, Loïc, un touche-pipi car je ressentais qu'il avait envie, mais il n'a pas voulu. Avec le petit Suisse, ça a été fondateur. Ça a duré deux ans, on se voyait certains week-ends. Puis il n'a plus voulu, disant que ce n'était pas bien. Après cette histoire un grand vide, sauf en 5e je l'ai proposé à un garçon qui a refusé. Fantasmes, rêves. Je m'intéressais au sujet dans la presse. Vers 13-14 ans, je découvre le minitel et je regardais les garçons au collège. J'étais formé. J'ai commencé à les désirer sexuellement. Je m'en souviens parfaitement. L'un commença à me traiter

1. Une émission gaudriole de Stéphane Collaro avec des *play mate* sexy, qui avait un grand succès populaire et notamment auprès des enfants.

de pédé. Et ça a été repris ; ça m'a perturbé. Je me suis mis à surveiller mes gestes et mes attitudes pour faire le plus viril possible (pas de croisement de jambes par exemple) simplement pour ne pas être embêté par les autres. L'année d'après, 14-15 ans, des messageries minitel puis Internet avec beaucoup de discussions. Vers 16 ans c'étaient des masturbations et des fellations avec des jeunes hommes de mon âge. Vers 18 ans, j'arrête le lycée, j'écoute les annonces radio FG, et je rencontre différentes personnes. Homosexuel, je le suis devenu à la naissance. La littérature homosexuelle, je ne l'ai lue qu'après 20 ans. J'ai vécu avec douleur le fait qu'enfant, je n'avais pas de représentations du type d'amour et d'attirance que je ressentais. Je me croyais unique au monde. C'était assez effrayant. Si je pouvais choisir, intellectuellement ou philosophiquement, je serais bisexuel. Bien que je sois très heureux en étant gay. »

C'est aussi le cas de Jean-Marc dont le premier souvenir d'amour pour un garçon remonte à cette période de latence.

Jean-Marc, 30 ans, agent de voyage : « Ma première histoire d'amour a été avec un garçon de mon âge. J'avais 8 ans. On se connaissait depuis l'âge de 4 ans. Nous vivions en région parisienne. C'était le fils d'amis de mes parents et notre voisin. Nos mères travaillaient dans le même milieu. Elles nous gardaient en alternance. Nous faisions du judo ensemble, mais au lieu d'y aller, il nous arrivait de nous promener ensemble. C'était le “judo buissonnier”. Quand nous étions seuls, nous nous embrassions. Il nous arrivait d'examiner mutuellement notre zizi, de nous toucher furtivement sans vraies masturbations. C'était de l'amour, mais ça ne se disait pas. On savait que c'était interdit. Mais avant tout on était amis. On ne voulait pas être séparés. Un jour le père de mon ami nous a surpris dans la chambre pantalon baissé. Il l'a mal pris. On a été punis de ne plus se voir. Enfin je crois. Pas d'explication. C'est comme ça le milieu antillais, froid, direct, on ne discute pas. En fait, cette période de 8 ans c'est un peu le trou noir. Car mes parents se sont séparés. D'ailleurs mon père avait sa maîtresse au 10e de la tour et mon petit copain habitait dans la même tour au 9e. Pendant et, après la séparation, ma mère ne pouvait plus me garder pour des problèmes personnels. J'ai alors été confié jusqu'à mes 10 ans chez des amis de ma mère qui avaient deux fils adolescents. Je n'ai plus revu mon petit copain. J'ai dû associer dans ma tête les deux séparations : celle de mes parents et la mienne. J'en veux à mon père de ne pas m'avoir pris le soir avec lui, comme il était convenu. J'avais dit aux deux garçons qui me demandaient si j'avais une amoureuse que j'en avais un. Depuis lors, ils se moquaient de moi et m'agressaient. Me disant que c'était interdit, pas normal et mal. Je ne me laissais pas faire. L'un des deux a essayé plusieurs fois de m'imposer des relations sexuelles comme la fellation. Il n'y est jamais parvenu. Dans ma tête, je croyais que c'était une punition d'avoir fait des choses interdites avec mon petit copain. C'était une période très pénible. J'ai revu plus tard mon agresseur dans le bus. J'ai eu peur de le cogner à mort mais je n'en ai rien fait. Ensuite je suis retourné chez ma mère qui a passé ses nerfs sur moi pendant des années, me faisant le reproche de trop ressembler à mon père. M'occupant de toutes les corvées à la maison, je ne pouvais guère sortir.

À la puberté, je regardais les pornos de Canal +. Je me sentais attiré par la femme ou plutôt par sa jouissance et par le sexe de l'homme et non pas par l'homme lui-même. Je voulais avoir un sexe aussi gros car je ne l'avais pas encore. Mais en dehors de ces films, je n'avais pas de vie sexuelle. Mes désirs étaient enfouis. Je me suis rebellé contre ma mère à 17 ans pour aller vivre dans l'appartement d'un oncle. Je travaillais dans un fast food et entrepris des études de tourisme. Ma sexualité était complètement éteinte. Et mon homosexualité encore plus. Pour moi deux hommes ensemble c'était juste impossible. J'ai revu une fois le petit copain de mon enfance. Il y avait du monde. On ne s'est rien dit. À 19 ans, je suis sorti avec une étudiante avec qui je m'entendais très bien. Je l'aimais et j'aimais les relations sexuelles avec elle. Nous nous sommes séparés pour des problèmes de caractère un an après. Je suis sorti avec une autre fille, mais comme cela devenait sérieux, elle parlait d'enfant, j'ai aussitôt arrêté. Et puis rien jusqu'à 21 ans. J'ai sympathisé avec des collègues homos, ils m'ont fait connaître des lieux homos et ce fut alors comme une révélation. Je me suis réveillé. C'était une évidence. J'ai commencé alors à regarder des revues érotiques homos, à faire des rêves érotiques. Et j'ai commencé à sortir avec des hommes. Mon idéal masculin m'est vite apparu : 30-40 ans, brun, viril, bien posé, le type d'homme dans les magazines. Je ne m'intéressais pas aux petits mecs fragiles. Quand j'ai su que c'était possible, j'ai tout de suite assumé. Depuis j'ai eu des histoires assez longues. Je suis sentimental. Actuellement je vis en couple depuis cinq ans, et je suis heureux.

Pourquoi je suis homo ? Mais ça a toujours été. Ce sont les sentiments qui naissent tout seuls. Enfant j'étais amoureux de mon père, je crois. Pour moi, ce n'est pas une maladie. Ça vient comme l'amour. Ce sont des choses qui ne se contrôlent pas. Ça vient de naissance, je veux dire de la naissance de l'amour. »

Se sentir différent(e)

Dans la majorité des situations, la période de latence est la période où les pensées et les comportements sexuels sont les plus rares.

C'est également la période la plus « sexiste ». Les garçons et les filles s'apparient et se fréquentent préférentiellement par sexe. Il y a les jeux de garçons et les jeux de filles. La mixité scolaire, pourtant présente depuis presque quarante ans, a atténué, mais n'a pas modifié cette réalité. La notion d'identité sexuée a une grande valeur à cet âge si conformiste. Fille ou garçon supportent difficilement d'être pris pour un enfant d'un autre sexe.

Cependant certains garçons ont des fréquentations mixtes, et l'on a vite fait de les qualifier d'« amoureux ». D'autres ne jouent qu'avec des filles dans une démarche volontariste. Ils sont parfois critiqués par les autres garçons, mais ce n'est pas systématique, surtout quand ils ont une bonne estime d'eux-mêmes.

D'autres garçons, inhibés, fragiles, sont rejetés du groupe des garçons car ils ne sont pas suffisamment sûrs d'eux. Mais ils peuvent être « accueillis » par les filles. Ils sont souvent, du fait de leur vulnérabilité, dépréciés par les autres garçons. On a vu les facteurs qui font qu'un garçon peut adopter des comportements culturellement définis comme féminins. Cela ne va pas de pair systématiquement avec un futur choix d'objet homosexuel. Loin s'en faut. On voit des hommes hétérosexuels très efféminés. Cependant, cette façon d'être peut faire que le garçon est désigné comme fille, voire comme pédé (même si le sens de ce mot n'est pas toujours clair pour les enfants) par les autres enfants. Surtout s'il n'est pas sûr de lui ou s'il est fragile moralement[1] pour diverses raisons[2]. Cet enfant peut s'identifier à ce signifiant de « fille ». Il peut en conséquence aller au bout de ce modèle et oriente son choix sexuel conformément à ce qu'il pense être celui d'une fille, c'est-à-dire vers les hommes.

À l'inverse il y a des garçons très « féminins », bien intégrés au sein des garçons : « Quand j'étais à l'école primaire du CP jusqu'au CM2, raconte Romain, 29 ans, mon meilleur ami était le dur de la classe. C'était le leader, le plus costaud, le meilleur au foot, s'il était adulte, on dirait le plus viril. Moi je n'étais rien de tout ça, plutôt discret, sage, doux, bon élève au contraire de lui. Mais nous étions inséparables. Complémentaires. Je l'aidais pour son travail et lui me défendait. »

---

1. Anxieux, déprimé, inhibé.
2. Par exemple les problèmes familiaux, des difficultés scolaires.

Voilà le cas de Ruben que j'ai suivi quand il avait 7 ans. Il apparaissait alors très efféminé et ses parents l'ont mené en consultation pour cela. Il voulait d'ailleurs être une fille. Le suivi lui permit de s'accepter comme garçon en comprenant qu'il n'avait pas besoin de changer de sexe pour continuer de s'intéresser aux « jeux de filles ». C'est un enfant dorénavant sûr de lui et bien dans sa peau, qui joue essentiellement avec les filles, a quelques copains pour certains autres jeux de « garçon » qu'il apprécie, comme la balle au mur, et que personne n'importune.

Le fait, pendant l'enfance d'avoir été dévalorisé ou traité de pédé est sans doute un facteur favorisant qui participe à une construction homosexuelle pour au moins trois raisons :

– Comme identité désignée socialement. On devient ce que les autres disent de nous,

– Par le besoin de rechercher de la virilité dans la rencontre amoureuse et sexuelle, virilité [1] qui lui a fait défaut durant cette enfance,

– Du fait que le désir sexuel naît d'une altérité (notamment celle qui est entre garçons et filles) et qu'enfants, il se sentait différent des autres garçons car désigné comme tel.

À l'inverse, le fait de se savoir précocement futur homosexuel peut conduire des enfants dès l'école primaire à se sentir différents et à manquer de confiance en eux. En effet, de nombreux témoignages nous l'indiquent : un certain nombre d'adultes homosexuels (les) se sont sentis, dès la grande enfance, homosexuels(le)s, sans connaître toujours le mot qui les désignait ; au même titre que des enfants du même âge se sentaient hétérosexuels. Il y a des enfants qui ont une intuition précoce de leur sexualité adulte comme il y a des enfants intellectuellement précoces.

---

1. Virilité prise alors au sens d'assurance, d'estime de soi dans la peau de garçon.

Encore de nos jours, on ne présente pas aux enfants cette orientation sexuelle adulte comme une sexualité comme les autres, minoritaire certes mais normale. Soit parce qu'on ne la considère pas comme telle, soit parce que l'on craint de leur donner de mauvaises idées... Ce faisant les futurs homosexuels vivent comme un continent obscur, voire détestable tout un pan de leur être en devenir. Les enfants qui se sentent homosexuels s'imaginent du fait du discours ambiant comme moins garçons que les autres, infirmés donc infirmes, ce qui porte atteinte à leur estime d'eux-mêmes.

À l'école primaire, les filles actives, contentes d'être des filles, préfèrent jouer avec les garçons car elles trouvent les filles trop chochottes. Des filles très garçons manqués se sentent bien avec les filles qu'elles défendent contre les garçons avec lesquels elles adorent se battre. Parmi les témoignages d'homosexuelles, on en retrouve pour cette période émanant de filles qui n'avaient guère envie de fréquenter les garçons mais qui se sentaient différentes des autres filles avec lesquelles la complicité était difficile et qui fonctionnaient beaucoup à deux plutôt qu'insérées dans une bande.

Cependant la grande enfance de nombreux adultes homosexuels ou bisexuels ne présente pas de spécificité, notamment en terme d'intégration sociale.

Nostalgie du clivage filles-garçons

Durant cette période, l'énergie libidinale quitte les zones érogènes pour être mise au service des apprentissages de toutes sortes : scolaires, sociaux, spirituels, etc. La sexualité est mise en veilleuse. Je vous l'ai dit, c'est la période où les relations d'amitié sont les plus pures. Certains gardent la nostalgie de cette période que la puberté modifiera par l'irruption nouvelle de la sexualité et cherchent à la retrouver adulte. Jadis en Occident les univers étaient très cloisonnés. Hommes et femmes vivaient séparément la majeure partie de leur existence. Les femmes travaillaient davantage à la maison et les hommes à l'extérieur. Et dans l'univers professionnel, il y avait les métiers d'hommes et les métiers de femmes. Et cela dans tous les milieux. Même à l'usine et aux champs, dans le cadre d'activités voisines, hommes et femmes travaillaient en des lieux séparés. L'armée, la police, la politique étaient des lieux strictement masculins. Les métiers de la petite enfance étaient strictement féminins. Les loisirs et les sports séparaient aussi hommes et femmes. À cela s'ajoutaient les clubs, loges, associations qui étaient sexués.

Ces trente dernières années, la parité s'installe. Cela donne à chacun davantage de potentialités d'être. Cependant des hommes et des femmes ont la nostalgie, voire le besoin de ces temps où les gens se regroupaient par sexe. Ils ont besoin de retrouver une complicité avec les membres de leur sexe en l'absence de la présence de l'autre sexe qui modifie la donne relationnelle du fait de la circulation de la libido qu'elle induit. Beaucoup se comportent différemment au sein d'un groupe composé uniquement d'hommes ou de femmes, et au sein d'un groupe mixte. Cette difficulté que peuvent avoir les hommes, plus encore que les femmes, à trouver auprès de leurs pairs cette amitié complice, cette proximité virile et affective, cette tendresse toute masculine telle qu'elle peut exister entre un père et son fils peut les pousser à s'inscrire dans des relations homosexuelles en complément de leur vie hétérosexuelle. En Occident, peu d'hommes disent avoir de vrais amis. La relation de complicité intime, de confidence entre hommes est rare et ne concerne justement que les rares amis d'enfance. Selon la dernière enquête ACSF [1] : pour 62 % des hommes leur confident est une femme et 64 % ont un

1. Analyses des comportements sexuels en France. 1996. Bozon M., Leudon H., Riandey B., Firdion J.M. INED (Institut national d'enquête démographique) Ined.fr.documentation

seul confident au maximum dans leur vie ; et ce pourcentage augmente tout au long de leur vie. Je mets cette difficulté sur le compte d'un échange émotionnel insuffisant entre les pères et leurs fils. Des échanges limités à des interdits ou à des échanges physiques sans verbalisation des affects. C'est cette carence d'échanges affectifs entre père et fils, c'est ce manque d'amitiés vraies entre hommes qui mènent des hommes à rechercher dans l'homosexualité, dans le corps à corps, une « homosocialité », cette complicité amicale entre hommes qu'ils ne trouvent pas socialement.

La reconnaissance sociale de l'homosexualité est contemporaine de la disparition de cette complicité naïve, cette amitié puissante et fidèle entre hommes telle qu'elle existait encore dans la première moitié du XXe siècle et dont on a témoignage en écoutant les anciens, dans la littérature, ou dans le cinéma des premières décennies[1] ; et telle qu'elle existe entre enfants en période de latence. Car c'est la crainte d'être désigné comme homosexuel sitôt qu'une amitié forte existe entre deux hommes qui participe à ces conduites d'évitement. C'est bien moins la sexualité stricto sensu que ces hommes dans une rencontre avec un autre homosexuel désirent alors ; mais cette complicité, cette tendresse masculine sans rivalité ni prestance telle qu'elle existe plus facilement entre femmes.

Mais des femmes aussi sont en manque de gynécée, de se retrouver entre elles sans qu'il soit question d'homme pour les opposer ou les réunir. La recherche de relations homosexuelles complémentaires à une vie conjugale hétérosexuelle procède de ce besoin de n'être qu'entre filles sans avoir à se faire belle pour les hommes. D'être fille plus que d'être femme, quelle que soit la façon dont on définit sa féminité, sans avoir à se définir par rapport à un homme, comme lors de la période de latence.

---

1. Voir notamment le film *La chair et le diable* avec Greta Garbo, 1929.

Les asexuels

Il existe aussi des personnes qui se revendiquent comme asexuels. Ils peuvent tomber amoureux mais ils ne ressentent aucune attraction sexuelle. Tout se passe comme s'ils étaient restés en période de latence. Ils représenteraient 1 % de la population selon une étude britannique [1], à n'avoir jamais ressenti d'attraction sexuelle pour quiconque. Voici le témoignage de Pierre : « J'avais 14 ans quand j'ai découvert que ce que les autres éprouvaient pour moi, je ne le ressentais pas. Quand j'étais tout petit ? Je ne m'en souviens pas. J'ai mis des années avant d'oser en parler. On m'a cru homosexuel ou impuissant, mais ce n'est pas ça. La mécanique fonctionne mais je n'ai pas de désir sexuel ni pour les hommes, ni pour les femmes. Mais je suis déjà tombé amoureux de femmes, sans pour autant avoir envie de coucher avec. J'ai essayé des actes sexuels avec des garçons et des filles mais ça m'ennuyait. Je n'ai pas besoin de sexe pour être heureux. »

L'impact des événements de vie

L'identité sexuée, c'est-à-dire la manière dont on se perçoit comme fille ou garçon reste globalement stable entre six et douze ans. Sauf en cas d'événements de vie majeurs qui viennent porter atteinte à la structure psychoaffective de l'enfant et éventuellement à son organisation œdipienne. Cette « maison œdipienne » pour reprendre notre métaphore reçoit peu d'aménagements durant cette période. Mais un événement de vie, tel un deuil ou un divorce, correspond à un tremblement de terre qui aura un impact sur la maison imposant des réaménagements de la cave au grenier parfois. C'est aussi le cas de traumatismes

1. Anthony Bogaert, « Asexuality : Prevalence and Associated Factors in a National. Probability Sample », *Journal of Sex Research*, 2004.

comme des agressions sexuelles dont j'ai abordé l'impact dans le chapitre qui précède.

Dans les situations de divorces conflictuels, des études américaines[1] l'ont montré, les enfants ont des images modifiées des hommes et des femmes. Lors des conflits, les parents s'attaquent mutuellement avec parfois une extrême violence verbale. Les enfants témoins de cette violence sont atteints dans leur identité en lien avec celle du parent humilié. Les confidences, les prises d'otages psychologiques des enfants, placent l'enfant dans une intimité œdipienne qui le ramène en arrière et lui donne la place d'un parent auprès d'un autre. Cela modifie la donne œdipienne. L'enfant peut voir l'amour entre homme et femme comme destructeur. Le garçon peut avoir le sentiment que son père a été trompé et humilié par sa mère et nourrir un ressentiment marqué contre les femmes. Les études ont montré que les filles vivant avec leur mère divorcée avaient une vision plus péjorative des hommes. Ils sont alors considérés comme moins sensibles, moins gentils et moins forts que les femmes.

À l'inverse, certaines séparations peuvent avoir un impact intéressant. Certains pères qui laissaient les enfants à la charge de la mère avant le divorce apprennent à s'investir auprès de leurs enfants lors de leurs temps de garde, et leurs filles ou leurs garçons découvrent un modèle masculin qui les décolle de leur mère. Les familles recomposées sont l'occasion d'offrir aux enfants différents modèles des deux sexes, ce qui élargit leur possibilité d'identification et donc leur potentialité à être.

En dehors de ces événements de vie ou des traumatismes, la période de latence est une période habituellement stable sur le plan affectif et psycho-sexuel.

C'est la période où les comportements érotiques sont les plus discrets. La construction de notre façon d'aimer se poursuit cependant dans les échanges émotionnels, la pour-

1. Kaltern *et al.*, 1985.

suite des identifications, les jeux physiques, l'expérimentation et l'apprentissage de l'amour chaste que représente l'amitié.

Le déclenchement pubertaire et la poursuite de la maturation neurologique vont réintroduire avec force le sexuel et les comportements érotiques.

VII

L'ADOLESCENCE : L'HEURE DU CHOIX

Nos préférences et notre orientation sexuelle s'élaborent tout au long de notre existence. Mais la puberté est une étape fondamentale du fait de la maturation sexuelle corporelle et parce que sur un plan psychologique est remise sur le tapis toute une partie du plan de montage psychosexuel qui précède pour être revisitée, réactualisée, voire transformée.

Retour en flamme des pulsions

La puberté enclenche une transformation physique radicale sous l'influence de la libération hormonale. L'ensemble du corps est modifié. De nouveaux circuits neuronaux se mettent en place. Cette maturation neuronale modifie la façon de penser de l'enfant. La sécrétion d'hormones sexuelles, la maturation des organes génitaux, et l'apparition des caractères sexuels secondaires rendent possibles des orgasmes et une sexualité de type adulte. Les désirs sexuels se font envahissants. Ces remaniements ont des conséquences majeures sur le plan psychologique.

L'organisation œdipienne stable durant la période de latence connaît un bouleversement. Il y a un retour des pulsions refoulées en attendant qu'une nouvelle organisation psychique se mette en place pour les contenir à nouveau. Il y a un retour en flammes des pulsions orales, anales et génitales, mais cette fois dans un corps sexuellement mature.

On a vu plus haut à quelles manifestations propres aux adolescents cette réactivation pulsionnelle donne suite. Des fantasmes de toutes sortes et notamment sexuels font surface. Ils sont de plus en plus élaborés. L'angoisse de castration chez le garçon ou son équivalent chez la fille (angoisse de perte) sont réactivées. Ce sont des angoisses nécessaires. Il faut les comprendre comme une limitation psychique aux sentiments de toute-puissance physique, affective et sexuelle qui les envahissent à l'heure de la puberté, autant qu'elles les envahissaient vers trois-quatre ans. Elles sont notamment en lien avec la réapparition des pulsions incestueuses. On perçoit bien cette angoisse dans certains rêves.

Nabil : « Je fais souvent le même rêve. J'arrive dans la salle à manger où ma mère est seule devant la télévision. Je me vois avec le crâne rasé alors que j'ai des cheveux dans la réalité et je cherche partout ma casquette à laquelle je tiens tant. Je regarde à la fenêtre. C'est mon père qui l'a sur la tête. Je ne sais pas pourquoi, mais ça me met en rage. »

Il s'agit pour l'adolescent de se détacher amoureusement de ses parents du fait de la menace incestueuse. C'est une nouvelle réorganisation du complexe d'Œdipe tel que décrit plus haut qui va s'opérer durant l'adolescence, c'est-à-dire durant quatre-cinq ans environ. Si la première organisation était caduque, une deuxième chance se présente alors. Mais à l'inverse, la nouvelle organisation peut rencontrer des difficultés de mise en place du fait d'un nouveau contexte familial par exemple. C'est à l'occasion de ces remaniements que les orientations sexuelles des individus vont s'installer sur les bases posées à la fin de la petite enfance.

Des refoulements se sont opérés à la fin du complexe d'Œdipe. Un certain nombre de modalités de désirs ont été refoulés, c'est-à-dire mis à la cave de notre demeure consciente. D'autres ont subi des modifications par le psychisme afin de les rendre acceptables à la conscience. Différents mécanismes psychiques ont pu être mis à l'œuvre :

sublimation, formations réactionnelles, déni. Cela ne concerne pas uniquement le champ sexuel. Cela peut concerner, par exemple, des pulsions agressives. Nous n'évoquerons ici que les pulsions sexuelles. Ces différents mécanismes sont sollicités à nouveau pour recadrer les pulsions sexuelles qui émergent avec force. C'est la pression familiale et sociale, et le surmoi de l'adolescent (c'est-à-dire l'intégration antérieurement présente des règles sociales) qui rendent cet ordonnancement indispensable pour assurer son équilibre et son bien-être social. La distribution de ces différents mécanismes est variable selon les individus, et chez une même personne certaines pulsions seront contrôlées plus que d'autres. Ainsi en est-il des pulsions homosexuelles. Dans la mesure où elle sont non soutenues socialement, elles vont être écartées de la pensée et seront volontiers mises sous clef ou détournées. Nous les prendrons comme exemple de types de désirs refusés pour illustrer les différents mécanismes psychiques de mise à l'écart des pulsions.

Les différents moyens de contrôle psychique des pulsions sexuelles

On a vu comment les formations réactionnelles pouvaient muter le désir en dégoût, et la haine en amour. Cela peut concerner différents types de préférences sexuelles.

Le *refoulement* est le rejet dans l'inconscient de représentations douloureuses pour le Moi [1]. Ces représentations, comme par exemple celles liées à des désirs homosexuels (mais des désirs hétérosexuels peuvent aussi être refoulés chez des homos), deviennent inaccessibles à la conscience. Mais elles restent actives et peuvent réapparaître sous forme de rêves, de lapsus ou de passage à l'acte.

La *régression* est un retour à des stades affectifs anté-

1. L'image consciente que l'on a de soi.

rieurs quant aux modes de pensées ou de conduites. C'est une façon de s'économiser psychiquement ou d'éviter une situation psychiquement pénible à affronter. On peut considérer qu'à l'adolescence il puisse y avoir, par exemple, chez une jeune femme, de la régression dans une homosexualité primaire.

« Adolescente, je ne supportais pas le temps qui passe. Je ne voulais pas devenir adulte. J'avais peur de la mort, la mienne et celle de ma mère. Je voulais que rien ne change. Je vivais dans mes souvenirs d'enfance comme une vieille dame. J'ai rencontré une fille qui était comme moi. Elle est devenue ma petite amie. Cette relation a été comme un cocon qui m'a aidée à grandir. On s'est séparée après le bac et je n'ai pas eu d'autres relations féminines. »

La *projection* est un mécanisme par lequel l'individu rejette des pensées, des désirs, des sentiments hors de lui et les attribue à autrui ou à l'environnement. Si un individu a des désirs homosexuels qu'il refuse, il va les projeter. Dans le cas d'un désir homosexuel projeté, l'individu sera préoccupé de voir tant d'homosexuels autour de lui et se persuadera qu'ils en ont après lui. Cela peut créer des attitudes de rejet homophobe.

La *sublimation* est une dérivation de l'énergie de la pulsion sexuelle vers des activités qui sont socialement valorisées (morales, esthétiques, spirituelles, intellectuelles). La pulsion est alors détournée de son but érotique mais n'est pas refoulée.

C'est aussi une désexualisation d'une pulsion adressée à une personne qui aurait pu être désirée sexuellement. Elle est donc mutée en amitié ou en tendresse. L'objet de la pulsion reste la même mais le but est modifié. On voit bien ici que des pulsions homosexuelles inconscientes peuvent servir de fondements à de belles amitiés natives adolescentes ou être déplacées vers des passions artistiques.

Le déni est un mécanisme psychique qui consiste à refuser une perception qui est considérée comme inacceptable, douloureuse ou dangereuse pour le Moi de l'individu.

La perception de désirs homosexuels peut ainsi être déniée psychiquement. Cela peut faire le lit de troubles névrotiques comme des TOC.

Nous verrons plus loin d'autres mécanismes de défense psychologiques selon la théorie psychanalytique [1]. Mais n'oubliez pas que ce sont différents types de désirs qui vont être écartés selon les individus. Ainsi des pulsions incestueuses, mais aussi des pulsions hétérosexuelles refusées pour des raisons diverses peuvent être écartées.

À l'adolescence, toute cette organisation est donc revisitée. La maison est revue du sol au plafond. Au final, la structure psychique va être confirmée ou modifiée en certains points. Il y a un possible retour du refoulé qui peut concerner des désirs homosexuels. C'est-à-dire que les pulsions refoulées lors du complexe d'Œdipe réapparaissent. Mais, à l'inverse, on l'a vu, des désirs homosexuels latents nés de la période œdipienne peuvent être refoulés profondément lors de la puberté et être remplacés par un imaginaire ou des idées préconcues. En effet, dans le domaine de la sexualité comme dans d'autres, nous élaborons des fictions, des mythes personnels, qui constituent notre richesse imaginaire et donnent au regard qu'on a sur soi un aspect unique. On se crée des fictions. Nous sommes le propre scénariste du personnage de fiction que nous sommes. Et les fictions qu'on s'invente, mais auxquelles on adhère, sont inversement proportionnelles à nos refoulements. Sexuellement, on peut refouler certains types de désirs comme des désirs hétérosexuels ou homosexuels, et à la place de ce vide laissé dans notre champ de conscience par ce refoulement y développer divers types de pensées ou de fantasmes mais aussi de symptômes.

1. Cf. *Les mécanismes de défenses*, S. Ionescu, M.M. Jacquet, C. Lhote, 1998, Nathan.

Les fantasmes à l'adolescence

Les fantasmes de la petite enfance, oubliés pendant la période de latence, réapparaissent. Mais cette fois dans un corps sexué. Ils deviennent charnels ; et plus élaborés du fait d'une inscription dans la réalité qui n'a rien à voir avec celle des premières années. Surtout, l'adolescent a davantage les moyens de les accomplir. Ces fantasmes sont de toutes sortes. Certains apparaissent plus prégnants que d'autres. Ils arrivent plus ou moins clairement au champ de conscience selon les individus. Ils accompagnent en pensées les masturbations. Ils se libèrent verbalement à l'occasion des « délires » que les ados se racontent entre eux, « détendus » par l'alcool ou le cannabis, ou bien au sein des « histoires incroyables » dont ils ont entendu parler, les scènes obscènes qu'ils ont vues sur le net, les scènes gore du cinéma et qu'ils relatent avec horreur et délectation. Leur intérêt pour l'art brut et charnel ou pour les mangas, leurs écrits égrillards, leurs dessins sont parfois le reflet d'une partie d'entre eux ; et leurs rêves les mettent en scène de façon plus ou moins camouflée. Tous les aspects et tous les stades libidinaux peuvent s'exprimer en fantasmes au début de la puberté : oral, anal, génital, sadisme, fétichisme, gérontophilie, perversion, choix hétérosexuel, homosexuel, y compris la transgression des interdits fondamentaux (fantasmes incestueux, viol, zoophilie, etc.). Beaucoup d'adolescents peuvent s'alarmer de certains de leurs fantasmes qui leur viennent à la conscience, notamment de fantasmes homosexuels. Sur le plan psychique on assiste à des mécanismes de contrôle de la pensée pour éviter au maximum l'irruption de ces fantasmes angoissants. On a vu plus haut les mécanismes de refoulement, de déni, de sublimation, de projection. En voici d'autres.

Parmi eux il y a également l'*intellectualisation* : la pensée est occupée par des reflexions intellectuelles, philosophiques, ou est totalement investie dans la scolarité afin de ne pas laisser place aux pensées sexuelles notamment.

De grands questionnements existentiels (par exemple sur l'amour) servent aussi à enchaîner les désirs sexuels et à les rendre acceptables à la conscience.

Il y a aussi les mécanismes de *retrait*, avec lesquels tout se passe comme si les adolescents se robotisaient. Ils se détachent de tout ce qui est de l'ordre de l'affectif pour ne s'intéresser qu'aux faits. Ils ne se souviennent pas de leurs rêves, n'ont presque pas de souvenirs d'enfance si ce n'est des faits dont ils étaient témoins sans qu'ils se soient impliqués affectivement. Ils ont une vie sociale, donnent des avis, mais ne parlent jamais de leurs sentiments. Ils se mettent à l'abri des sentiments et des désirs.

Les *toc* [1] ont aussi pour fonction inconsciente d'occuper l'esprit des adolescents afin de les protéger de pensées sexuelles gênantes. Ces mécanismes qui persistent avec plus ou moins d'intensité chez un certain nombre d'adultes participent à la construction du caractère de ces derniers. Derrière ces remparts, on découvre éventuellement (par exemple à l'occasion d'une psychothérapie demandée en raison de symptômes liés à ces mécanismes) des désirs homosexuels parcellaires ou puissants jugés interdits. Mais il peut s'agir de tous autres désirs comme des désirs hétérosexuels refoulés chez un homo. Permettre à l'adolescent de les accepter en pensées sans pour autant s'obliger à les satisfaire s'il ne le souhaite pas suffit bien souvent à lever les symptômes.

Mais, les homosexuels ont aussi leurs désirs interdits qui peuvent être à l'origine de la mise en place de ces mécanismes de défense. Parmi ces désirs prohibés se trouvent parfois des désirs hétérosexuels, refusés pour diverses raisons qui prennent racine dans l'Œdipe (par exemple car ces fantasmes hétérosexuels sont trop liés à des fantasmes incestueux). Il y a des homosexuels refoulés parmi des hétérosexuels proclamés. Mais il y a aussi de l'hétérosexualité refoulée chez des homosexuels résolus.

---

1. Troubles obsessionnels compulsifs.

Les fantasmes incestueux et la reviviscence du complexe d'Œdipe sont à l'origine des brusques modifications relationnelles entre l'enfant et ses parents lors de l'entrée en adolescence : prise de distance (silence, agressivité, refus du bisou) alternant avec des relations de dépendance. Les réponses de l'entourage, et en particulier des parents, à ces mouvements œdipiens de rivalité et de complicité vont participer à la réorganisation œdipienne chez l'adolescent. Les mouvements affectifs propres des parents, les situations de divorce et de recomposition familiale vont, comme durant la première période œdipienne, jouer un rôle majeur dans cette réélaboration de l'adolescence. C'est une nouvelle étape, une nouvelle donne qui s'offre à l'individu pour refonder sa structure psycho-affective et, aussi, sa future orientation affective et sexuelle.

Le défi de l'adolescence consiste à se détacher de ses imagos parentales, à brûler ses idoles sans se brûler avec, tant ces images parentales font partie de chacun, du fait des processus d'identification dont ils ont été le support. Cela implique en particulier de déplacer vers d'autres que sa famille ses pulsions sexuelles et ses sentiments d'amour.

Réveil du comportement érotique

Il y a, lors de la puberté, un accroissement considérable de la motivation érotique. Elle sera à l'origine d'expérimentations diverses, rendues possibles ou non par le milieu familial et culturel. Mais ce ne sont pas les hormones libérées à la puberté qui déclenchent un savoir-faire comportemental. Celui-ci peut s'acquérir en dehors de la puberté comme on l'a vu précédemment. Cependant la jouissance nouvelle générée par la sensibilité accrue des récepteurs et la capacité orgasmique vont accroître la motivation érotique dès les premières expériences.

Souvent l'adolescent va débuter par une autostimulation (masturbation) attendant des rencontres possibles. La participation d'un(e) partenaire procure en effet plus de plaisir. Indépendamment des facteurs émotionnels (attachement) et culturels (représentation de la sexualité), les facteurs cognitifs peuvent expliquer que l'on préfère le « faire » à deux que tout seul. En effet les mécanismes d'anticipation du cerveau font que le plaisir né de l'autostimulation est prévisible et est de ce fait moins intense. À l'inverse avec un partenaire, l'anticipation est absente ou largement amoindrie et donc libère un plaisir plus grand car imprévu. Il y a d'autres raisons cognitives qui donnent plus de plaisir à deux que tout seul, comme le développement de la capacité d'empathie. L'empathie est la capacité de se mettre à la place d'autrui et de ressentir imaginairement ce qu'il ressent. Avec un partenaire il y a le plaisir de l'interstimulation auquel s'ajoute le plaisir que l'on prend à voir l'autre en prendre avec nous. La curiosité propre à l'humain invite également à la recherche de nouveaux plaisirs. Un effet d'accoutumance lié à l'habitude pousse aussi à la recherche de plaisirs plus intense de par leur caractère novateur et invite donc à la recherche de partenaire de jeux.

Des relations homosexuelles peuvent s'inscrire dans le cadre de ces expérimentations. Satisfaisantes ou non, moralement acceptables ou non, elle vont alors se poursuivre audelà de cette période ou s'interrompre. Comme à tout âge, le comportement érotique à l'adolescence est sous la dépendance de la quête de plaisir. Il est soumis aux facteurs culturels et familiaux, aux facteurs émotionnels (notion d'attachement) et aux facteurs cognitifs liés au savoir et aux croyances sur la sexualité en général. À l'adolescence, on est sujet à des remaniements cognitifs et émotionnels importants. De même le regard que l'on porte sur les codes transmis par la famille et la culture d'origine se modifie. À ce titre, les comportements érotiques de l'adolescent, par exemple homosexuels, sont le fruit de ces changements. On va s'attacher différemment aux personnes de son sexe ou de l'autre sexe après la puberté.

Yasmina : « Quand j'étais enfant, en primaire et au

début du collège, je ne m'entendais pas avec les filles. Je ne jouais qu'avec les garçons auxquels je trouvais toutes les qualités. Aujourd'hui alors que je suis adulte, je vis avec une femme et la plupart de mes amis sont des femmes. »

On va possiblement rompre avec les croyances transmises lors de l'éducation à la sexualité que l'on a reçue.

La sexualité fait la fille ou le garçon

La distance vis-à-vis des parents est rendue nécessaire par les désirs sexuels. Mais la sexualité est aussi en tant que telle, pour le garçon et la fille, une prise de distance avec eux, et avec la mère en particulier ; et une étape supplémentaire vers l'identification féminine ou masculine. En ce sens, se rejouent cette prise d'autonomie contemporaine de l'entrée dans l'œdipe et la première prise de conscience de son identité sexuée de l'enfant de deux-trois ans.

La rencontre hétérosexuelle chez le garçon comme chez la fille participe au renforcement identitaire : je suis vraiment un homme puisque j'ai une compagne comme papa qui a été mon premier modèle d'homme. D'ailleurs on dit au petit garçon : quand tu seras un papa… Et non quand tu seras un adulte. Au petit garçon, l'éducation transmet la possibilité qu'il entend comme une loi qu'être un homme implique d'être papa. Idem pour la fille.

Pour le garçon comme pour la fille, l'homosexualité remplit aussi cette fonction de prise de distance avec la mère. En effet, pour certains garçons homosexuels, s'attacher à un autre garçon est aussi un moyen de se mettre à l'abri de la menace féminine, confondue avec la menace maternelle. Ils ne cherchent pas alors, contrairement à des idées fausses, à devenir davantage féminins. Mais au contraire à se renforcer virilement, en se distanciant de la mère en compagnie intime d'autres hommes. Comme la rencontre hétérosexuelle, mais par d'autres voies, la rencontre homosexuelle peut renforcer la construction identitaire masculine.

C'est également vrai chez la fille. Il y a dans la rencontre homosexuelle une protection contre la menace masculine qui peut être fantasmée comme violente. La menace masculine peut aussi être celle d'un nécessaire décollement de l'image maternelle sans proposer à la place un soutien d'une identité féminine autonome. La rencontre homosexuelle permet à la jeune fille un renforcement de sa construction identitaire féminine que ne lui permettait pas le maintien d'une relation à la mère. Soit parce qu'elle n'était qu'un bout de sa mère trop fusionnelle et donc seulement un bout de femme. Soit parce que sa mère ne l'autorise pas implicitement à devenir femme mais à devoir rester fille.

C'est pourquoi, pour la fille comme pour le garçon, la rencontre homosexuelle peut avoir une égale valeur émancipatrice à la rencontre hétérosexuelle.

À l'adolescence, les pulsions sexuelles sont si fortes qu'elles vont parfois faire feu de tout bois. Ce n'est qu'à l'âge adulte qu'un choix préférentiel d'objet sexuel s'établit véritablement. C'est une période de la vie où la distinction entre le désir d'avoir et celui d'être est malaisée. Vouloir posséder l'autre ou être possédé par lui pour lui ressembler, être comme lui. Celui que l'on désire alors est celui que l'on aimerait être. Ou c'est la part de soi que l'on croit avoir perdue en entrant dans l'adolescence. La quête d'achèvement de l'identité masculine ou féminine passe aussi par ces premières relations sexuelles. La rencontre sexuelle avec des individus de son sexe participe, on l'a vu, de ce besoin de coller à son modèle identitaire. L'autre devient miroir où l'adolescent se découvre et un paragon auquel il emprunte sa façon d'être. Chez les filles, les contacts physiques sont fréquents et dominés par la douceur (comme entre mère et fille) : on se coiffe, on se tient par la taille, on s'embrasse. Entre garçons les contacts sont bien moins tendres et beaucoup plus heurtés (comme entre père et fils). On se bagarre beaucoup et les sports sont l'occasion de corps à corps. On en vient facilement « aux mains ». On voit des amitiés complices entre des adolescents très différents.

Les relations homosexuelles à l'adolescence peuvent être une étape accompagnant les constructions de soi et précédant, préparant pour certains, la rencontre hétérosexuelle. Surtout dans les sociétés où il existe un clivage marqué entre les deux sexes rendant moins facile la rencontre avec l'autre sexe. François est attiré par la grâce toute féminine de Raphaël qui a le tempérament passif que François recherche. Et en attendant « la femme », il le fréquentera avec la quiétude qu'offre un domaine connu, celui de l'univers masculin. Raphaël apprécie l'assurance et la robustesse de François qui fait relais à celle de son père dont il se détache nécessairement.

Les préjugés sociaux et familiaux ne considèrent pas l'homosexualité et l'hétérosexualité d'égale valeur. Aussi, beaucoup de futurs homosexuels vont tenter à l'adolescence de se rassurer en se forçant à avoir des relations hétérosexuelles, malgré une faible satisfaction, et vont les poursuivre au-delà de l'adolescence, au-delà de ce que leur désir véritable les programme. À l'inverse, on laisse de moins en moins de temps aux adolescents pour se connaître. Et on a tendance très précocement à les définir par leur comportement et notamment pour le sujet qui nous concerne à les étiqueter homosexuels alors qu'ils n'ont pas achevé leur construction.

Deux partenaires de même sexe peuvent se fantasmer comme de sexes différents. Car la différence des sexes ne s'est pas toujours posée pour eux, à l'aube de leurs premiers fantasmes infantiles, comme uniquement portée par la différence génitale. On a vu que les enfants se désirent mutuellement et se savent garçon ou fille sans connaître précisément les différences qui existent entre filles et garçons. À l'adolescence, on connaît bien sûr les critères anatomiques de cette différence mais les croyances archaïques ont servi de terreau à nos fantasmes. On ne désire pas sexuellement ou amoureusement autrui par le raisonnement. On peut se savoir garçon et percevoir un autre garçon comme une fille [1], faisant fi de sa réalité anatomique, de par certains traits de son tempérament, de son discours ou de son attitude. C'est également vrai dans la relation hétérosexuelle où l'autre peut aussi être fantasmatiquement perçu comme d'un autre sexe qu'il n'est réellement. On peut aimer fantasmatiquement l'homme que l'on imagine ou perçoit chez la femme, ou la femme chez l'homme.

À l'adolescence, quand une préférence homosexuelle se fait entendre, elle est encore de nos jours tenue secrète dans un premier temps. Elle n'est pas légère. Et elle est souvent source de tension interne, car elle s'associe à un questionnement identitaire. La question des orientations sexuelles est sous l'influence de la question de l'identité sexuelle, surtout depuis deux cents ans. Le désir homosexuel peut faire vaciller le sentiment d'identité : si je suis attiré par un garçon, suis-je bien un homme ? peut se demander un adolescent angoissé par ses désirs homosexuels. C'est bien moins vrai chez la fille. Car le sentiment d'identité est moins fragile chez elle. Et de plus l'amour passionnel d'une fille pour sa mère inquiète moins que l'amour passionnel d'un garçon pour son père. Mais la fille homosexuelle peut aussi se questionner avec inquiétude sur son identité.

À l'inverse, l'adolescence peut être l'occasion d'exprimer le refus de son identité sexuelle. Le refus d'être une fille ou un garçon va s'affirmer de façon plus marquée à cette période de la vie car la transformation corporelle vient différencier de manière plus évidente la différence

1. Ou plus largement comme d'un autre sexe imaginaire, car dans l'inconscient il n'y a pas toujours un bipartisme sexuel.

entre les filles et les garçons. Des garçons supportent mal la pousse de leurs poils. Des filles sont écœurées par la pousse de leurs seins, de leurs fesses.

« À l'adolescence, je ne supportais pas mon corps. Je bandais mes seins. Si j'avais pu les couper je l'aurais fait. J'avais été un garçon manqué et je ne me sentais ni fille ni garçon quand j'étais enfant. J'étais un enfant. Point. Avec la puberté, je n'avais plus le choix. Je devenais une fille. Et cela me révulsait car je trouvais que cela ne me définissait pas. J'ai fait beaucoup de sport pour rendre mon corps ferme. J'avais une vision du corps féminin comme trop mou. Maintenant que je suis adulte j'accepte mon corps de femme. Mais je n'en fais pas grand cas. Je m'intéresse et j'aime les corps féminins, mais chez les autres femmes. »

Le rejet de son identité physique d'homme ou de femme s'accompagne volontiers, et est peut-être en partie à l'origine de préférence sexuelle homosexuelle.

Les hommes homosexuels comme les hétérosexuels peuvent se sentir plus ou moins masculins. Mais la confusion qui naît dans la définition du masculin et du féminin conduit des individus lors de leur développement à douter des assises de leur identité. Freud a décrit l'homosexualité en termes de choix d'objet et d'identifications. Il n'adhérait pas au concept d'identité homosexuelle ou hétérosexuelle ni à celui de nature homo ou hétérosexuelle. Pour Lacan, l'anatomie n'est pas le destin de la jouissance. Mais il identifie l'homme et la femme par leur mode de jouissance. C'est-à-dire comme deux façons de s'inscrire dans la fonction phallique. S'opposant à une norme innée, il en propose une autre. Mais la nature (la neurobiologie le montre) n'impose pas une norme. Ou plutôt la norme qu'elle propose pour l'humain est la variabilité, condition de son évolution. Le fait d'avoir un corps d'homme ou de femme devrait suffire à se considérer comme homme ou femme. Mais la définition n'est pas seulement anatomique. On peut se demander si on est un vrai homme ou une vraie femme selon la définition que l'on en a, et selon les critères de la société qui nous entoure.

Neurobiologie et psychanalyse s'accordent pour considérer que si l'anatomie décide de notre genre à l'état civil, elle ne préjuge pas du destin de notre désir sexuel qui s'acquiert. La possibilité physiologique de la jouissance du corps ne détermine pas celui ou celle qui pourra permettre à cette jouissance de se réaliser.

Étiquetage social

Les homosexuels sont assimilés aujourd'hui à un groupe social. Cette définition sociale d'un comportement sexuel individuel est dorénavant largement véhiculée par les médias. Il est question de la reconnaissance d'une communauté qui aurait des intérêts semblables mais aussi des codes communs : langagiers, vestimentaires, de mode de vie… Cette polarisation est récente. Amorcée il y a un siècle ou deux, avec la naissance d'une catégorisation sur des critères médicaux, elle a débuté il y a une trentaine d'années pour le grand public. Cette représentation n'a jamais été aussi forte aujourd'hui.

C'est pourquoi, de nos jours, la prise de conscience d'une orientation homosexuelle implique l'appartenance à un groupe social défini. C'est sans doute un facteur de protection pour les jeunes homosexuels qui ne se sentent plus isolés comme autrefois, quand l'homosexualité était indicible et stigmatisée individuellement car non reconnue socialement.

Ce peut aussi être un facteur d'attraction pour l'adolescent(e), que ses désirs homosexuels soient entiers ou simplement parcellaires. L'identité sociale homosexuelle peut en effet attirer un adolescent qui serait en quête identitaire, en quête d'intégration sociale, dans un univers où il/elle imagine pouvoir rencontrer aisément des adultes de toutes classes sociales, imaginant n'avoir besoin pour cela d'autres compétences que son corps. L'identité sociale homosexuelle peut alors prendre la forme d'un raccourci afin de pénétrer l'univers rêvé des adultes.

Mais, cette identité sociale peut aussi rebuter. Un adolescent considérant appartenir à une communauté quelconque, ne serait-ce que celle de sa bande de copains hétérosexuels, peut éprouver son homosexualité comme un forceps menaçant de l'expulser de son corps d'origine. Le vécu douloureux d'une homosexualité à l'adolescence peut s'entendre aussi comme le refus d'une modification de son identité sociale.

Pour certains psychanalystes [1], le choix d'une orientation homosexuelle serait dû à une volonté transgressive. Le fait de n'avoir des désirs amoureux et sexuels qu'exclusivement dirigés vers des personnes de son sexe donne une place singulière dans la société. Et si ce n'est pas une structure identitaire, elle induit une identité sociale. Rares sont les parents qui déclarent accepter l'orientation sexuelle de leur enfant, ce qui n'aide pas à leur estime de soi. Et la majorité des jeunes homos déclarent (70 % des moins de 25 ans) qu'ils auraient préféré ne pas l'être. C'est donc semble-t-il à contrecœur en tout cas, à contreraison, qu'ils ont ce choix d'objet amoureux. Il est possible que la réprobation sociale intégrée comme un interdit ait pu entretenir le désir, ou que l'interdit soit une condition à la naissance du désir. Mais en ce cas pourquoi n'en serait-il pas de même pour la zoophilie ou la nécrophilie ? Et surtout le désir hétérosexuel au sein du mariage n'existerait plus puisqu'il est validé socialement. Dans la réalité clinique c'est au contraire cet interdit social ou familial qui, loin d'être attractif, invalide de nombreux choix homosexuels qui sont refoulés et qui vont, en conséquence, donner lieu à des symptômes.

1. Dont G. Pommier, in *La clinique lacanienne* (*op. cit.*).

La révélation

La révélation à l'adolescence prend parfois la forme d'une évidence.

Fabienne, 35 ans, directrice des ressources humaines, vivant aujourd'hui en couple avec le père de ses deux enfants : « La question qui se posait était moins de l'accepter que de savoir d'où ça venait. Pour moi ce qui a joué c'est la place dans la fratrie. Fille entre deux garçons et deuxième dans la fratrie de sept, j'ai dû très vite m'affirmer. J'ai occupé la place de petite fille et en même temps de "garçon manqué" avec des traits plus masculins que mes frères : plus dynamique, plus téméraire, plus précoce en tout. J'ai un frère de deux ans de plus et je voulais le rattraper en tout. Adolescente, j'étais la première à me battre pour protéger un garçon ou une fille qui se faisait attaquer. Mon père m'a dit que j'étais une vraie teigne voulant dépasser mon frère. J'ai d'ailleurs sauté une classe. À 5 ans, je suis tombée amoureuse de ma maîtresse, depuis mon goût exclusif pour les brunes n'a jamais disparu. Je voulais être avec elle, je ne me mettais pas en rang, je lui donnais la main, plus jeune que les autres car ayant un an d'avance. Mon cœur battait quand je la voyais, je travaillais bien pour lui plaire. Je voulais me marier avec elle, mais je n'en parlais pas. En primaire, j'avais des amitiés intenses avec des filles mais pas d'amoureuse, j'avais quelques petits amoureux. Au collège, beaucoup de petits amis. Ils me donnaient mal à la tête quand ils m'embrassaient. Au lycée, je me souviens de béguins énormes pour des brunes tout en ayant un amoureux longtemps de manière ambiguë, quelque chose de caché, secret, on sortait ensemble mais on voulait privilégier l'amitié. Ce fut ensuite mon premier amant. Peu satisfaisant. Mon désir pour les femmes était hyper fort, beaucoup plus que pour les garçons, mais je mettais ça sur le compte de l'adolescence. Je me suis toujours dit que c'était lié à l'adolescence. Je n'en parlais cependant qu'à ma meilleure amie. D'ailleurs tous les garçons pensaient qu'on était ensemble. En raison de cela on leur faisait peur car on était inaccessibles. 17 ans : je pars dans une grande ville du Sud, je rencontre un ami allemand, sous l'effet de l'alcool, il m'a dit “ein bischen bi schadet nie” (un peu de bisexualité ne fait de mal à personne). À 18 ans : une étudiante m'a laissé entendre qu'elle aimait les filles. Je me souviens d'un trouble énorme. Une première nuit juste à s'embrasser. L'histoire a démarré et a duré un an de vie commune. Mais ce n'est pas d'elle dont j'étais amoureuse, c'était de son ex, une fille quittée pour moi et qui a été le grand amour de ma vie. Elle est devenue ma maîtresse. Je sortais avec les deux. J'avais alors à cœur de le dire à tous que j'aimais les femmes et de m'affirmer. Mais je savais que ce n'était pas un choix définitif. Je le voulais transitoire car je voulais des enfants avec un père pour eux. Alternance d'histoires d'hommes et de femmes jusqu'à ce que je connaisse le père de mes enfants au moment où je commençais à vouloir des enfants.

Je n'ai jamais réussi à comprendre l'origine de mes désirs. Ce sont deux désirs qui cohabitent. J'ai été très amoureuse d'hommes et de femmes. C'est complémentaire. Quand j'ai un béguin pour une femme, je vais ressentir des trucs que j'ai rarement ressentis pour un homme. Quand j'embrasse une nana, je suis transportée, pas avec un homme. Je suis masculine avec un homme et plus féminine avec une femme, c'est-à-dire pour moi, plus tendre, affectueuse et douce. Plus dominante avec un homme. Je suis très romantique et amoureuse avec une femme, parfois rarement, j'ai pu l'être avec un homme. Certains hommes ont pu me dire que j'avais une sexualité de mec. À l'âge œdipien, je me suis probablement mise en rivalité avec mon père pour aimer ma mère. J'ai dû déplacer ou étendre cette rivalité avec mon frère (je confonds souvent les deux encore maintenant). Mon œdipe n'a négligé ni mon père ni ma mère. »

Tous les ados homosexuel(le)s ne sont pas dans le doute. C'est alors pour eux une orientation sexuelle univoque comme peut l'être une orientation hétérosexuelle : aussi précoce et aussi solidement implantée pour l'avenir. Les adolescents homosexuels qui étaient, de par leur comportement, différenciés, traités de « filles » ou de « pédés », ou pour les filles de « garçons », ont par cette désignation appris précocement ce qu'ils étaient (ou ce qu'ils croyaient être). De fait, ce sont eux qui à l'adolescence s'affirment avec le plus de virulence, de provocation, à la mesure de l'intensité des agressions subies. En dehors de ce type de passé, les homosexuels aux allures efféminées ou ceux dénommés folles affirment plus précocement que les garçons d'allure plus viriles leur homosexualité. C'est aussi parce que le corps social, fidèle à ses *a priori* sur l'aspect extérieur des homosexuels, va les désigner comme tels et mieux les accepter puisqu'ils ne présentent pas le caractère inquiétant car invisible des garçons homosexuels virils. C'est aussi vrai pour les jeunes filles.

Quand on questionne les homosexuels, c'est à l'adolescence pour la majorité d'entre eux qu'ils ont pris conscience de la nature de leur désir.

Vincent, 29 ans, se souvient d'un premier touche-pipi à 6 ans avec un voisin du même âge, et du plaisir moral mêlé de culpabilité qu'il avait pris. Mais il dut attendre 19 ans pour avoir une première relation accomplie avec un homme. Entre ces deux expériences, il ne s'est vraiment senti attiré sexuellement par les garçons que vers 15 ans, quand il a constaté qu'il n'était en érection qu'à la vue de corps masculins et qu'il pensait à des corps d'hommes en se masturbant. Auparavant, s'il pouvait s'attacher à des camarades, il considérait cela comme rien d'autre que de l'amitié.

Cette évidence apparaît sans doute plus souvent de nos jours alors que l'acceptation sociale s'améliore, et que les jeunes reçoivent une éducation à la sexualité plus ouverte que jadis. Le fait qu'une société reconnaisse ce mode de sexualité facilite évidemment largement cette connaissance et l'acceptation de ses désirs. Mais, le plus souvent, il s'agit d'une découverte progressive. En fait elle est aussi progressive dans une orientation hétérosexuelle mais celle-ci surprend moins car elle est communément partagée.

Ludovic, 32 ans, kinésithérapeute. Vit en couple depuis six ans. « J'étais amoureux d'un copain vers 12-13 ans. Je savais que c'était plus que de l'amitié mais je ne définissais pas cela particulièrement. Un an plus tard, comme il y avait un garçon au collège qui était désigné comme homosexuel, j'ai pu mettre un mot sur mon type d'attirance. Vers 12-13 ans, mes premiers plaisirs solitaires étaient uniquement sur des images de garçons. Mais je n'ai aucun souvenir d'attirance pour les garçons, auparavant. Le seul touche-pipi que j'ai eu petit vers 5-6 ans, ce fut avec une fille. À ces âges-là, j'aimais me déguiser et je le faisais parfois en fille. Mais je n'ai pas voulu en être une véritablement. Mon homosexualité s'est donc révélée à la puberté, et elle n'a plus "bougé". Après j'étais en quête de réalisation. Ma première relation, je l'ai eue à 19 ans quand je suis monté de l'île de la Réunion, mon île natale, à Paris pour y poursuivre mes études. J'ai rencontré un garçon de mon âge avec lequel je suis sorti pendant trois mois. Il a dû partir faire son service militaire à l'étranger. La dépression que j'ai traversée avec ce premier chagrin d'amour ne laissait aucun doute à ma façon d'aimer. Mes parents l'ont appris à cette occasion. Pourquoi suis-je homosexuel ? Je ne sais pas. C'est comme ça. Je ne vois aucune raison particulière. Dès que je l'ai compris, je n'avais qu'une alternative : c'était pour moi soit aller dans le sens de ce désir, soit la chasteté. Petit, j'étais plus attaché à ma mère qu'à mon père. Mais qui de la poule ou de l'œuf ? La question que je me pose serait plutôt : pourquoi ne suis-je pas également hétérosexuel ? »

Il y a dès la petite enfance une préparation familiale et

sociale à l'hétérosexualité dans le discours et les modèles proposés. Ce n'est pas le cas pour l'homosexualité et chaque fois il s'agit d'une découverte et d'une invention personnelles. Des rêveries, des fantasmes, des penchants emménagent peu à peu. Des expériences vécues font suite. C'est lors de la prise de conscience de la permanence de ces désirs que l'adolescent commence à se définir. Et le plus souvent encore de nos jours à s'en inquiéter du fait des regards sociaux, familiaux et personnels. Dans les faits c'est davantage l'absence de désir pour l'autre sexe qui alarme. Car leurs présences conjointes permettent de masquer socialement ses désirs homosexuels en « sortant » avec une personne de l'autre sexe et de se les masquer à soi-même.

Les préoccupations, les angoisses, les tensions identitaires nées de cette prise de conscience s'ajoutent à ce même cortège qui accompagne les remaniements de l'adolescence. Ils expliquent sans doute également la fréquence plus importante des taux de suicide chez les adolescents se pensant homosexuels.

L'acceptation

Se pose âprement pour l'adolescent la question de l'acceptation de cette « identité » par l'entourage actuel et futur, les projets personnels de vie familiale, et la difficulté de rencontre. Pour se soulager de cette tension l'adolescent homo peut refouler sa préférence. Hugues, 44 ans : « J'étais conscient de mon désir des hommes mais je n'en parlais à personne. Cela dura des années. Je le gardais pour moi, et j'en rejetais l'idée dès qu'elle se présentait. J'ai attendu 25 ans pour avoir mes premières relations et elles furent dans des lieux de rencontres sordides. Je n'ai pu vivre une vraie histoire qu'à 35 ans. »

D'autres l'acceptent pour eux-mêmes, mais le cachent socialement de façon plus ou moins hermétique. Certains vont l'affirmer, en faire un porte-drapeau identitaire. « Au lycée tous le savent », nous dit fièrement Thomas.

Mais le refoulement et le compromis restent les plus fréquents modes de réponse à cette tension identitaire. Cette tension est un facteur de vulnérabilité et un facteur de risque dépressif, de rupture scolaire ou sociale (fugue), de comportement à risques (sida) : « Je savais que je pouvais attraper le sida, mais je n'y croyais pas. Ou des fois je me disais que si je l'attrapais ce ne serait pas si mal car on allait enfin se rendre compte de ce que je vivais », me confie Bastien qui est passé par une période de frénésie sexuelle sans protection.

Les difficultés propres à l'adolescence sont mises sur le compte de cette orientation. Les difficultés amoureuses, autres que celles directement liées à la spécificité de cette orientation (manque de candidat, faible reconnaissance social du couple), sont également mises sur le compte de cette orientation : « J'ai du mal à trouver des petits copains sérieux. Les homos ne restent pas en couple » alors qu'à cet âge la durée de vie d'un couple hétéro n'est jamais bien longue non plus.

Internet a révolutionné la possibilité de rencontres chez les adolescent(e)s homos comme l'avait en son temps initialisé le minitel. C'est devenu le principal mode de rencontre. Mais il les met encore moins à l'abri d'adultes dangereux en raison du caractère clandestin, vis-à-vis des parents, de ces démarches. Il favorise des premières fois compulsives : en effet, le moment où un jeune décide d'assumer socialement une tendance jusqu'alors cachée peut aussi provoquer une sorte de désir de « rattraper le temps perdu ». L'enjeu affectif et sexuel de ce moment d'affirmation ou de libération est très important et tout le temps passé dans la tension et le malaise identitaire participe à une impression de « délivrance », d'« euphorie » ou de « soulagement » comme j'ai pu l'entendre dans mes entretiens. La honte, le dégoût de soi, le sentiment d'exclusion, la solitude n'ont pas disparu de nos jours chez des adolescent(e)s mal soutenus par leur entourage, ou qui ont des difficultés de rencontre à cause de leur personnalité inhibée. Ces sentiments ne favorisent pas des rencontres harmonieuses et satisfaisantes. L'absence de modèle de couples autour de soi est une difficulté souvent exprimée dans les témoignages d'adultes homos qui racontent leur adolescence. Depuis que la télévision montre des modèles de couples homos lors de fictions ou de *talk shows*, cela permet aux ados européens de se projeter plus aisément dans un futur bienveillant.

Le psychiatre américain Cass [1], qui a mené une étude sur l'orientation sexuelle, propose le modèle suivant quant à l'évolution de la prise de conscience de son homosexualité sur un plan de l'identité sociale. Ce modèle est établi il y a une dizaine d'années dans un pays communautariste où l'acceptation sociale est loin d'être celle existant en Europe de l'Ouest. Mais il présente encore un certain intérêt. Il propose six stades de la confusion à la synthèse :

Confusion : je ne suis pas hétérosexuel(le). À ce stade, l'adolescent peut en bloquer le processus tout en bloquant d'autres aspects de son développement qui lui sont corrélés, source de troubles névrotiques. Il peut aussi admettre la possibilité tout en le regrettant.

Comparaison : Je suis peut-être homosexuel(le). Cette prise de conscience peut s'associer à de l'inquiétude, de l'angoisse de ne pas pouvoir réaliser ce que sa famille attendrait de lui.

Tolérance : Je suis possiblement homosexuel(le). L'ado peut rechercher par différents contacts et rencontres à explorer son identité sexuelle. En cas de déceptions il pourra arrêter là son chemin.

Acceptation : Je suis probablement homosexuel(le). Par des échanges avec d'autres homos, il va affermir son

---

1. Cass V., « Sexual orientation identity formation : a western phenomenon », in Cabaj R., Stein T., *Text-book of homosexuality and mental health*, American Psychiatric Press, 1996, p. 227-251.

identité. Isolé, il peut aussi pâtir de cet état face à une hostilité autour de lui.

Fierté : Je suis homosexuel(le) et c'est mieux que de ne pas l'être. Cela peut conduire à un comportement militant provisoire, voire à de l'agressivité contre l'environnement hétérosexuel.

Synthèse : Je suis ce que je suis. L'ado se sent normal. Son orientation est partie prenante sans abréger son identité. Son estime de soi est bonne et ses préférences sexuelles ne sont plus sources de désarroi quant à son devenir. Il se sent intégré à la société.

C'est parfois au-delà de l'adolescence que l'identité sexuelle se constitue véritablement, surtout quand le contexte social rendait hermétique aux individus la connaissance de l'état d'homosexuel.

Olivier, 55 ans, fonctionnaire aux impôts, en couple depuis un an : « Mon premier souvenir érotique fut avec mon frère cadet de deux ans. J'avais 14 ans. Nous nous sommes embrassés sur la bouche avec la langue et mutuellement masturbés. C'était très agréable. Je me sentais coupable, mais du fait qu'il était mon frère et non pas parce que c'était un garçon comme moi. Mon frère était bisexuel et il est mort du sida à 30 ans, et je me sens responsable, me demandant s'il n'a pas eu des relations sexuelles avec les hommes (c'est avec un homme qu'il a contracté le virus mortel) à cause de moi. Mon père m'a envoyé en internat cette même année car j'avais un caractère très difficile, me battant souvent avec mon frère. J'ai très mal supporté cela et en ai toujours voulu à mes parents. Je me demande encore s'ils n'avaient pas su la relation que j'ai eue avec mon frère et si ce n'était pas le vrai motif. Je me souviens en effet que mon père m'avait offert un livre (très bien pensant) d'éducation sexuelle juste avant mon départ. Il me l'a tendu sans rien me dire. J'étais content de cela. Mais j'étais déçu du contenu, car le dessin le plus osé était une coupe anatomique du pénis et du scrotum. Le sexe des garçons attisait ma curiosité. Quand j'avais 12-13 ans, un copain disait qu'il avait un sexe de 17 cm. J'étais impressionné, n'ayant pas compris, longtemps après encore, qu'il parlait d'un sexe en érection. Je me suis complexé des années sur la taille de mon sexe pour réaliser adulte qu'il était dans la moyenne. Mais je voulais voir des sexes masculins pour comparer. Jeune adulte, je feuilletais des revues de culturisme car il n'y avait aucun autre magazine montrant des corps d'hommes. Pour autant je ne me suis jamais considéré comme homosexuel durant ma jeunesse car j'ignorais complètement ce que c'était, jusqu'au mot lui-même. Dans mon esprit, je me comparais, enviant ces corps de vrais hommes. La première fois que j'ai réalisé que des hommes se définissaient comme homosexuels, c'était en 1975, à l'occasion du premier *Dossier de l'écran* consacré au sujet. J'avais environ 24 ans ! Avec les filles, je me considérais comme très timide. Je ne savais pas draguer ni surtout quoi dire… Je crois que j'ai toujours eu peur des femmes. Ou était-ce un rejet en raison du handicap de ma mère (elle avait été victime de la polio) ? À 20 ans, j'ai eu ma première relation sexuelle avec une prostituée. Physiquement ça a fonctionné, mais j'ai été très déçu. J'espérais un peu de tendresse lui ayant dit que c'était ma première fois. Je n'ai jamais recommencé, craignant d'attraper des maladies vénériennes. J'ai attendu 29 ans pour avoir ma première relation sexuelle avec un homme. Entre-temps je me contentais de masturbation en pensant à des couples hétérosexuels forniquant ou à des sexes d'hommes. Mon désir pour les hommes s'affirmait, mais l'homosexualité était encore si taboue dans la société que je ne savais pas où en rencontrer. J'étais triste de ne pouvoir aller vers les autres. J'envie pour cela beaucoup les jeunes homosexuels. Un jour, ayant appris l'existence et la fonction de ce lieu, je suis entré dans un sauna réservé aux hommes. J'ai choisi un homme qui me plaisait. Après différents préliminaires, je me suis fait sodomiser à sec. C'était douloureux, mais, au sortir du sauna, j'étais très content d'avoir franchi ce cap, d'avoir assumé cette envie même si, dans ma tête, ce n'était pas pour autant assumé d'être homosexuel. Par la suite, j'ai eu des vies de couple sur plusieurs années. »

Après la période d'expérimentation et de diversification dans un corps génitalement mature à l'adolescence vient la période de la différenciation des préférences érotiques. Une hiérarchie des satisfactions érotiques est établie en fonction des expériences. Elle est dépendante des vécus physiques mais aussi affectifs et moraux, et des pressions de conformité familiale ou morale. Des comportements érotiques préférentiels sont déterminés. Dans ce cadre, et de nos jours, une orientation sexuelle est définie selon le sexe du partenaire qui apporterait le plus de plaisir et de gratifications morales.

De nos jours si les mariages ne durent pas c'est qu'ils sont des mariages d'amour et non plus seulement des mariages arrangés ou de raison. Le domaine de l'amour est plus volatil que les associations patrimoniales. C'est dans cette néovision sentimentale du couple que s'inscrit le désir des homosexuels exclusifs de vivre en couple, et notamment à l'adolescence alors que la question d'amour se repose avec acuité. Jadis, quand l'union n'était pas amoureuse, quelle importance de se mettre en couple avec qui que ce soit, avec n'importe quel homme, n'importe quelle femme, l'amour était ailleurs, au-dehors du couple.

Une mère de famille bourgeoise répondit le plus simplement du monde à sa fille adolescente quand celle-ci lui parla de ses désirs : « Tu veux être homosexuelle ? Il n'y a pas de problème du moment que tu te maries et que tu as des enfants. » Ce qu'elle fit. Elle renonca à ses amours lesbiennes, se maria, eut des enfants. Aujourdhui, âgée de 35 ans, elle a une amante et a le cœur déchiré de savoir si elle se sépare du père de ses enfants ou non. De nos jours, la raison d'amour est la plus forte. Et nombre d'homosexuel(le)s qui jadis se seraient marié(e)s, se mettent en couple avec un homme ou une femme qu'ils/elles aiment.

Après les remaniements physiques, psychologiques, intellectuels et affectifs de l'adolescence, après les nouvelles rencontres et les premières expériences sexuellement matures, chacun commence à y voir plus clair en lui-même et en ses désirs.

Au début de notre vie d'adulte, nos préférences sexuelles et notre orientation sexuelle apparaissent relativement définies. Et que l'on s'inscrive dans une vie de famille ou une vie d'aventure, la plupart ont acquis une façon d'aimer assez stable. Mais les comportements érotiques comme les comportements amoureux ne sont pas figés. Le chemin de la vie, les rencontres, les événements de la vie peuvent les remodeler. L'amour est en mouvement perpétuel et notre capacité de désir également.

Avant d'aborder les changements de voies possibles à l'âge adulte qui ne sont souvent que le dévoilement de potentialités étouffées, je vous propose d'étudier l'homophobie et ses origines. Car cette homophobie, qu'elle soit culturelle ou individuelle, en dehors des conséquences sociales péjoratives, a une influence sur la construction de l'orientation sexuelle de chacun par les censures qu'elle induit.

VIII

DÉCRYPTER L'HOMOPHOBIE

1.

Qu’est-ce que l’homophobie ?

Une loi française récente la condamne. En fait, elle ne condamne pas le sentiment de haine, de peur, ou de rejet des homosexuels mais les manifestations physiques, les actes violents et les propos diffamants liés à ces sentiments à l’encontre des personnes concernées.

Le terme d’homophobie est aujourd’hui connu du public. C’est un mot récent. Sándor Ferenczi utilisa au début du XXe siècle l’expression « homoérotisme refoulé » pour signifier la crainte des hommes hétérosexuels de s’investir affectivement entre eux. Le mot est presque « psychiatrique », présentant le rejet des homosexuels des deux sexes comme une phobie, donc comme une maladie. Aux USA, elle est l’objet d’études scientifiques. C’est bien moins vrai en France, en dehors de rares cas comme celui de Christophe Gentaz. Selon ce dernier, le premier scientifique à avoir utilisé le terme *homophobia* est George Weinberg, en 1972, qui se serait inspiré lexicalement de Churchill qui a parlé d’« homoérotophobie » en 1967 en tant que phobie des amours entre hommes. *Homosexphobia* est adopté par Levitti et Kassen (1974) pour désigner la phobie de l’homosexualité, Leyne nomme *Homosexism* (1976) le sexisme contre les homosexuels. Citons encore Hudson et Riecketts qui créent l’*Homonegativism* (1980).

Une phobie *stricto sensu* est une peur localisée. On connaît des personnes qui ont la phobie des araignées ou des ascenseurs. Dans le cas de l'arachnophobie (phobie des araignées), en l'absence de l'araignée (l'objet phobogène) l'individu va bien. Mais la présence réelle ou supposée de cet objet phobogène déclenche un dégoût, une répulsion, un malaise pouvant aller jusqu'à la fuite ou l'attaque de panique. Le simple fait de voir l'araignée en image ou d'y penser suffit chez les plus atteints à déclencher le malaise. Les réactions classiques sont des comportements d'évitement (on ne dort pas à la campagne de crainte d'en rencontrer) mais aussi d'agressivité (colère ou violence si on se sent contraint à être confronté à l'objet phobogène). Appliqué à l'homophobie cela signifierait que les homosexuels ou tout ce qui serait en lien avec ce type de sexualité humaine déclencheraient des sentiments de malaise, de peur et en conséquence d'évitement et d'agressivité.

Chez certains individus la définition de la phobie convient parfaitement. Il y a chez eux une peur non raisonnée, sans réflexions associées. Chez d'autres, c'est moins la peur que la haine. Et cette haine est argumentée par des considérations morales, des jugements de valeur qui n'apparaissent classiquement pas dans les phobies (certes le phobique des araignées ne les porte pas dans son cœur mais le phobique des ascenseurs ne porte pas de jugement de valeur contre les ascenseurs et leur fabricant). Il y va parfois de l'homophobie comme du racisme (xénophobie) ou de l'antisémitisme, la considération qu'il s'agit d'un groupe d'individus qui ont en commun des caractéristiques blâmables, méprisables ou haïssables.

2.

Explications sociologiques

Il y a des explications sociologiques. On a vu dans la partie historique comment au XIXe siècle on a redéfini les champs du normal et du pathologique dans la sexualité. Et comment l'homosexualité est devenue la face pathologique, afin de normaliser la face hétérosexuelle de la sexualité, qu'elle soit au sein d'un couple fidèle ou libertin. Maladie mentale et délit pendant deux siècles, péché pour les religions judéo-chrétiennes, il n'est pas étonnant que des individus influencés par ces conceptions aient une vision négative de l'homosexualité.

Les représentations actuelles de ce qui serait la communauté homosexuelle, allant jusqu'à la caricature (comme c'est le cas pour d'autres communautés supposées ou réelles), peuvent induire également des réactions de rejet, comme chaque fois vis-à-vis d'un groupe minoritaire qui est objectivé ou inventé. Dans ce contexte, le principe même de minorité fait qu'il suffit qu'une personne ait maille à partir avec un individu de la dite communauté pour que dans son esprit la communauté toute entière soit associée au grief. De même, la personne en question peut porter au crédit d'un individu tous les présupposés négatifs qu'il a contre cette communauté, et son grief va confirmer ses présupposés.

L'homophobie contre les hommes est parfois associée

à la misogynie, car l'homosexuel masculin est assimilé à une personne de l'autre sexe.

Enfin il y a parfois des attitudes de rejet qui sont uniquement déterminées par des attitudes moutonnières. Ce sont des rejets de surface qui ne sont pas en écho avec des questionnements personnels. Il s'agit d'individus, qui au sein d'un groupe majoritairement rejetant, agissent par mimétisme. C'est le principe du bouc émissaire qui est un agent fédérateur du groupe et qui arrange tout le monde car tant que l'attaque est sur lui on est personnellement à l'abri.

Enfin, l'autre modèle explicatif est que la tolérance et l'attirance sont souvent confondues. Accepter l'existence d'un autre revient pour certains à l'apprécier. Et ces individus sont coincés dans une dualité du rejet ou de l'attachement. Comme si pour eux on ne pouvait pas tolérer sans désirer. Or, dans ce domaine, aimer reviendrait pour eux à en être.

3.

Explications psychologiques

Hormis ces modèles explicatifs sociologiques on peut invoquer des modes d'explications propres à chacun dans le registre de la psychologie individuelle.

– Il y a couramment dans la haine de l'autre une haine contre une partie de soi-même que l'on projette sur l'autre. C'est le mécanisme de projection. Cela existe *a minima* chez tout un chacun. Ce sont souvent nos propres défauts contre lesquels on lutte que l'on supporte le moins chez autrui. On projette hors de soi ce qui fait désordre, pour en faire un double, un étranger.

– Un individu qui au cours de son développement psycho-affectif a lutté contre ses désirs homosexuels, car ils allaient à contre-courant de l'éducation reçue ou lui semblaient incompatibles avec son identité d'homme ou de femme, ne va pas supporter qu'autrui les assume. Il y a le refus de voir exister ce que l'on rejette mais il y a aussi, bien moins consciemment, l'envie vis-à-vis d'un autre qui les assouvit.

– En présence d'un homosexuel, l'individu homophobe se trouve confronté à ce que Freud nomme une inquiétante étrangeté : cette « variété particulière de l'effrayant qui remonte au vécu depuis longtemps connu, depuis longtemps familier ». Cette angoisse est en lien avec le retour d'un refoulé, de désirs censurés plus que de désirs sublimés ou socialisés. Il peut aussi s'agir de dégoûts s'inscrivant dans le cadre de formations réactionnelles. C'est pour se protéger de ce retour du refoulé insupportable pour une conscience non psychanalysée que se mettent en place des réaménagements phobiques et des conduites d'évitement, de répulsion ou d'agression.

– L'homophobie existe aussi chez les homosexuels. Il s'agit de la haine de soi. On trouve toujours plus homosexuel que soit, et les principales victimes de cette homophobie au sein de la prétendue communauté homosexuelle sont les folles et les butchs, c'est-à-dire les garçons très éthérés et les femmes très rudes. Il s'agit alors de rejeter hors de soi ce qu'il y aurait de trop féminin ou de trop masculin de crainte que son orientation ne touche à sa propre identité sexuée.

– On pourrait évoquer également une hétérophobie qui correspondrait à un rejet des hétérosexuels même s'il n'est pas question d'agression hétérophobe dans la mesure où l'éducation ne condamne pas l'hétérosexualité. Par contre on peut observer de la misogynie chez les homosexuels masculins ou de la répulsion vis-à vis des hommes dans leur ensemble de la part des lesbiennes. En tant que peur de l'autre en soi, l'homophobie est la peur du différent et le mot hétérophobie peut aussi s'appliquer pour définir cette peur.

Les homosexuels, ou plutôt l'idée qu'ils s'en font, peuvent paradoxalement être enviés par ceux là-mêmes qui les condamnent. Consciemment peuvent être enviées : une liberté sexuelle (par ceux qui ne se l'autorisent pas), l'absence de contrainte familiale, et tout ce qui fait envie dans les groupes communautaires comme l'idée d'une solidarité. Moins consciemment, est envié ce à quoi l'individu a renoncé pour se construire dans son propre schéma sexuel et affectif. On l'a vu, la construction œdipienne notamment est pleine de renoncements. C'est aussi pourquoi, quand il y a des revendications concernant le mariage ou la possibilité d'élever des enfants par les homosexuels (toutes conceptions morales ou d'intérêt des enfants mises à part), ces individus n'acceptent pas que les homosexuels soient dispensés de leurs propres renoncements. Le discours inconscient pourrait être : « Moi j'ai renoncé dans ma vie sexuelle à mes désirs homosexuels. Je les ai refoulés pour être père de famille. Ce serait injuste que ces homosexuels(le)s aient le beurre et l'argent du beurre. »

Parmi les autres facteurs qui jouent un rôle majeur sur le plan individuel dans le rejet de tous désirs homosexuels en soi donc en l'autre il y a :

– Les éducations parentales et sociales qui ont pu déconsidérer le choix homosexuel que l'enfant a pu envisager car l'enfant dans son développement psychosexuel imagine fantasmatiquement, on l'a vu, toutes les combinaisons sexuelles possibles.

– La croyance qu'une orientation sexuelle est en lien indéflectible avec l'identité sexuée (le fait d'être un homme et une femme) et donc touche à l'identité tout entière. L'individu, au cours de son développement, va rejeter ses désirs homosexuels car désirer quelqu'un de son sexe, imagine-t-il, ferait de lui quelqu'un de l'autre sexe tant dans son esprit l'altérité sexuelle définit son identité : être un homme serait désirer une femme et réciproquement.

– L'interdit de l'inceste, intégré de façon défectueuse, joue aussi un rôle majeur. Le petit garçon qui exprime son désir, comme la plupart des petits garçons, d'épouser sa maman, s'entendra dire qu'il ne peut épouser sa mère car c'est sa mère et qu'elle ne le serait plus s'il l'épousait. Mais si ce même petit garçon exprime son désir d'épouser son père, on lui répondra que ce n'est pas possible car c'est un garçon. La réponse en adéquation avec l'interdit de l'inceste serait de lui dire qu'on n'épouse ni son père ni sa mère car on n'épouse pas ses parents, quel que soit leur sexe. Sinon ce petit garçon devenu grand va confondre au fond de lui-même interdit de l'inceste, qui est l'interdit fondamental pour une personnalité équilibrée, et interdit de l'homosexualité. Et si le désir œdipien pour son père était fort, il l'aura censuré mais de mauvaise façon. Et il aura aussi intégré l'interdit de l'homosexualité non comme un interdit moral mais comme un tabou équivalent à celui de l'inceste. Car si cet homme se fait draguer par un autre homme et qu'il ressente du désir en retour, cela va susciter chez lui une angoisse « homophobique » et potentiellement destructrice et génératrice de violence contre autrui ou lui-même. En effet dans la mesure où l'homosexualité est réalisable, socialement acceptée, cela signifierait qu'il pourrait coucher avec son père puisque les deux interdits seraient dans son esprit instrinsèquement liés.

C'est pourquoi une éducation à la sexualité claire et cohérente est, en plus d'un facteur d'harmonie personnelle, un facteur de lutte contre l'homophobie.

IX

CHANGEMENT D'AIGUILLAGE À L'ÂGE ADULTE

Il est classique, selon les diverses théories, de considérer qu'à la sortie de l'adolescence le choix d'objet sexuel, c'est-à-dire l'orientation sexuelle, est fixé. Or cela ne correspond pas à la réalité clinique.

En premier lieu il y a un pourcentage notable de personnes des deux sexes qui sont bisexuelles mais qui s'inscrivant dans une vie de couple fidèle ne manifestent qu'un aspect de leurs orientations sexuelles. La bisexualité, ce n'est pas renoncer à l'une de ses préférences. Et on peut être bisexuel(le) sans avoir obligatoirement un attachement érotique d'intensité équivalente vis-à-vis de l'homme ou de la femme.

Et la potentialité d'aimer aussi bien un homme ou une femme n'empêche pas de faire le choix amoureux et monogame d'une personne, que celle-ci soit un homme ou bien une femme.

Quant aux autres, il y a des événements de vie certes moins radicaux que la puberté mais suffisamment signifiants pour modifier l'équilibre affectif et sexuel d'un individu, dans un sens ou dans un autre. Parmi les événements de vie qui, selon mes observations, ont une influence de ce type sont le décès de proches (parents, enfants), une rupture sentimentale majeure, la naissance d'un enfant, l'adolescence des enfants, la ménopause.

Chez d'autres, plus rarement, on ne retrouve pas d'événements majeurs et il semble que ce soit le temps avec son contenu de vie qui joue son rôle dans l'évolution d'un individu.

Romain n'a connu que des relations homosexuelles jusqu'à ses 34 ans :

« J'ai eu beaucoup d'histoires avec des garçons depuis mes 15 ans. J'ai tout de suite assumé. Dans le Sud les rencontres sont assez faciles. Je suis plutôt du genre entreprenant. Et mon métier de commercial me permettait de bouger pas mal. J'ai eu des coups de cœur mais je n'ai jamais eu envie de vie de couple avec un garçon. Une fois seulement mais lui n'avait pas envie. J'étais très heureux comme ça, avec cette vie de liberté. Quand j'ai rencontré Élodie à un cours de sport, elle avait dix ans de moins que moi mais elle était très sûre d'elle. Elle savait pour moi mais elle m'a fait un tel rentre-dedans que j'ai craqué. Il faut dire que les points communs ne manquent pas entre nous. Elle aime le sport et la moto comme moi. J'ai beaucoup de plaisir sexuel avec elle, et des sentiments d'amour tels que je n'ai aucune envie d'aller voir ailleurs. On me dit que j'ai changé de bord. Je ne crois pas. Mon désir sexuel pour les garçons n'a sans doute pas disparu. Mais j'ai découvert celui avec cette fille. Il me fallait peut-être de l'assurance, de la maturité, mais je crois plutôt que c'est parce que c'était elle. Le sexe, c'est aussi une histoire de cœur. »

Charlotte n'avait eu que des histoires avec des hommes et aucun souvenir de désir homosexuel. Quand elle tomba amoureuse d'une collègue de travail à l'âge de 32 ans elle fut la première surprise. Elle a d'ailleurs consulté un psychiatre pour y voir clair dans son désir tant elle fut décontenancée par ses sentiments. Cependant, dans son histoire, on relève un désintérêt pour les filles qu'elle considérait comme ennyeuses, et l'absence de copines filles. S'agissait-il de formations réactionnelles libérées par le temps ou par la force de l'amour ? Quoi qu'il en soit aujourd'hui, deux ans après, elle conjugue l'amour au féminin et n'a jamais eu autant d'amies filles.

Francis, 60 ans, a eu une longue vie d'homosexuel jusqu'à ce qu'il se mette en couple il y a quelques années avec une femme d'à peine trente ans. Ses propos n'engagent que lui : « Vous comprenez, me dit-il, je n'ai jamais voulu vivre seul et je ne suis pas attiré par les vieux. Mais je ne m'imagine pas en couple avec un jeune garçon qui ne soit pas réellement amoureux de moi. Et à mon âge, il n'y a que les jeunes femmes pour être amoureuses d'un type bien plus âgé. »

Le décès d'un père ou d'une mère peut bouleverser un complexe d'Œdipe resté caduc.

Paul s'est véritablement interdit toute relation homosexuelle bien qu'il ait senti des penchants certains vers cette voie. C'est après le décès de sa mère, avec laquelle il vivait et dont il s'occupait du fait de ses problèmes de santé, qu'il s'autorisa à des relations homosexuelles. Il vit en couple avec un homme travesti aujourd'hui.

Mouloud : « Après la mort de mon père dont je suis l'unique garçon, ce fut comme un signal pour moi que je devais arrêter avec les garçons. Je suis aussi devenu plus pratiquant dans ma religion. Je me suis marié et je suis père d'un garçon désormais. »

Le désir d'enfant peut révéler quelques surprises :

Philippe, 44 ans, professeur d'éducation sportive, n'avait eu que des relations homosexuelles en couple ou libertines, et assumait socialement son homosexualité. Mais le désir d'enfant ne l'a jamais quitté. Quand l'occasion se présenta. Une amie lui donna son accord. Ils décidèrent de le faire « à l'ancienne », c'est-à-dire sans avoir recours à l'insémination artificielle. Ce fut l'occasion pour Philippe d'avoir sa toute première relation hétérosexuelle. Philippe a une nature de jouisseur. Il prit goût à l'activité et la répétition ne fit que croître son plaisir. L'enfant est en route aujourd'hui et un couple s'est formé.

Dans ma pratique j'ai constaté combien la puberté des enfants semait le trouble dans l'équilibre affectif des parents et pouvait occasionner des séparations conjugales [1]. L'adolescence des enfants est sans doute la principale explication du fameux démon de midi qui déchaîne le désir des hommes, mais aussi désormais des femmes à mi-parcours de leur vie, comme s'ils cherchaient à revivre leur jeunesse ou l'idée qu'ils s'en faisaient. À l'heure de l'émancipation de leur progéniture, nombre de parents font le bilan de leurs propres rêves d'adolescence et se donnent une dernière chance de les réaliser. De façon bien moins consciente, il s'agit parfois pour eux de se départir des fantasmes incestueux provoqués par le corps sexué de leurs enfants et la reviviscence des désirs œdipiens de ces derniers. Ces fantasmes incestueux concernent l'enfant de l'autre sexe mais aussi l'enfant de même sexe. Si les parents ont une vie amoureuse et sexuelle harmonieuse, cette union permet au navire de tenir bon dans la bourrasque. Mais si le couple est fragile, le ou les parents vont transposer à l'extérieur du couple leurs désirs.

« Quand notre fille a eu 15 ans, mon mari est parti avec une fille d'une vingtaine d'années. »

Les remaniements liés à l'adolescence ouvrent parfois chez les parents l'écorce psychique. Et la lave de leur propre adolescence remonte à la surface. Certains désirs refoulés sont réactivés à cette occasion dans un nouveau contexte les rendant possibles.

Jean-Yves : « J'avais eu quelques rares désirs homosexuels à l'adolescence mais je les ai vite enterrés. Ma vie de couple a été satisfaisante. Mais le temps a fait son œuvre. J'ai quitté ma femme quand notre fils a eu 18 ans. Je pense que j'ai alors assumé mon homosexualité qui devait être présente mais masquée. Je vis maintenant en couple avec un ami. »

Nathalie : « J'ai quatre enfants. L'aîné a 16 ans. Je me suis détachée peu à peu de mon mari. À tel point

1. S. Clerget, *Séparons-nous, mais protégeons les enfants*, Albin Michel, 2004.

qu'aujourd'hui il me dégoûte physiquement, et nous faisons chambre à part. Mais nous continuons de vivre ensemble pour les enfants. Et lui m'aime toujours. J'ai une femme dans ma vie depuis deux ans. Je n'avais jamais eu de relation avec d'autres femmes auparavant. Elle est divorcée mais avait plus d'expérience que moi avec les femmes. J'ai découvert un plaisir et une complicité affective que je ne soupçonnais pas jusqu'alors. »

Sylvie, c'est après une rupture sentimentale achevée également par un divorce qu'elle retrouva réconfort et amour dans les bras d'une femme avec laquelle elle vit depuis.

La ménopause, en dehors des déficits hormonaux qui peuvent être compensés par des apports externes, modifie souvent l'image que la femme a d'elle-même.

Pascale, infirmière : « J'avais eu une relation lesbienne en pensionnat de jeune fille, mais plus aucune depuis. Quand j'ai eu ma ménopause j'ai traversé une crise existentielle. Je me sentais moins désirable, moins capable, moins femme. J'ai retrouvé tout cela auprès d'une femme, une collègue de travail plus jeune que moi mais qui me tournait autour discrètement depuis un moment. C'est comme si elle m'avait perfusé de sa féminité. »

La sexualité de chacun est le reflet de son évolution personnelle. Des potentialités bourgeonnent parfois tardivement. Mais les désirs les plus patients ne sont pas les moins ardents.

Conclusion

On ne naît pas homo ou hétéro, on le devient. Des facteurs favorisant telle orientation sexuelle peuvent être codés génétiquement. Mais il n'y a pas de vérité génétique de l'homosexualité ni de l'hétérosexualité. Si l'on devient homo ou hétéro en prenant appui sur nos gènes, on le doit surtout à la façon dont l'environnement ou nous-mêmes allons exploiter les compétences liées à ces gènes. Notre anatomie et notre physiologie, qui rendent possible la reproduction, sont innées. Mais nos comportements érotiques ne sont pas génétiquement programmés. Ils ne sont pas non plus le résultat de cycles hormonaux. Notre sexualité diffère de celle des animaux peu évolués car elle n'est pas sous la dépendance d'un instinct. Ni instinct sexuel, ni instinct de reproduction. Nos préférences amoureuses ou sexuelles, et nos comportements érotiques sont le fruit d'un lent apprentissage. Qu'il soit homo ou hétéro, c'est la recherche de plaisir par la stimulation corporelle qui guide le comportement érotique chez l'être humain. L'individu va découvrir peu à peu ses zones de plaisir et les divers moyens de les stimuler. À la différence des autres mammifères, notre sexualité est surtout dans la tête. Et cela en raison de l'importance de notre néocortex qui permet un traitement hautement évolué et complexe des diverses informations. Socialement, la dimension culturelle réglemente les pratiques en associant la sexualité à diverses croyances sociales. Individuellement, chacun a une perception subjective de sa propre sexualité et de celle d'autrui. Nos comportements sexuels font sens pour chacun de nous. Ils sont liés à des besoins, des désirs, des motivations et des finalités particulières. Chacun va nourrir sa sexualité de sa propre rationalité, sa morale, son imaginaire, et de sa symbolique personnels. On est loin de la conduite instinctive d'un animal où une phéromone va déclencher à partir d'un récepteur et de quelques neurones un comportement sexuel stéréotypé purement reproducteur et uniquement hétérosexuel. Il n'y a pas de récepteurs spécifiques chez l'humain et tous les sens sont impliqués. Au contraire des papillons par exemple, on ne sait plus se reproduire sans apprentissage. Mais on a, au cours de l'évolution, humanisé la sexualité en la mariant à la pensée et à l'amour… Même si la sexualité et l'amour ne font pas toujours bon ménage. Notre sexualité est humanisée en ce sens qu'elle s'est dissociée de sa simple destinée procréative pour devenir un mode d'expression de l'amour, et une des réponses à notre quête de plaisir et de bonheur (dont la procréation peut être un des aspects). Des milliards de neurones en réseau sont impliqués quand on désire sexuellement et amoureusement. Il y a une circulation d'information avec des milliards d'allers et retours entre le siège des émotions (système limbique), et le siège du raisonnement (néocortex). Ces deux sièges sont eux-mêmes en lien avec les systèmes moteurs et sensoriels. Or ces connexions ne sont pas figées à la naissance. C'est sous l'influence des expériences et des apprentissages de toutes sortes que l'enfant va établir son circuit personnel de préférences affectives et sexuelles. Cette plasticité neuronale donne à l'environnement une influence considérable dans la construction de notre sexualité. Elle explique la grande variété possible des préférences sexuelles. Nous ne sommes pas prisonniers d'une programmation instinctuelle. L'amour chez les humains, cela s'apprend. Qu'il s'agisse d'un amour chaste ou sexuel. Comme s'apprennent des compétences de toutes sortes, telles que le langage. Chaque groupe a son patois. Et si on a une langue commune, on a aussi chacun une façon personnelle de s'exprimer. On naît avec une pansexualité potentielle, et l'on opère peu à peu des choix et des renoncements, comme s'élaborent nos préférences dans tous les domaines. La liberté humaine est aussi celle qui nous est donnée d'expérimenter et d'innover des modes de relations à l'autre et d'adapter nos désirs aux désirs de l'autre.

La sexualité d'un individu n'est pas détachable de l'ensemble de sa personne. Nos préférences sexuelles s'élaborent au cours de notre développement dès notre naissance et s'achèvent avec notre mort. Nous passons grosso modo par des étapes communes et par les mêmes stades de développement psycho-affectif (parmi lesquels le fameux complexe d'Œdipe). Apprentissages, expériences, rencontres nous sont plus ou moins communs. Mais l'on peut faire la même croisière, et en retenir chacun des souvenirs différents. Notre orientation sexuelle adulte résulte de ces souvenirs. Les liens affectifs conscients et inconscients de l'individu avec son entourage, les désirs parentaux conscients ou non, les modalités de passages des stades psycho-affectifs, toutes les possibles organisations œdipiennes, sont dans leur diversité autant de facteurs d'influences pour les choix d'objets amoureux ou sexuels. En psychanalyse comme en neurobiologie, on fait le constat d'une variété possible de la sexualité humaine à la naissance. Chacun de ces aspects possibles va être ou non recherché, expérimenté, ciselé, cultivé, associé, transformé, sublimé, transmis, nié, refoulé, condamné… au cours du développement. Dans la construction de notre orientation sexuelle, on est sous l'influence de l'environnement social et culturel qui donne des modèles et des voies possibles ou non, en fonction notamment de notre apparence et de notre statut. On est aussi sous l'influence des membres de notre entourage qui nous modèlent, voire nous conditionnent par leurs histoires, leurs discours, leurs comportements, leur éducation, leurs désirs, leurs frustrations… Nos propres expériences physiques et affectives sont aussi des facteurs d'influences tout en étant aussi conditionnées par les désirs ou les refus de notre entourage ou par notre statut familial et social. À l'inverse, des rencontres, des expériences modifient notre statut et changent le regard que notre entourage porte sur nous.

Il y a donc des aléas sociaux, familiaux, biologiques, génétiques qui vont participer à l'élaboration de nos préférences sexuelles comme de notre personnalité. Mais nous ne sommes pas faits de pâte à modeler. Et nos préférences sexuelles résultent aussi de nos besoins et de nos désirs propres, de nos choix et de nos renoncements. Nous jouons, consciemment ou non, un rôle actif dans la construction de notre orientation sexuelle. Nous y sommes aussi pour quelque chose dans le fait d'être homosexuel(le) ou hétérosexuel(le) comme nous y sommes pour quelque chose dans l'ensemble de nos goûts, de nos centres d'intérêt et de notre personnalité. Il s'agit de notre liberté humaine.

À partir de tous ces facteurs d'influence, à partir de ses propres compétences (physiques, affectives, intellectuelles), à partir de ce qui lui est proposé ou nié, l'individu au cours de son développement va faire des choix, qu'ils soient conscients ou non : des choix d'identifications, de conduites, des choix moraux, des choix de façons d'aimer, des choix de partenaires de jeux et de plaisir… Il va hiérarchiser ses sources de plaisirs, ses désirs multiples, et parfois contradictoires. De là naîtront des préférences amoureuses et érotiques. Dans la singularité de notre façon d'aimer nous sommes chacun une œuvre d'art d'un collectif d'artistes (l'environnement). Mais c'est un collectif que l'on inspire et dont on est membre, voire le chef de file. Notre orientation sexuelle et notre orientation affective s'acquièrent, à partir de notre corps d'homme ou de femme, au hasard des rencontres, des expériences, des échanges ; aux carrefours de choix collectifs, mais aussi de nos choix personnels. Ce n'est donc pas un choix binaire d'homosexualité ou d'hétérosexualité qui s'offre à chacun. Mais bien des composantes plurielles, des homosexualités et des hétérosexualités tant la façon de le devenir est propre à chacun, et tant la façon de l'être ou de le vivre est singulière.

Cependant il ne s'agit pas de confondre ces orientations avec l'identité sexuelle qui repose sur la réalité de l'existence de deux genres et qui est notre façon de vivre, notre statut anatomique d'homme ou de femme. Il y a différentes façons d'être et de se sentir un homme ou une femme, de paraître socialement plus ou moins féminin(e) ou masculin(e). Mais si notre identité sexuelle inspire, parmi d'autres facteurs, notre orientation, une pulsion, un désir, ou une combinaison de désirs ne sont pas une identité. Inexistants pendant des millénaires, les adjectifs hétérosexuel et homosexuel se sont substantivés. Longtemps les comportements érotiques de chacun, condamnés ou non, ne conféraient pas une identité. Il est question aujourd'hui d'un étiquetage social qui a moins de deux siècles. Cette identité sociale récente, comme toute représentation sociale, est donc susceptible d'évoluer, voire de disparaître.

Bibliographie

Abelove, H. et coll., 1993, *The lesbian and gay studies Reader*, New York, Routledge, 1993.

André, S., *L'imposture perverse, le champ freudien*, Le Seuil, 1993.

Bailey J., Pillard, R.C., « A genetic study of male sexual orientation », in *Archives of general psychiatry*, n° 48, 1991.

Balthazard, J., « Les bases neurologiques de la sexualité. Le rôle des pulsions », in *Neuropsy News*, 2005.

Barguer, P., *Le livre des morts des anciens Égyptiens*, Éditions du Cerf, 1967.

Bayer, R., *Homosexuality and American Psychiatry*, New York, Basic Books, 1981.

Becker et coll., *Behavioral endocrinology*, Mit Press Cambridge, 2002.

Bell, A., Weinberg, M. S. et Hammersmith, S. K., *Sexual Preference*, Bloomington, Indiana University Press, 1982.

Bennassar B., *Histoire des Espagnols*, Armand Colin, Paris, 1985.

Benibgui, M., Wilkie, G., et Hastings, P. « Facteurs Bio-psychosociaux liés à la détresse psychologique chez les jeunes gais, lesbiennes et bisexuel(le)s ». Colloque *L'homosexualité : réalités régionales.* 73e Congrès de l'Association canadienne-française pour l'avancement des sciences, Chicoutimi, mai 2005.

Bonnet, M.J., *Les relations amoureuses entre les femmes*, Odile Jacob, Paris, 1995.

Boswell, J., *Christianisme, tolérance sociale et homosexualité*, Gallimard, 1985.

Boswell, J., *Les unions de même sexe dans l'Europe antique et médiévale*, Fayard, 1996.

Bradley, S.J., Zucker K.J., « Les troubles de l'identité sexuelle chez les enfants d'âge préscolaire : une approche psychodynamique », in *PRISME*, volume 8, 1998.

Brown, P., *Le Renoncement à la chair : Virginité, célibat et continence dans le christianisme primitif*, Gallimard, 1995.

Burr, C., *Homosexuality and Biology*, The Atlantic, 1993.

Butler, J., *Gender trouble : Feminism and the Subversion of Identity*, Routledge, 1990.

Byne, W., « The biological evidence challenged », *Scientific American*, 1994.

Byne, W., et Parsons, B., « Human sexual orientation : the biologic theories reappraised », *Archives of General Psychiatry*, 1993.

Croix (de la) A., *L'Érotisme au Moyen Âge*, Tallandier, 1999.

Carré, Y., *Le Baiser sur la bouche au Moyen Âge*, Éditions Le Léopard d'or, 1992.

Cass, V.C., « Homosexual identity formation. A theorical model », in *Journal of homosexuality*, 1979.

Cass, V.C., « Sexual orientation identity formation : a western phenomenom », in Casbajr, Stein, T., « Text book of homosexuality and mental health », *American psychiatric press*, 1996.

Casteneda, M., *Comprendre l'homosexualité*, Pocket, 2003.

Chaunces, G., *Gay NewYork (1890-1940)*, Fayard, 2003.

Chilland C., *Homo psychanalyticus*, PUF, 1990.

Corraze, J., *L'Homosexualité*, Que sais-je, PUF, 1982.

Daumas, M., *La Tendresse amoureuse, XVIe-XVIIIe siècles*, Perrin, 1996.

David, C., *La Bisexualité psychique*, Payot, 1997.

Dolto, F., *L'Image inconsciente du corps*, Le Seuil, 1994.

Dolto, F., *Le Féminin*, Gallimard, 1998.

Dor J., *Structure et perversion*, Denoël, 1987.

Dorais, M., *Tous les hommes le font*, Montréal, Le Jour & VLB éditeur, 1991.

Dorais, M., *Éloge de la diversité sexuelle*, VLB éditeur, 1999.

Dorais, M., *La Mémoire du désir : Du traumatisme au fantasme*, Poche, 2005.

Dorner, G., *Hormones and Brain Differentiation*, Amsterdam, Elsevier, 1976.

Dorner, G., et coll., « Prenatal stress as a possible aetiogenetic factor of homosexuality in human males », *Endokrinologie*, n° 75, 1980.

Eribon, D., *Échapper à la psychanalyse*, Léo Scheer, 2005.

Everitt, B.J., Morris, K.A., OBrien A., Robbins T.W., « The basolateral amygdala-ventral striatal system and conditioned place preference : further evidence of limbic striatal interactions Inderlying reward related processes », *Neuroscience*, 1991.

Ferenczi, S., *Thalassa, Psychanalyse des origines de la vie sexuelle*, Payot, 1992.

Ferenczi, S., « Nosologie de l'homosexualité masculine », in *Psychalanyse 2*, Payot, 1978.

Flandrin, J.-L., *Un temps pour embrasser : aux origines de la morale sexuelle occidentale (VIe-XIe siècle)*, Le Seuil, 1983.

Foucault, M., *Histoire de la sexualité*, Gallimard, 1976.

Ford, C. S. et Beach, F. A., *Le Comportement sexuel chez l'homme et l'animal*, Robert Laffont, 1976.

Friedman, R. C., *Male Homosexuality*, Yale University Press, 1988.

Freud, S., *Œuvres complètes*, PUF.

Godard, D., *Deux hommes sur un cheval. L'homosexualité au Moyen Âge*, H&O éditions, 2003.

Gentaz, C., « L'homophobie masculine, douanière de la virilité », mémoire de DEA de sciences sociales, Université Paris V, 1993.

Gentaz, C., « Essai d'épistémologie de l'homophobie », Mémoire secondaire de DEA de sciences sociales, Université Paris V, 1993.

Golse, B., *Le Développement affectif et intellectuel de l'enfant*, Masson, 1985.

Hamer, D. *et al.*, « A linkage between DNA markers on the X chromosome and male sexual orientation », *Science*, 1993.

Holstege, G., et coll, « Brain activation during human male ejaculation », in *Neuroscience*, 2003.

Ionesco, S., Jacquet, M.M., Lhote, C., *Les Mécanismes de défenses*, Nathan, 1998.

Jagose, A., *Queer theory*, University Press, New York, 1996.

Kallman, F. J., « Comparative twin study on the genetic aspects of male homosexuality », in *Journal of Nervous and Mental Disease*, n° 115, 1952.

Kendler K.S., Thornton L.M., Gilman S.E., Kessler R.C., « Sexual orientation in a U.S. national sample of twin and non-twin sibling pairs », *Am J Psychiatry*, 2000.

Kinsey A. C., Pomeroy W. B., et Martin C. E., *Sexual Behavior in the Human Female*, Philadelphia, Saunders, 1953.

Kreissler, L., « Ce que les enfants de sexe ambigu ont apporté à la connaissance de l'identité sexuée », in *Nervure*, 1990.

Lacan, J., *Écrits*, Le Seuil.

– « Le séminaire », livre IV, *La relation d'objet*, Le Seuil, 1994.

– Livre V, *Les formations de l'inconscient*, Le Seuil, 1998.

– Livre VIII, *Le transfert*, Le Seuil, 1991.

Lanae, R.D., Reiman, E.M., Bradley, M.M., Lang, P.J. et coll., « Neuroanatomical correlates of pleasant and unpleasant emotion », *Neuropsychologia*, 1997.

Lever, M., *Les Bûchers de Sodome*, Fayard, 1985.

Lebovici S., Diatkine, R., Soulé M. (sous la direction de), *Nouveau traité de psychiatrie de l'enfant et de l'adolescent*, PUF, 1997.

Legault, F., Strayer, F., « Genèse de la ségrégation sexuelle et différences comportementales chez les enfants d'âge préscolaire », in *Behavior*, n° 119.

Le Manner, G., *L'Identité sexuelle*, Dunod, 1997.

Le Vay, S., « A difference in hypothalamic structure between heterosexual and homosexual men », in *Science*, 1991. *The Sexual Brain*, Cambridge, The MIT Press, 1993.

LeVay, S., Hamer, D. H. 1994, « Evidence for a biological influence in male homosexuality ». *Scientific American*, 1994.

Lisandre, H., *Parole d'homme*, Hachette Littératures, 2005.

Mac Dougall, J., *Éros aux mille visages, la sexualité humaine en quête de solution*, Gallimard, 1996.

Maffesoli, M., « De l'identité à l'identification », in *Au creux des apparences*, Plon, 1990.

Marshall, E., « Gay Gene, study questionned », *Science*, 1995.

Mead, M., *L'un et l'autre sexe : les rôles d'hommes et de femmes dans la société*, Gonthier, 1966.
Mœurs et sexualité en Océanie, trad de l'américain par Georges Chevassu, Plon.

Minton, H. L., *Gay and Lesbian Studies*, Harrington Park Press, New York, 1992.

Pickmann, C.N. (sous la direction de), « Les homosexualités », in *La clinique lacanienne*, n° 4, Eres, 2000.

Plummer, K., *The Making of the Modern Homosexual*, London, Hutchinson, 1982.

Poly, J.P., *Le Chemin des amours barbares*, Perrin, 2003.

Reynaud, M., *L'amour est une drogue douce en général*, Robert Laffont, 2005.

Rey M., « Police et sodomie au XVIIIe siècle : du péché au désordre », *La revue d'histoire moderne et contemporaine*, 1982.

Rice, G. *et al.*, « Male Homosexuality : Absence of Linkage to Microsatellite Markers at Xq28 », *Science*, 1999.

Roge B., 1992, « La différenciation sexuelle et les communications non verbales », Thèse pour le doctorat, Université Paris VIII, 1992.

Römer T. et Bonjour L., *L'Homosexualité dans le Proche-Orient*, Labor et fides, 2005.

Saint Augustin, *Confessions*, Le Livre de Poche.

Sergent, B., *Homosexualité et initiation chez les peuples indo-européens*, Payot, 1996.

Spencer C., *Histoire de l'homosexualité de l'Antiquité à nos jours*, Pocket, 2005.

Stein, E., *Forms of desire, sexual orientation and the social constructionnist controversy*, New York, Garland, 1990.

Steinberg, S., *La Confusion des sexes*, Fayard, 2001.

Stoller, R.J., *Masculin ou féminin*, PUF, 1989.
L'Imagination érotique, PUF, Paris, 1989.

Strulovitch, J., « Homosexualité et comportements suicidaires chez l'adolescent : trois cas cliniques », *PRISME*, vol. 8, 1998.

Tassin J.P., « La place de la dopamine dans les processus de dépendance aux drogues », *Bulletin de l'Académie nationale de médecine*, 2002.

– « La sexualité, entre processus neurobiologiques et perceptions psychiques », *Neuropsy News*, 2005.

Tripp, C. A., *The Homosexual Matrix*, New York, Meridian, 1975.

Valet, G., Clerget, S., Forina, S., « Le relaps ou la répétition des comportements à risques de contamination au VIH », Acte du 40e colloque de psychologie médicale du groupe d'étude pour le suicide, Paris, 1997.

Verdon, J., *Le Plaisir au Moyen Âge*, Perrin, 1996.

Wunsch, S., Brenot, P., *Rev. Europ. Sexol*, XIII, 48, 22-29, 2004. « Neurobiology of pleasure », Sexologie, 13, 17-27, 2004. « Analyse des rapports entre structure biologique et sexualité », *Neuropsy News*, 4, 4, 133-136, 2005.

Zazzo, B., *Féminin-masculin à l'école ou ailleurs*, PUF, 1993.

Remerciements

À mes parents.

Au Dr Sylvie Bratter Noblinski pour son aide.

À Maître Hervé Regoli pour son amitié.

À toutes les personnes qui m'ont honoré de leur confiance en me livrant leur témoignage intime. Sans vous, ce travail n'aurait pu voir le jour.

Table des matières

II. AU BON PLAISIR DU GÈNE

III. QUAND LA NEUROBIOLOGIE NOUS PARLE DE SEXE

IV. L'HOMOSEXUALITÉ C'EST COMME TOUT, ÇA S'APPREND

V. LES DÉSIRS DES PARENTS ET DE L'ENFANT

VI. LA LIBIDO DU JEUNE ENFANT

Ce volume a été composé par Facompo à Lisieux

Impression réalisée sur CAMERON par
BRODARD ET TAUPIN
La Flèche
en octobre 2006

Imprimé en France
Dépôt légal : octobre 2006
N° d'édition : 87028/01 – N° d'impression : 37992